本书获教育部人文社会科学研究青年资金项目"农业现代化进程中新型农业经营主体的嵌入性发展研究"（16YJC840020）、湖北省社会科学基金项目"地方政府推动农业转型的机制与逻辑研究"（2015091）、中央高校基本科研业务专项资金项目"土地流转模式比较及其影响研究"（2662015QD012）资助

R 再造农业
REMAKING AGRICULTURE

皖南河镇的政府干预与农业转型（2007—2014）

Government Intervention and Agrarian Transition in River Town in the South of Anhui Province (2007-2014)

孙新华 ◎著

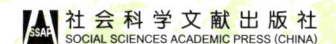

社会科学文献出版社
SOCIAL SCIENCES ACADEMIC PRESS (CHINA)

目 录

第一章 导论 ··· 1
  一 问题的提出 ··· 1
  二 农业转型的"自发模式"与缺席的国家 ············· 4
  三 "找回国家"与研究农业转型的新模式 ············· 13
  四 学科、方法与田野 ································· 25
  五 核心概念与章节安排 ······························· 35

第二章 河镇的农业转型及其三个面向 ··················· 40
  一 河镇概况 ··· 40
  二 农业经营主体的转换 ······························· 45
  三 农业资本化程度的加深 ··························· 59
  四 农业生产关系的变革 ······························· 71
  五 小结 ··· 81

第三章 再造水土：土地流转前地方政府对水土条件的改造 ······ 83
  一 项目集聚与再造水土的意图 ······················· 85
  二 再造水土的实践与官民博弈 ······················· 97
  三 小结 ··· 114

第四章 再造市场：地方政府如何使土地集中定向流转？ ··· 116
  一 虚拟确权与土地流转制度创新 ···················· 117
  二 政府筛选与土地流入方 ··························· 135
  三 政府动员与土地流出方 ··························· 150

四 小结 ………………………………………………………… 159

第五章 再造服务：土地流转后地方政府对农业服务
       体系的重塑 …………………………………………… 162
   一 基层农技服务体系的"另起炉灶" ………………………… 163
   二 大户牵头的纵向一体化与项目的垒大户 ………………… 175
   三 政策性农业保险中的大户效应 …………………………… 183
   四 小结 ………………………………………………………… 191

第六章 地方政府再造农业的目标与动力 ……………………… 194
   一 农业治理转型：内容与方向 ……………………………… 195
   二 规模农业锦标赛与农业治理便利化的驱动 ……………… 208
   三 小结 ………………………………………………………… 225

第七章 结语 ……………………………………………………… 227
   一 "自发型农业转型"到"干预型农业转型" …………… 229
   二 "行政吸纳社区"与社区本位的农业转型 ……………… 237
   三 农业转型方向的多向性和嵌入性 ………………………… 245

附录一 文中出现的主要访谈对象 ……………………………… 252
附录二 2012—2013年土地整理项目填埋坑塘设计情况 ……… 254
附录三 致河镇土地整理项目区承包土地农户朋友的
       一封信 ………………………………………………… 256
附录四 农村土地承包经营权流转合同 ………………………… 259
附录五 阳春县关于促进农村土地承包经营权流转
       工作的意见 …………………………………………… 262
附录六 2012年庆阳米业产业化基地建设项目总结 …………… 268

后 记 …………………………………………………………… 272

第一章 导论

一 问题的提出

当今的中国社会正处在快速而又全面的转型之中,农业也无法置身其外。甚至有学者认为,在中国农业中姗姗来迟的资本化转型已经将农业转型这一问题变成中国农村社会变迁中的一个核心问题①。由于我国实行的是集体所有制下分户经营的耕地制度,所以,农业转型是伴随着土地流转而展开的。近年来,农村的土地流转正在加速进行,在这个过程中农业生产的具体形态也得以重塑。

据统计,1999年我国耕地流转面积只占到家庭承包耕地总面积的2.53%,这一比例2006年为4.57%,2008年为8.6%,2011年上升到17.8%,2013年6月上升到23.9%,2014年6月又增加到28.8%。截至2015年底,全国家庭承包耕地流转面积达到4.47亿亩,占家庭承包经营耕地总面积的33.3%,是2008年底的3.9倍。虽然土地流入方仍以农户为主,但向合作社、企业集中流转趋向明显。据统计,流入农户的土地面积占流转总面积的62%,流入合作社和企业的面积占近30%②。从中可以看出两点:第一,

---

① 张谦:《中国农业转型中地方模式的比较研究》,《中国乡村研究》第10辑,福州:福建人民出版社,2013,第3—27页。
② 国务院发展研究中心农村部课题组:《稳定和完善农村基本经营制度研究》,北京:中国发展出版社,2013;万宝瑞:《当前我国农业发展趋势及其应对》,《人民日报》2014年03月13日。

我国的土地流转主要从2008年前后开始加快,至今已有1/3的耕地进行了流转,流转规模和速度都是空前的;第二,在土地流转中产生了大量合作社、工商企业、家庭农场等新型的规模经营主体,除了流入合作社和企业的近30%的土地,流入农户的土地也有相当一部分被家庭农场用于规模经营。综合以上两点,我们可以判断,随着近年来土地流转的快速推进,我国的农业经营主体和经营体系正在发生着深刻的变动,我国的农业转型正在如火如荼地展开。

宏观的统计数据在农村的微观实践中也有明显的反映。笔者自2009年以来一直奔波在全国各地农村进行调研,所到之处几乎都在进行快速的土地流转和剧烈的农业转型。其主流模式是工商企业下乡流转大面积的耕地进行规模经营,动辄就是几百上千亩,上万亩的也并不少见;只是在近两年才开始普遍出现家庭农场的模式,其规模主要在100—500亩。无论是工商企业还是家庭农场,由于其经营规模远远超过了传统的一家一户所经营的范围,它们在经营目标、生产方式、现代化程度等方面都完全不同于普通农户,甚至有着本质的区别。笔者最直观的感受就是,它们所经营的土地规模庞大而且集中连片,经营作物标准化、专业化程度非常高,农田里跑着的都是大型的机械设备,很多设备在小农的田地上根本不可能看到。身处其中,有时真有种穿越的感觉——似乎不是处在"小农"汪洋的中国而是早已"大农"遍地的欧美。

面对这种迅速而又剧烈的变化,我们不禁要问是什么力量在推动这种农业转型?其推动的主要机制是什么?其背后遵循的逻辑是什么?其对当地社会又产生了什么影响?

具体而言,农业转型的原因肯定是多方面的。在我国农业转型过程中,经济层面的市场、技术、劳动力转移,社会层面的城镇化、农民分化,国家层面的农业政策等因素应该都发挥了积极的推动作用。这些因素在我国是一直存在的,为什么恰恰在最近几年才发生了剧烈的农业转型?因此,要解释近年来的快速农业转型还需要找到更直接的因素。

在调查中，笔者发现各地农业转型的速度和程度与地方政府的干预程度直接相关。一般情况下，在地方政府干预程度高的地方，农业转型的速度快、程度高，反之则相反。正是地方政府的积极干预构成了当下我国农业转型的直接推动力，从而为以上基础性因素发挥作用提供了良好契机。如果没有政府的这些干预，各地的农业转型肯定会慢下来或者大大往后推迟。

这一判断得到了诸多研究的支撑。如中央农村工作领导小组办公室农村一组副组长赵阳指出，"近两三年土地流转加速的主要原因之一便是地方政府的行政推动"[①]；北京天则经济研究所"中国土地问题"课题组的报告也显示，"目前我国农村的土地流转和规模经营，在很大程度上是一个政府主导的过程"[②]湖北省社科院院长宋亚平通过对湖北省土地流转的调查发现，当前农村的土地流转和规模经营之所以能够形成一种"气壮山河的热闹局面"，背后的真正"推手"是各级地方政府[③]。此外，还有不少学者指出地方政府在我国农业转型中发挥了关键的推动作用[④]。

基于以上认识，笔者以为研究我国当下的农业转型应该更加强调地方政府干预的推动作用。而学术界既有研究农业转型的主流理论对政府，尤其是地方政府在农业转型中的作用没有给予足够的重视，甚至完全忽略了其作用。即使有少数研究注意到了政府在农业转型中的推动作用，但是对地方政府在其中的作用机制

---

① 赵阳：《城镇化背景下的农地产权制度及相关问题》，《经济社会体制比较》2011年第2期。
② 北京天则经济研究所《中国土地问题》课题组：《土地流转与农业现代化》，《管理世界》2010年第7期。
③ 宋亚平：《规模经营是农业现代化的必由之路吗？》，《江汉论坛》2013年第4期。
④ 张玉林：《大清场：中国的圈地运动及其与英国的比较》，《中国农业大学学报》（社会科学版）2015第1期；孙新华：《农业规模经营主体的兴起与突破性农业转型》，《开放时代》2015年第5期；龚为纲、张谦：《国家干预与农业转型》，《开放时代》2016年第5期；曾红萍：《地方政府行为与农地集中流转》，《北京社会科学》2015年第3期；王海娟：《资本下乡的政治逻辑与治理逻辑》，《西南大学学报》（社会科学版）2015年第4期。

及其逻辑缺少深入探讨。

鉴于此，本研究在对皖南河镇①农业转型进行深描的基础上，着重探讨地方政府推动农业转型的机制和逻辑，以弥补既有理论的不足，进而增强对我国当下农业转型的解释力。

二 农业转型的"自发模式"与缺席的国家

农业转型是一个经典的学术命题，其要回答的核心问题是农业结构将走向何方？即农业生产到底呈现何种形态？具体而言，就是家庭农业是在保持家庭经营形式的情况下有所调整，还是终将为资本主义农业所替代？围绕这一问题，学术界形成了针锋相对的两派：一派坚持认为家庭农业必将被资本主义农业替代，这一派以自由主义经济学和马克思主义学者为代表；另一派则认为家庭农业具有明显的合理性，未来仍将是农业结构的主体，这一派以恰亚诺夫等和舒尔茨作为代表。尽管两派对农业转型方向的判断截然相反，但是他们在农业转型动力上共享农业转型的"自发模式"，即认为无论农业结构走向何方都是在经济、社会因素推动下自发形成的，在这个模式里国家的作用是缺席的。

(一) 自由主义经济学与农业转型动力

自由主义经济学认为，随着商品化的发展，家庭农业将让位于以雇佣劳动为基础的资本主义农业，而这一过程是在被称为"看不见的手"的市场推动下实现的。在自由主义经济学里，亚当·斯密至今仍是最具代表性的人物。在其代表作《国富论》中，农业转型显然不是斯密讨论的重点，但他也明确指出"资本进入农业，将会导致更多农场'佣人'的劳动投入"②，其言下之意是，在农

---

① 根据学术惯例，下文对省级以下所有地名和人名均做了技术处理。
② Smith Adam, *The Wealth of Nations*, Chicago: University of Chicago Press, 1976 (1776): 384-385. (转引自黄宗智《中国过去和现在的基本经济单位：家庭还是个人?》，《人民论坛·学术前沿》2012年第3期，第77页。)

业领域雇佣型农场将是农业转型的方向，正如在工业领域以雇佣劳动为基础的工厂化大生产必将代替小作坊一样。

斯密认为，这一转变是在市场机制作用下的自发过程。其论证的主要逻辑是，在"看不见的手"的调整下，技术革新将推动劳动分工和生产专业化，这将极大地提高劳动生产率并实现规模经济，从而使规模生产战胜小生产。他在《国富论》中开篇就用编织针制造的例子说明了这个道理①。在他看来，从工业生产中得出的道理放在农业上也依然适用。在斯密的理论里，市场最为核心，他认为在市场机制作用下每个个体对个人利益的追求就会自发地实现社会利益的最大化。因此，斯密主张以劳动分工为基础、以市场为导向、没有政府干预的国家财富增长理论。政府应该减少对经济的干预，务实、明智地废除特权以使市场自由发挥作用②。

20 世纪 70 年代，新自由主义取代凯恩斯主义成为经济学理论的霸主。相对于凯恩斯主义指出市场失灵而主张加强政府干预，新自由主义则强调政府的失灵而推崇自由市场机制。相比于斯密，新自由主义对市场的强调和对政府的贬抑可以说有过之而无不及。新自由主义经济学认为，"国家对市场来说不过是一个'低级工人'而已；市场似乎有着一种独特的力量，无须外界的太多辅助就可以保证经济体的协调运行"③。政府只需维护好基本的社会秩序、保护好公民的财产权，市场就可以充分发挥自己的作用，从而最大限度地增进个人利益和社会福利。在这样的认识里，市场才是推动经济发展的主要推动力，自然也是农业转型的主要推动力，而国家是没有发挥作用的，即使有什么作用也几乎可以忽略。

新自由主义经济学不仅在西方占据主流地位，自 20 世纪 80 年代开始也席卷了发展中国家，成为其解释和指导实践的主要理论。

---

① 亚当·斯密：《国富论》，郭大力、王亚南译，南京：译林出版社，2011。
② 普雷斯顿：《发展理论导论》，李小云等译，北京：社会科学文献出版社，2011，第 49—52 页。
③ 同上，第 255 页。

改革开放后,新自由主义经济学也迅速在我国经济学界占据了主导地位。在它眼里,"中国和其他发展中国家,农业发展的经验事实和发展方向,是资本主义的(也就是说,基于大规模雇佣劳动的农业),并且应该如此"①。

(二) 马克思主义理论与农业转型动力

马克思主义理论将农业转型理解为农业的资本主义转型,且主要从生产关系的角度去理解。不过在古典马克思主义理论和新马克思主义理论之间存在一定区别。马克思、恩格斯、考茨基和列宁等都认为,伴随商品经济的发展,传统的以家庭劳动为基础的小农农业将被以雇佣劳动为基础的英国式资本主义农业替代,从而导致资产阶级和无产阶级的对立。大卫·古德曼和迈克尔·芮德克里夫特等新马克思主义学者则扩展了马克思等人对农业资本主义转型的认识,认为以家庭劳动为基础的农民农业生产如果实际上服务于城市工业的资本积累的需要,即前者生产出来的剩余价值被后者通过各种方式获取,即使保留家庭农业的形式,仍可看作资本主义生产形式,只不过这一体系中的农民是"有产的无产者"②。两种理解的区别主要在于,农业的资本主义转型只能在农业内部独立地发生,还是其发生必须作为整个社会资本主义生产方式发展的一部分加以理解。因此,王立新将第一种理解称为"内在的农业转型",将第二种理解称为"外在的农业转型"③。

虽然马克思主义理论内部对农业资本主义转型的理解存在一定分歧,但是对转型动力的认识是一致的,它们都认为农业转型

---

① 黄宗智、高原、彭玉生:《没有无产化的资本化:中国的农业发展》,《开放时代》2012年第3期。
② David Goodman and Michael Redclift, *From Peasant to Proletarian: Capitalist Development and Agrarian Transitions*, Oxford: Basil Blackwell, 1981. (转引自王立新《印度绿色革命的政治经济学:发展、停滞和转变》,北京:社会科学文献出版社,2011,第137—141页。)
③ 王立新:《印度绿色革命的政治经济学:发展、停滞和转变》,北京:社会科学文献出版社,2011,第141页。

是在市场环境下经济力量所推动的结果。在这一点上它们与自由主义经济学是一致的。正如制度主义学家保罗·斯特里坦在古典经济学和马克思主义理论评价中所指出的，两者都认为是经济发展决定了社会的变迁，而忽视了经济发展所处的制度、政治和文化背景①。

马克思和恩格斯对农业转型的解释比较类似于斯密的论证逻辑，都将转型动力指向商品经济下的技术革新。马克思在《资本论》中论述道，"在农业领域内，就消灭旧社会的堡垒——'农民'，并代之以雇佣工人来说，大工业起了最革命的作用……最墨守成规和最不合理的经营，被科学在工艺上的自觉应用替代了"②。恩格斯的观点也相差无几，"在农业中，机器和蒸汽也越来越占统治地位，它们正缓慢地但一贯地使那些靠雇佣工人耕作大片土地的大资本家来代替小自耕农"③。马克思所说的"大工业"和恩格斯所说的"机器和蒸汽"都属于技术革新的方面。当然，这种技术革新不仅包括机器的使用，还包括"土壤的改良、化肥的使用、更优物种的农场牧畜的饲料和使用、在企业内部对原产品的进一步加工、一种更成熟的劳动分工、对劳动的有计划组织，等等"④。在他们看来，这些都是资本主义农业相对于家庭农业的优越性。列宁在此基础上进一步细化了以上逻辑，他认为，作为一种独立的生产形式，小农必然在资本主义生产关系对其施加的压力下逐渐消亡。小农消亡的过程是社会分化的过程，列宁预见小农将在

---

① P. Streeten, *The Frontiers of Development Studies*, London: Macmillan, 1972.（转引自普雷斯顿《发展理论导论》，李小云等译，北京：社会科学文献出版社，2011，第 194 页。）
② 《马克思恩格斯全集》第四十四卷，北京：人民出版社，2004，第 578 页。
③ 恩格斯：《论权威》，《马克思恩格斯文集》第三卷，北京：人民出版社，2009，第 335 页。
④ 考茨基：《小规模农业的竞争力》，载何增科、周凡主编《农业的政治经济分析》，重庆：重庆出版社，2008，第 144 页。此外考茨基也在它处论述了大生产在技术上的优越性，参见考茨基《土地问题》，梁琳译，北京：生活·读书·新知三联书店，1955，第 116—132 页。

这个过程中逐渐分化成农村资产阶级和农村无产阶级两个社会阶级。小农分化的原因很多，其中最关键的就是各个小农采用农业改良技术的方式、速度不同，小农因为无法与更先进的农民在市场上竞争而被迫失去财产与生产资料，而那些成功农民却越来越多地雇用农业工人[①]。而新马克思主义学者在解释家庭农业形式被保留下来时，也是从这种形式更有利于城市工商资本进行资本积累来理解的。

由此可见，马克思主义理论对农业转型的解释也主要是从经济因素尤其是技术变革和商品化着手的，国家的作用是被忽略的。这也比较好理解，因为在马克思主义学者看来，国家不过是统治阶级或资产阶级的统治工具而已，不需要将其作为一个独立的解释变量单独分析。正如马克思和恩格斯在《共产党宣言》中指出的，"现代的国家政权不过是管理整个资产阶级的共同事务的委员会罢了"[②]。所以，在马克思主义学者那里国家是不具有"自主性"的，因此，没有将国家纳入其对农业转型的解释框架[③]。

（三）家庭农业派与农业转型动力

在学术界，倡导家庭农业的学者应该以恰亚诺夫和舒尔茨为杰出代表。虽然他们在研究进路上存在很大差异[④]，但是他们都主张家庭农业是农业发展的方向，形成了与自由主义经济学和马克思主义理论截然相反的理论。在此，笔者将他们统称为"家庭农业派"。

---

① 列宁：《俄国资本主义的发展》，《列宁全集》第三卷，北京：人民出版社，1992，第53—159页。
② 马克思、恩格斯：《共产党宣言》，北京：人民出版社，2009，第29页。
③ 英国经济学家艾利思在其著名的《农民经济学》一书中也点出了马克思主义理论和自由主义经济学家对农业转型中国家作用的低估。参见弗兰克·艾利思《农民经济学》，胡景北译，上海：上海人民出版社，2006，第62—63页。
④ 黄宗智将恰亚诺夫称为"实体经济学"的首要代表，而舒尔茨则为"形式经济学"的首席代表，两者针锋相对。参见黄宗智《华北的小农经济与社会变迁》，北京：中华书局，2009，第1—4页。

第一章 导论

诺贝尔经济学奖得主舒尔茨纠正了主流认识对小农生产的偏见——不仅低效而且非理性,其认为小农生产非常高效和理性。他认为,小农作为理性人,毫不逊色于任何资本主义企业主,他们一样是根据市场的刺激和机会去追求利润的最大化。他们"生产要素配置效率低下的情况是比较少见的","没有一种生产要素仍未得到利用"①。因此,"在传统农业使用的各种生产要素中,投资的收益率没有什么明显的不相等"②。传统农业停滞和落后的原因不是小农缺少储蓄或缺乏能抓住投资机会的企业家,而是传统农业中对原有生产要素增加投资的收益率低,对储蓄和投资缺乏足够的经济刺激。因此改造传统农业的正确途径,不是发展苏联式的大农场,而是在保留家庭农业生产形式的基础上,通过市场机制向农民提供现代农业生产要素。农民一旦认识现代生产要素的优越性,便会毫不犹豫地接受,从而推动农业的现代转型③。

因此,舒尔茨眼中的农业转型是在保留家庭农业的形式基础上为其农业注入现代生产要素,使其由传统农业转型为现代农业,从而实现农业发展和经济增长。舒尔茨在有关农业转型的方向上与斯密是相反的,但是他们在转型动力上的认识是一致的。黄宗智曾经归纳道,"舒尔茨保留了亚当·斯密关于市场的质变推动力的最初设想的核心,同时又考虑到小农农业生产的持续",他们"同样把市场刺激当做乡村质变性发展的主要动力"④。在舒尔茨的解释框架里没有国家的位置,这是因为舒尔茨作为新古典经济学家的一员同样秉持其基本的信条,即政府与市场是非此即彼的对立关系,"必须在政府干预最小化的制度环境下才可能充分发挥市场经济的作用,合理配置资源"⑤。

---

① 舒尔茨:《改造传统农业》,梁小民译,北京:商务印书馆,2010,第33—35页。
② 同上,第63页。
③ 同上,第88—111页。
④ 黄宗智:《长江三角洲的小农家庭与乡村发展》,北京:中华书局,2006,第7—8页。
⑤ 黄宗智:《中国的隐性农业革命》,北京:法律出版社,2010,第77页。

恰亚诺夫作为列宁的辩论对手，其认为小农生产不同于资本主义农场通过雇佣劳动追求利润最大化，而主要依靠自身劳动生产以满足家庭消费。劳动力的自我开发程度主要取决于需求满足程度和劳动艰苦程度之间的均衡点①。因此，恰亚诺夫指出，小农不会像列宁描述的那样日益分化为两个对立的阶级，只是随着家庭生命周期内劳动者与消费者比例的变化而起伏，但始终不会突破家庭经济的范围②。同时，小农在与资本主义农场竞争中也具有明显的优势。恰亚诺夫认为小农可以在劳动边际产出低于工资的情况下继续投入劳动，从而获得比资本主义农场更高的单位产出，因而能够比后者支付更高的地租，进而可将其排挤出竞争。因此，他断言小农家庭农场具有"强大抵抗力"和"历史稳定性"③，因此将会长期持续下去并将继续占据主导地位。而为了抵御资本主义式纵向一体化的侵蚀，应该发展基于合作组织形式的纵向一体化，而不是苏联式的横向一体化④。

从以上分析可以看出，恰亚诺夫理论中的农业转型主要是指小农家庭农场内部的分化过程以及在此基础上组织的纵向一体化。其中，小农农场的分化主要是自发形成的，这一点恰亚诺夫表达得非常明确。他指出，俄国农业的社会经济结构是由"1850万个分散的小农民农场形成的自发力量，其发展受制于各种自发的因素，基本上不受国家控制"⑤。这些自发的因素既包括随家庭生命周期发生的人口分化，也包括市场状况在内的各种"纯经济原因"，当然，前者起到"主导性的作用"⑥。但是在强调合作制的纵向一体化时，恰亚诺夫又提出国家干预的必要性。他说，"如果我们不希望动摇国家资本主义制度本身的稳定性与弹性机制，那

---

① 恰亚诺夫：《农民经济组织》，萧正洪译，北京：中央编译局出版社，1996，第53页。
② 同上，第1章和第7章。
③ 同上，第241页。
④ 同上，第256—271页。
⑤ 同上，第265页。
⑥ 同上，第248页

么就不能听任国民经济一个最主要部门的发展处于某种自发的状态……我们还必须致力于对自发的农民农场进行直接的组织控制……以此把每一个农民农场汇入计划经济的主流"①。因此,在恰亚诺夫的理论里,农业转型的动力既有自发因素也有国家干预,即使在发展纵向一体化时启动国家干预,基础力量也仍然是自发因素。因此,黄宗智等人认为恰亚诺夫提出的纵向一体化是"一条通过市场化的农民合作组织来实现的发展道路"②。

(四) 国家的缺席及其不足

以上简单爬梳了研究农业转型的主要理论对农业转型及其动力机制的理解和解释③。从中可看出,它们在解释农业转型动力时主要强调的是经济层面的市场机制、技术更新或者是社会层面的人口分化,其中市场机制是他们共同认同的转型推动力。虽然三种理论在农业转型的方向上存在较大差异,甚至形成了针锋相对的观点,但是它们在以下两点上基本是相同的。第一,农业转型的模式或方向都是单线式的,不是资本主义农场必然代替小农农场,就是小农农场必然会排斥资本主义农场。第二,它们都认为农业转型是在没有国家干预的自然状态下自发形成的,其动力来自经济因素或社会因素,而没有国家因素。鉴于此,笔者将这些认识统称为农业转型的"自发模式"。国内学者中不管是经济学学者还是继承恰亚诺夫或

---

① 同上,第266—269页。
② 黄宗智、高原、彭玉生:《没有无产化的资本化:中国的农业发展》,《开放时代》2012年第3期,第11页。
③ 当然,并不是涵括了全部理论。在此,对作为社会学奠基人之一的韦伯的观点有必要补充一下。韦伯曾指出,"资本对于土地拥有权之间的冲击是一面倒的。资本主义对于农村社会的影响,既是一种淘汰,也是一种掠夺。大量无组织的小自耕农面对城市金融力量,自然不堪一击,即使位列自耕农之上的贵族阶层也不能幸免"[参见韦伯《资本主义与农业社会——欧洲与美国的比较》,载韦伯(著)、甘阳(选编)《民族国家与经济政策》,三联书店,1997,第116页]。韦伯的主要观点和论证逻辑非常类似于主流经济学,只不过其更多地从理性化的经营所具有的强烈扩张动力和竞争优势展开论证(参见高原《市场经济中的小农农业和村庄:微观实践与理论意义》,《开放时代》2011年第12期)。

舒尔茨理论的学者，对农业转型及其动力机制的解释，都没有超越这种模式。应该说，农业转型的自发模式对解释农业转型做出了重要贡献，其中的各种理论指出了在自发状态下小农家庭农场和资本主义农场各自所具有的优势及其影响因素。然而，这些因素对于小农农场能否长期存在所产生的很多影响同时存在且相互对立，其中既有正面作用又有负面作用，比如恰亚诺夫与舒尔茨强调的小农所具有的优势对于小农农场的存在具有稳定作用，而斯密和马克思强调的小农农场相对于资本主义农场所具有的劣势，对于小农农场的存在具有消解作用。这两种作用都具有现实合理性且是同时存在的。而这些对立力量的相对强弱受到外界力量的影响，其中国家就是一个常态而有力的外力①。当将国家纳入农业转型动力中，转型模式就不会像主流理论描绘的那样单向和线性，它会根据国家干预的程度不同而有所不同。但农业转型的自发模式没有考虑国家的作用。

波兰尼早已有力地戳穿了市场自由主义的神话。他富有创见地指出，完全自发调节的市场经济从来只是一个乌托邦，从来没有在现实中存在过，现实世界的经济实际上是深深嵌入在政治、宗教和社会关系之中的。在这些因素中他特别强调国家的作用，正如他的名言："自由放任是有计划的；而计划却不是"② 所表达的。而具体到农业问题上，国家干预更加明显，因为农业在任何社会都处于基础性地位，具有自主性的国家和地方政府会在不同程度上干预农业的发展。因此，现实中国家在农业发展和转型中发挥了不可替代的作用，直接影响了农业转型的方向和效果。即使在奉自由主义为圭臬的美国也不例外，深谙美国农业发展的黄宗智就曾指出，美国事实上长期干预和扶持农业，仅美国联邦政

---

① 弗兰克·艾利思：《农民经济学》，胡景北译，上海：上海人民出版社，2006，第59页。
② 波兰尼：《大转型：我们时代的政治与经济起源》，杭州：浙江人民出版社，2007，第121页。

府当今每年补贴全国农场的资金就达200亿美元①。而在广大发展中国家的农业转型中,国家干预更是非常普遍和深入,国家干预在经济发展中甚至起到了主导作用,据此有学者将这种政府主导经济发展的国家称为"发展型国家"②。正如前文所述,我国各地正在发生的农业转型与地方政府的干预直接相关。这些鲜活的事实却无法用主流的农业转型理论进行解释,这暴露了"自发模式"的不足。因此,在研究农业转型尤其是中国农业转型时,亟须一种新的模式弥补"自发模式"的缺陷。

三 "找回国家"与研究农业转型的新模式

农业转型的"自发模式"与社会科学界长期以来占据主流的社会中心论是一致的,它们都轻视国家在社会变革中的重要作用。美国著名的社会学家和政治学家斯考克波曾指出,"现代社会科学随18世纪和19世纪西欧的产业革命和民主革命一同出现,因而很可以理解其奠基性理论家会认为社会的变革动力以及社会利益不是来自过时的、早已被取代的君主制和贵族制国家,而是来自公民社会——不同的人对这一概念的理解不同,如理解为'市场'、'产业劳动分工'或者'阶级关系'等等"③。针对这种范式中只有社会而没有国家的缺陷,西方尤其是美国学术界在20世纪70年代兴起了"找回国家"的学术思潮,力图将国家作为重要变量来解释社会变迁,以弥补"社会中心论"的不足。这一思潮的兴起也推动了学界对农业转型的研究,使一些学者开始关注农业转型中的国家

---

① 黄宗智:《中国的隐性农业革命》,北京:法律出版社,2010,第79页。斯考克波和芬戈尔德对美国新政时期农业政策的研究也曾指出,美国农业部是"弱势政府机构海洋中的一个强势的政府孤岛",对农业进行了积极的干预(参见彼得·埃文斯、迪特里希·鲁施迈耶、西达·斯考克波:《找回国家》,方力维等译,北京:生活·读书·新知三联书店,2009,第17—18页)。
② 禹贞恩编《发展型国家》,曹海军译,长春:吉林出版集团有限责任公司,2008。
③ 彼得·埃文斯、迪特里希·鲁施迈耶、西达·斯考克波:《找回国家》,方力维等译,北京:生活·读书·新知三联书店,2009,第6页。

作用。这些研究都构成了本研究进一步研究农业转型动力的基础。

（一）"找回国家"与国家主义范式的兴起

"找回国家"主要是针对学界占据主流地位的"社会中心论"提出的。长期以来，在自由主义的影响下，社会科学研究的主流模式是以社会中心论为核心的①。在这一模式中，社会变迁主要被解释为经济社会自发力量推动的结果，国家或者被视为各种力量相互竞争的平台或者被看作统治阶级的工具②。因此，国家是不具有主体性的，也无法构成社会变革的推动力。

但是凯恩斯主义的兴起和"二战"后发展中国家崛起中国家的突出作用，使以社会中心论来解释社会变革和政治现象的企图越来越不可靠。正是在这种现实与理论的悖论下，很多学者在20世纪70年代纷纷提出"找回国家"的构想，并最终形成了"国家主义范式"，即将国家纳入对政治、经济、社会问题与变化的解释变量中，并将其重新置于中心地位。这一范式形成的标志性事件就是《找回国家》一书的出版③。该书是一批以国家为研究视角的学者的论文集，涉及经济发展、社会再分配、战争与国家建设、国际经济与国内政策、社会斗争等诸方面。他们以扎实的资料论证了国家在这些方面的重要作用。该书的作者指出，国家的重要作用不仅体现在国家的结构、功能与行为可以无意识地影响政治、经济和社会等方面，而且更重要的是国家可以作为一个独立行动

---

① 张静：《法团主义》，北京：中国社会科学出版社，2005，第90页。正如斯考克波的论述，社会中心论不仅包括社会因素，也包括经济因素，尤其是经济学强调的市场，所以有的学者从中细分出"经济主义"主要就是针对经济学家只看到经济尤其是市场的作用而忽视国家的倾向（参见琳达·维斯、约翰·M.霍布斯《国家与经济发展》，黄兆辉等译，长春：吉林出版集团有限责任公司，2009，第2页）。
② 参见彼得·埃文斯、迪特里希·鲁施迈耶、西达·斯考克彼《找回国家》，第3—10页；朱天飙：《比较政治经济学》，北京：北京大学出版社，2011，第85—87页。
③ 朱天飙认为该书的出版是国家主义范式最终形成的标志（参见朱天飙《比较政治经济学》，第88页）。

者有意识地对政治、经济、社会进行干预。这种将国家作为具有自主性的主体来解释社会转型的范式相对于社会中心论是一个极大的进步。因此，斯考克波断定，"宏观社会科学领域正在进行一种范式转移，该转移蕴涵着对国家与经济和社会之间的关系的一种根本性的重新思考"①。

作为一种理论范式，国家主义的主要贡献可以概括为以下两个方面。第一，对国家自主性和国家能力的探讨。简单来讲，国家自主性是国家在制度政策过程中独立于社会的自由度，而国家能力则是国家在执行政策中达到目的的能力②。这两个因素是国家构成解释经济社会变革独立变量的前提条件。因此，国家主义学者不仅论证了国家自主性和国家能力在现实中的体现，而且探讨了两者的影响因素和相互关系等。第二，坚持国家与社会互动的分析范式。国家主义范式只是一种视角而不是一种立场，即运用国家主义范式的学者强调国家在分析中的重要性，但他们并不是"国家主义者"。他们强调在"把国家找回来"的同时"不踢走社会"③，并以国家和社会的关系为中心来探讨经济政策、经济发展和经济转型。他们认为国家与社会是持续互动的，不会出现一方永远主导另一方的情况，国家与社会之间只有通过良性的互动与合作，才可以更好地促进经济社会发展。不过，在具体研究中国家主义学者往往更加注重分析国家在社会中的主导作用，而且这种作用几乎都是正面的，对社会这一重要环节的分析往往不够深入④。

尽管如此，国家主义范式对国家主体性的强调弥补了社会中心论的不足，在强调国家的同时如何兼顾社会因素，国家主义范

---

① 彼得·埃文斯、迪特里希·鲁施迈耶、西达·斯考克彼：《找回国家》，第7页。
② 斯考克波对国家自主性的定义是，"作为一种对特定领土和人民主张其控制权的组织，国家可能会确立并追求一些并非仅仅是反映社会集团、阶级或社团之需求或利益的目标"（参见彼得·埃文斯、迪特里希·鲁施迈耶、西达·斯考克彼《找回国家》，第10页）。
③ 琳达·维斯、约翰·M. 霍布斯：《国家与经济发展》，黄兆辉等译，长春：吉林出版集团有限责任公司，2009，第10—13页。
④ 朱天飚：《比较政治经济学》，第101—102页。

式也给予了我们很大的启发。这些都为我们在研究农业转型时扭转既有理论忽视国家作用的局面奠定了坚实的理论基础。

(二) 农业转型研究引入国家的尝试及其解释中国的困境

国家主义学者将研究对象主要定位在经济发展、社会再分配、国家建设、国际经济等宏大主题，即使在研究经济发展时也主要是从宏观经济着手，少有研究者将国家主义范式运用于农业转型研究。从笔者可搜集到的少数这方面的研究中，罗伯特·H.贝茨和詹姆斯·C.斯科特等人在农业转型研究中引入国家变量方面做出了有益的尝试。

1. 贝茨的《热带非洲的市场与国家》

贝茨是当今美国最具影响力的发展政治经济学专家，同时也是国家主义学者中的一员。他研究农业问题的主要意图就是，纠正新古典经济学理论忽视制度和政治的倾向，揭示政治因素对农业发展的影响①。贝茨看到，热带非洲国家的农业政策主要通过干预市场来影响农业发展。这主要体现在两个方面：一方面政府通过价格政策控制涉农市场的价格来制造工农业部门之间的"剪刀差"，为工业发展提供原始资本积累，为城市居民提供廉价农产品；另一方面，为了增加国内粮食产量，政府从农业提取的剩余中拿出一部分返还于农村，对种子、化肥、机械、贷款等进行补贴。然而在这两个资源流动方向完全相反的过程中，受益的却都是少数利益集团，在提取资源的过程中主要是企业家、官僚、城市工人、市民得利，在反哺农业的过程中获利的主要是农村的大农场主②，而广大普通小农场主在这两个过程中都是受损的。同

---

① 这主要体现在罗伯特·H.贝茨《热带非洲的市场与国家》，曹海军等译，长春：吉林出版集团有限责任公司，2011。他的另外一本著作《超越市场奇迹》也能体现这种意图（参见罗伯特·H.贝茨《超越市场奇迹》，刘骥等译，长春：吉林出版集团有限责任公司，2009，"导论"部分）。

② 贝茨将他们统称为"发展联盟"，参见《热带非洲的市场与国家》，第104页。

时，政府对农业生产进行的补贴政策还导致大农场主在农村得到迅速扩大和发展，甚至在有些原本没有地主的地区再造了大量地主出来，而小农场则被冷落和边缘化。

对于这些现象，贝茨主要是从政治角度给予解释。关于剪刀差的出现，贝茨认为，一方面是国家有意识地推动经济结构转型的需要，另一方面则是面对强势利益集团（包括企业家、官僚、工人和市民）的施压，政府为了保持政治稳定而不得不做出让农民牺牲的决定。对农业生产的补贴主要落入了少数大农场主的手中，大多数小农场主得不到这些项目补贴，绝不是实施过程中的意外后果，而是政府出于政治考量而有意为之。他认为政府在促进农业发展时，不是选择普惠性的提高粮价政策，而是选择操作空间更大的项目政策，这本身就是为了更好地进行政治控制。因为价格政策会使支持者和反对者都获得利益，而项目政策则可以使政府有针对性地分配资源："通过允诺利益，他们可以寻得合作；通过赠予，他们可以获得顺从；而通过收回利益，他们可以惩罚那些反对者。"① 正是利用补贴项目，政府在农村建立了有组织的政治支持。政府之所以选择大农场主作为补贴对象，是因为他们在农村是极具影响力的势力，而且他们比分散的小农更容易集结起来影响政府决策。

在贝茨的研究中，市场是受政治控制的，政府通过干预市场来提取资源并进行再分配，而这都是为了当权政府实现更好的政治控制，在此市场成了政府政治控制的工具②。这既批判了主流经济学对市场的迷信，也凸显了国家在农业发展中的作用。贝茨的不足主要有两个方面：其一，与其他国家主义学者一样，贝茨在分析中过度地凸显了国家的作用，而对社会一方的主动性揭示得不够，似乎社会一方只会默默承受国家带来的影响而无所作为，而这显然不符合现实情况；其二，在贝茨的论述中国家是铁板一

---

① 罗伯特·H. 贝茨《热带非洲的市场与国家》，第 100 页。
② 罗伯特·H. 贝茨《热带非洲的市场与国家》，"导论"第 6 页。

块的,内部的层级之间是没有张力的。而实际上,在国家内部各个层级的政府及其官员都具有自主性,因此需要进行区别对待。应该说,以上两点不足都限制了贝茨研究的全面性和丰富性。

2. 斯科特的《国家的视角》

相对于贝茨主要探讨国家与市场的关系,斯科特的《国家的视角》[①]则主要是在国家与社会框架下展开的。他主要站在国家的视角探讨那些试图改善人类状况的项目是如何失败的。这些项目涉及科学、林业、度量衡、姓氏和语言、土地制度、交通模式、城市规划、村庄改造和工业化农业等,其中对工业化农业的探讨占据了近三分之一的篇幅(第六章到第八章)。在研究中,他主要回答了两个问题,即这些项目是如何发生的,又是如何失败的。

斯科特主要以苏联的集体化和坦桑尼亚的村庄化(其中集体农业是主要内容)为例探讨了工业化农业的运作逻辑。两个国家虽然在一些方面存在差异,但是它们所做的都是利用国家权力使农业由分散的小农经营转向集中的集体农场经营。这样的大型社会工程之所以会发生,在斯科特看来主要源于以下四个方面的原因:第一,两国领导人都抱有极端现代主义信念,这体现在农业发展上就是对"大型、机械化和工业化农场的迷信"[②]。第二,国家管理和控制的需要,无论是国家征收赋税还是政治控制,都要求国家对社会进行清晰化和简单化的设计[③],而相比分散的小农,集体农庄显然更符合这一要求。第三,独裁主义的国家,这是乌托邦式的社会工程得以实现的权力基础。第四,软弱的公民社会,这样的社会缺少抵制国家项目的能力,构成这些项目得以推行的社会基础。斯科特认定,正是以上四个方面的"致命结合"才导

---

① 詹姆斯·C. 斯科特:《国家的视角》,北京:社会科学文献出版社,2012。
② 詹姆斯·C. 斯科特《国家的视角》,第241页。
③ 斯科特认为,清晰化和简单化是国家机器的中心问题,也是现代国家机器的基本特征,清晰化和简单化的设计是所有社会规划、图解和管理所不可或缺的(参见詹姆斯·C. 斯科特《国家的视角》,"导言"第2—3页,"中文版序言"第2页)。

致了这些社会工程得以发生①。

斯科特认为,站在国家的角度来看,苏联和坦桑尼亚的农业改造无疑是成功的。通过改造农业,国家在农村建立了便于自上而下进行监督、管理、征税和控制的新的制度形式和生产单位。但是,他认为从更多的方面来看,这一改造是失败的:粮食产量下降、生产效率低下、生态退化给农民生活带来巨大灾难,因此并不符合其设计者的初衷②。至于这些项目失败的原因,斯科特主要是从国家与社会的内在矛盾进行解释的。在他的认识里,国家机器的核心在于简单化和清晰化,社会一方(包括农业生产)则由于地方知识、实践和背景等特殊性的存在而无比复杂。国家在实施项目中往往将社会的复杂性、不清晰、地方性知识和实践视为落后并将其移除,从而导致了那些试图改善人类状况的项目终告失败。斯科特总结说,"如果要我将这些失败背后复杂的原因归结为一句话,我要说这些计划的始作俑者往往将自己看得远比实际上更聪明和更深谋远虑,同时也将他们的对象看得远比实际上更愚蠢和低能"③。因此,斯科特建议,国家对于社会的复杂性应该少一些傲慢多一些尊重。

斯科特的研究对于改造农业运动的发生和失败都给予了独特的解释。在其解释中,国家机器处于中心地位,国家征税和控制的需要本能地要求农业生产单位和制度的简单化与清晰化,这与社会本身的复杂性构成尖锐的矛盾,两者之间不可调和的矛盾构成了其最终失败的原因。正如诸多论者已经明确指出的,尽管斯科特的分析很吸引人,但是始终固守农民-国家、传统-现代和抵抗-支配这种僵化而简单的二元对立模式④,在这种模式中国家

---

① 参见詹姆斯·C. 斯科特《国家的视角》,"导言"第4—6页。
② 参见詹姆斯·C. 斯科特《国家的视角》,第254—255、273、313—314页。
③ 詹姆斯·C. 斯科特:《国家的视角》,第440页。
④ 王晓毅:《再版译者后记》,载詹姆斯·C. 斯科特:《国家的视角》,第459页;朱晓阳:《小村故事:地志与家园》,北京:北京大学出版社,2011,第67—69页。

与社会总是对立和矛盾的，而且似乎国家的作为总是带来麻烦，而社会的做法都是十全十美的①。其实，国家与社会的关系不仅存在对立也存在合作与共谋，而且国家的所作所为不仅有恶的一方面也有好的一方面。同时，斯科特在承认地方社会复杂性的同时将国家简单化了，在这一点上，斯科特和贝茨是一致的，都忽略了国家内部的复杂性和差异性。

除了以上两部著作外，还有一部外文著作明确探讨了国家在农业转型中作用——Hart等人的《农业转型：东南亚的地方进程与国家》②。虽然该书是由几位作者的文章汇集而成，但他们在分别研究东南亚四国（印度尼西亚、菲律宾、泰国、越南）农业转型时，都自觉地认识到主流范式主要从商品化和技术进步等市场角度来解释农业转型是不够的，认为应该将国家的干预以及权力在不同层次的具体运作纳入分析的中心。因为在他们看来，技术进步以及商品化过程的推进，实际上是由国家的干预和权力结构推动的。因此，他们主要着眼于从与宏观的政治经济系统关联中去理解这些地方层次、特殊的经验语境中的农业转型过程。不过，从研究结论来看，其与贝茨和斯科特的研究基本是一样的。他们认为，国家出台的农业政策一方面是为了更好地吸纳农村精英群体，使之成为政权在农村的可靠代理人以更好地维持农村秩序，另一方面试图维持对农业社会控制力度的同时实现农村社会经济基础的转型。而从研究范式来看，他们也主要是从宏观的政治经济系统中去解释地方的农业转型，对于地方政府的自主性仍然没有给予充分重视。

3. 解释中国的困境

以上三部著作都致力于将国家变量引入对农业转型的解释，

---

① 这与斯科特本人的无政府主义立场密切相关，朱晓阳曾指出斯科特明确表示自己是一个无政府主义者（参见朱晓阳《小村故事：地志与家园》第100页脚注②）。
② Gillian Patricia Hart, Andrew Turton, Benjamin White, *Agrarian Transformations: Local Processes and the State in Southeast Asia*, University of California Press, 1989.（转引自龚为纲《当代中国农业转型的比较政治经济学》，工作论文，2014年）。

这相对于主流的自发模式是一个革命性的跨越，对于我们研究我国的农业转型具有极大的启发意义。但是用他们的范式和得出的结论来解释我国正在发生的农业转型，显然又是行不通的。从他们的结论来看，他们都认为政治吸纳（主要是吸纳农村精英）、政治控制、提取资源或征税等因素是国家干预农业转型的主要动力，这些结论在许多发展中国家尤其是工业化刚刚起步阶段都是适用的，我国合作化运动的一个重要目的也是为了更好地从农业中提取资源从而为工业化提供原始资本积累①。但这些结论用于解释我国正在进行的农业转型显然是不行的。这是因为他们研究的国家基本都是处于工业化的起步阶段，国家需要从农村提取资源，而我国已由从农业提取资源的阶段转为向农业输入资源的阶段，因此提取资源的解释不适合当下的中国。

而从他们的解释范式来看，他们的研究主要是从宏观而又抽象的国家层次着手的，这也决定了他们主要从国家统治和控制的角度来思考农业转型的动力。正如上文所说，这种将国家视为铁板一块的做法，忽视国家内部的复杂性和差异性，在强调国家自主性的同时也忽略了地方政府的自主性。正如很多学者已经指出的那样，地方政府及其官员不仅仅按部就班地执行上级政府的政策，他们本身也具有"自主性"或"主动性"②。在我国当下进行的农业转型中，尽管中央政府发挥了重要作用，但是作为直接推动者的地方政府尤其是县乡政府也发挥了关键作用。而且具有自主性的地方政府所遵循的逻辑与中央政府不尽相同。当前，我国各地的农业转型表现出明显的不平衡性，在中央政策相同的前提下，这种不平衡性主要是由各地的差异性导致的，而在各地的差异性中地方政府的干预程度的差异起到了很大作用。因此，在这种情况下，思考当下中国的农业转型更应该从具体的地方实践着

---

① 参见温铁军《中国农村基本经济制度研究》，北京：中国经济出版社，2000。
② 托马斯·海贝勒、舒耕德、杨雪冬主编《"主动的"地方政治：作为战略群体的县乡干部》，北京：中央编译局出版社，2013。

手探讨地方政府推动农业转型的机制和逻辑。

(三) 研究进路与分析框架

本研究的问题意识首先来自我国各地正在发生的农业转型实践，笔者在调查中发现，各地的农业转型，尽管市场经济和农民分化等经济社会因素也在推动这一过程，但是地方政府的积极干预构成了地方农业转型的直接动因。这一现象是作为农业转型研究主流模式的"自发模式"无法解释的，因为"自发模式"主要强调经济社会因素对农业转型的推动作用，而忽视了国家在其中的作用。随着"国家主义"研究范式的兴起，已有少数学者（主要集中在美国学界）开始注重国家在农业转型中的重要性和解释力，并做出了一些开创性的研究。从上文可以看到这些研究主要将研究对象集中在热带非洲、苏联和东南亚等国家和地区，而且这些国家和地区所处的发展阶段与我国当下的阶段相差甚远，加上这些研究者更多地从宏观和抽象的国家（尤其是中央政府）着手研究国家推动农业转型的机制，因此他们的研究结论对于当下中国正在发生的农业转型的解释力就大打折扣了。这需要我们立足中国的地方实践来继续研究我国的农业转型及其动力机制。

我国正在发生的农业转型要求我们必须将政府纳入对农业转型的解释框架中，因此，本研究的研究进路继承了贝茨和斯科特等人在研究农业转型中的"国家主义"进路，只不过相对于他们强调宏观而又抽象的国家自主性，本研究更多地强调地方政府尤其是其中的县乡政府的自主性。当然，本研究也会考虑中央政府的影响，但主要是将其作为宏观的结构性背景进行处理。同时，本研究在批判"自发模式"的同时也看到它所强调的经济社会因素确实也在农业转型中起着关键作用，在接下来的研究中也会强调这些因素的作用。所以，本研究的研究进路是在凸显地方政府在农业转型中的重要作用的同时，兼顾经济、社会等因素的作用。实际上，实践中农业转型正是在这些力量的互动中发生的。基于此，笔者提出了"地方政府-市场-社区"这一三维分析框架。

这种三维分析框架在很多研究中已经得到很好的运用。波兰尼的力作《大转型》就是在"国家－市场－社会"这一三维分析框架下展开分析的。他用大量事实证明了市场从来都是"嵌入"在政治和社会之中的，即使是主流经济学家标榜的自由市场也不是自发产生的，而是政府"计划"的结果。而自由市场一旦出现，其本能地就会趋向脱嵌于政治和社会，将市场法则贯穿于一切领域，从而制造出一个"市场社会"，带来大量社会问题。而一旦市场朝向"自由"的方向奔跑，社会出于自保就会引发一场反向运动，从而迫使政府干预市场，这样的市场就是"社会市场"，在其中市场依然起作用，但不是唯一的作用[1]。显然，在运用这个框架中，波兰尼更加强调国家与社会对市场的约束作用，这是批判自由主义经济学的使命使然。著名发展经济学家速水佑次郎也试图构建"政府－市场－社区"的三维分析框架来研究发展中国家的经济发展。他指出，发展中国家客观上需要利用社区来纠正市场和政府失败，支持现代经济发展，所以发展中国家的经济体系，不能只是市场和国家的结合，而应该是包括社区在内的三个组织的结合[2]。速水佑次郎是在经济学界纠缠于市场与国家关系而不能自拔的情况下提出这一三维分析框架的，所以他特别强调需要更加重视社区的作用，在发展中国家更应如此。此外，在政治经济学和经济社会学等领域，"政府－市场－社区"的分析框架也有不少运用，在此不再赘述。

笔者在运用这一三维分析框架时，将政府主要操作化为地方政府，在本研究中主要是指作为基层政府的县乡政府，并将县乡政府以上的政府尤其是中央政府作为影响地方政府的宏观结构性背景。据笔者观察，在各地的农业转型过程中，县乡政府是直接

---

[1] 参见波兰尼《大转型：我们时代的政治与经济起源》，杭州：浙江人民出版社，2007；王绍光：《波兰尼〈大转型〉与中国的大转型》，北京：生活·读书·新知三联书店，2012，第15—56页。

[2] 速水佑次郎：《发展经济学》，北京：社会科学文献出版社，2003，第282—317页、"导言"第20页。

的参与者和推动者。上级政府的农业政策要靠它们进行落实,这两级政府尤其是县级政府在落实上级政策时往往需要根据本地实际制定相关政策或规定,而且它们本身也会出台自己的政策来推动农业转型。因此,县乡政府是农业转型的重要推动力量,在很多地方甚至是主要推动力量(笔者调查过的地方多数都是如此)。当然,在农业转型过程中,县乡政府以上的政府尤其是中央政府也发挥了重要作用,但从笔者的调查来看,中央政策更多地扮演一种重要的结构性背景角色。

"市场是在价格参数变化的信号下协调在竞争中追逐利润的个人的组织"①。作为协调经济活动的市场,无论在政府介入前的农民自发土地流转中还是在政府介入后的农业转型中,一直都在发挥作用。只不过在政府介入前,市场主要是嵌入在社会中的,而县乡政府介入后,市场则主要受到政府的影响。当然在这两种情况下,市场都在发挥重要的协调作用,因此笔者将其作为本研究分析框架的关键一维。

社区主要是指作为农民基本生活单位和经济单位的行政村和村民小组(两者简称"村组")及其村民。首先,农村的承包地是在这一范围内由所有农户共享的,作为村集体代表者和村民代理人的村干部在土地流转和基础设施提供等方面都发挥了重要作用,在下文笔者将其看作农村社区的"政治精英"。其次,农户之间由于长期相处有着密切的关系、共享着一定的社会规范,这些是制约农村土地流转的重要社会因素,因此,农户之间进行的自发土地流转中的亲属之间的流转是常态。而且这些社会因素即使在市场和政府的冲击下仍然在发挥重要作用,尽管其影响力在迅速下降。最后,作为土地承包者和农业经营者的农户是农业转型中最重要的参与者。他们既受到以上政治经济社会各方面的影响,同时也会根据自身的经济社会处境做出选择和反应。在接下来的分析中,我们会看到现在农户已经发生了巨大的分化,尤其体现在

---

① 速水佑次郎:《发展经济学》,第283页。

经济精英与普通农户的区别上。在后文的分析中，以经济精英为主的大户和作为大众的普通农户之间的对比是笔者分析中的一条暗线。与此相对的主线则是县乡政府推动农业转型的机制和逻辑。

总之，在笔者看来，农业转型是在政府、市场和社区三种因素的密切互动中发生的，因此，本研究将在这种三维框架下呈现皖南河镇正在发生的农业转型及其动力机制。这种三维分析框架的优势在于，避免了片面强调市场或国家一维和仅仅强调国家-社会、国家-市场等二元对立的简化和刻板化，能够容纳更加丰富的内容和事实，展示各主体之间复杂的互动与博弈。

当然，波兰尼和速水佑次郎在研究中运用"政府-市场-社区"框架时，其中三个变量并不是居于同等位置的，这主要是视其回应的问题而定。波兰尼针对自由主义经济学过度强调市场，他更多地强调市场嵌入其中的政治和社会因素；速水佑次郎针对经济学家各执市场和国家两端，提出社区因素的重要性。本研究则主要是针对农业转型研究中的自发模式忽视政府的问题和国家主义范式主要强调宏观国家而忽略地方政府自主性的不足而展开的，因此，笔者在本研究中主要是从县乡政府推动农业转型切入，探讨县乡政府干预下的农业转型及其推动农业转型的机制和逻辑。当然，在这个过程中市场和社区都在与政府发生密切的互动。

四 学科、方法与田野

（一）农业社会学：对农村社会学的拓展

笔者和周围一些同行在研究农业问题时经常受到一些社会学者的质疑，他们认为，农业问题好像不是社会学应该研究的对象，即使做了研究也不像社会学而更像农业经济学的研究，等等。这种质疑在社会学界应该是普遍存在的，无怪乎已故社会学家陆学艺先生曾评论道，"从某种意义上说，不了解中国农业的特点，不研究农业活动的规律,是难以理解中国农民和农村的。但是对农业的研究和理解在很长一段时间里似乎理所当然地被认为是农业科学家的事,或被认为是农业经济学家的事,而与社会学家无关。这可能是社会学者在'三农'政策方面研究薄弱的原因之一"①。陆学艺的评论既指出了社会学研究农业问题的必要性②,又对社会学界对农业问题研究的忽视感到遗憾。

其实,社会学对农业问题的忽视是由来已久的。从整体上看,社会学自诞生以来就一直将工业社会或市民社会作为自己的主要研究对象,农村尤其是农业问题基本上从未在其核心的理论体系中占据重要位置,即使被涉及也只是附带提及③。相对于西方社会学的主流研究倾向,我国社会学在起步阶段就比较注重农业问题的研究,这集中反映在费孝通先生的研究上。费孝通先生在其主要学术著作《江村经济》和《禄村农田》中对农业问题都给予了高度关注。在《江村经济》中,费老详细刻画了受现代工商业影响较深的村庄中的职业分化、劳作日程、农业生产和土地占有等有关农业问题④。如果说《江村经济》只是简单论述了农业问题,那么《禄村农田》则通篇都是在论述农业问题。费老试图通过考察受现代工商业影响较小的禄村的土地制度来解释禄村人们因利

---

① 朱启臻:《农业社会学》,北京:社会科学文献出版社,2009,陆学艺所作"序言"第2—3页。
② 孟德拉斯认为"农业给社会学家提供了一个极好的分析天地",参见孟德拉斯《农民的终结》,李培林译,北京:社会科学文献出版社,2010,第10页;霍华德·纽比曾指出,尽管"农村的"并不等同于"农业的",但关于"农村的"所有富有意义的定义都是建立在农业的基础之上的。因此,考虑农业的发展仍旧是任何一种农村社会学的核心所在(参见 New by H. *International Perspectives in Rural Sociology*, New York: Wiley, 1978: 25)[转引自熊春文《农业社会学:渊源、发展及其主要理论问题》,《中国农业大学学报》(社会科学版)2009年第1期]。
③ 参见霍华德·纽比、弗雷德里克·巴特尔:《批判的农村社会学导论》(1972),载苏国勋、刘小枫主编《社会理论的知识学建构》,上海:上海三联书店,2005,第562页。
④ 费孝通:《江村经济》,北京:商务印书馆,2001,第8—11章。

用农田而发生的种种现象①。费老之所以如此关注农业问题，源于其"志在富民"和认识社会的夙愿，因为中国尤其是新中国成立前的中国是一个农业大国，绝大多数人以农业为生。费老本来是想以类型比较方法在更大范围内进一步推进其研究，以更好地了解整个中国，但由于社会学的中断而未能如愿。社会学恢复以后，由于各种原因他也未能继续其农业研究。

社会学重建以来，我国农村社会学得到了长足发展，在农村社会组织、社会变迁、社会结构、社会关系、社会分层与流动、婚姻家庭等方面都取得了诸多成果②。但是从总体上来看，这些研究主要集中在"三农"中的农村和农民方面，而对其中的农业少有探讨，似乎农业不属于其研究范围，这也是陆学艺感慨的原因，相信，如果费老健在，他也不会满意。倒是非出身于社会学的黄宗智运用经济学和社会学的理论和方法对我国农业问题做了许多有益的探讨，对我国农业的过去和现在、理论和现实都做出了持续而又深入的研究③。

---

① 费孝通、张之毅:《云南三村》，北京：社会科学文献出版社，2006。
② 如，陆学艺:《当代中国农村与当代中国农民》，北京：知识出版社，1991；张静:《基层政权：乡村制度诸问题》，上海：上海人民出版社，2002；吴毅:《村治变迁中的权威与秩序》，北京：中国社会科学出版社，2002；贺雪峰:《乡村治理的社会基础》，北京：中国社会科学出版社，2003；李培林:《村落的终结》，北京：商务印书馆，2004；张乐天:《告别理想：人民公社制度研究》，上海：上海人民出版社，2005；王跃生:《社会变革与婚姻家庭变动》，北京：生活·读书·新知三联书店，2006，等等。
③ 除了前文提到的《华北的小农经济与社会变迁》《长江三角洲的小农家庭与乡村发展》《中国的隐性农业革命》三部著作，黄宗智近年来也发表了大量有关当代中国农业问题的文章，代表作品有：黄宗智:《中国过去和现在的基本经济单位：家庭还是个人？》，《人民论坛·学术前沿》2012年第1期；黄宗智、高原、彭玉生:《没有无产化的资本化：中国的农业发展》，《开放时代》2012年第3期；黄宗智:《小农户与大商业资本的不平等交易：中国现代农业的特色》，《开放时代》2012年第3期；黄宗智:《"家庭农场"是中国农业的发展出路吗？》，《开放时代》2014年第2期；黄宗智、高原:《中国农业资本化的动力：公司、国家、还是农户？》，《中国乡村研究》第10辑，福州：福建人民出版社，2013，第28—50页。

再造农业

以农村研究著称的华中村治学者①，经由村民自治、乡村治理、乡村治理的社会基础、价值基础等研究领域的层层转向后，也于近几年着重关注农业问题，并强调从社会学角度（如社会结构、社会关系等角度）研究我国的小农农业和农业转型。在小农农业的研究方面，相对于主流对小农农业的否定，华中村治学者通过深入调查发现，小农农业在我国具有天然的合理性和不可替代的社会功能。我国人多地少的国情和"中国制造"的发展阶段，决定了我国农业的基本形态必然是小农农业，这种小农农业不仅为广大农民提供了就业和收入，更为他们提供了人生价值和生命意义；从国家和社会来看，小农农业为经济社会发展提供了"稳定器和蓄水池"，是助推我国实现产业升级的重要基础。因此，他们旗帜鲜明地提出了小农立场②。关于农业转型，华中村治学者认为，其实"新中农"或"中坚农民"的出现本身就是一个积极的农业转型③。只不过这一转型没有引起政府的注意，政府推动了大规模的土地流转，发展以工商企业和家庭农场为主体的规模经营。他们除了探讨了规模经营的社会后果④，也探讨了转型的动力问题。陈义媛主要从资本积累的角度切入⑤，余练则从阶层

---

① "华中村治学者"是指以华中师范大学和华中科技大学为主要平台并集中在华中地区的一批以研究中国农村问题为主要研究旨趣的学者，他们构成了当前中国农村研究中颇为重要的组成部分。关于他们的研究问题与方法，可参见陈柏峰《华中村治研究：问题与方法》，《甘肃行政学院学报》2010年第3期。

② 具体逻辑参见贺雪峰《小农立场》，北京：中国政法大学出版社，2013；贺雪峰：《城市化的中国道路》，北京：东方出版社，2014；贺雪峰等：《关于"中国式小农经济"的笔谈》，《南京农业大学学报》（社会科学版）2013年第6期；袁明宝：《小农理性及其变迁》，中国农业大学博士论文，2014。

③ 有关中农的研究参见贺雪峰《当下中国亟待培育新中农》，《人民论坛》2012年第9期；杨华：《"中农"阶层：当前农村社会的中间阶层》，《开放时代》2012年第3期。

④ 王德福、桂华：《大规模农地流转的经济与社会后果分析》，《华南农业大学学报》（社会科学版）2011年第2期；陈靖：《粮食安全视角下的农业经营问题》，《中州学刊》2013年第4期。

⑤ 陈义媛：《资本下乡：中国的农政变迁与水稻生产》，香港理工大学博士论文，2015。

角度理解①，龚为纲从农业治理转型的角度研究农业转型②，但龚为纲根据一个特殊的产量大县概括的政府在农业转型上的干预机制代表性比较弱。这为本研究继续探讨政府干预与农业转型提供了空间。

华中村治学者向农业研究的转向，既是对现实问题的观照，又是对农村社会学的深化和拓展，笔者赞同这一转向，并试图通过农业社会学研究的实践来推进对农村社会学的拓展。华中村治学者虽然已从社会学角度对农业问题做了不少研究，但还没有自觉的农业社会学学科意识。其实，我国国内的农业社会学基本还没有起步。朱启臻虽在前几年就开始倡导农业社会学研究并主编了国内第一本也是唯一一本《农业社会学》教材③，但只是处于介绍知识、描绘蓝图阶段，而没有进入实证研究阶段。

作为一门学科的农业社会学产生于20世纪70年代的美国。农业社会学的诞生本身是为了挽救深陷迷惘和危机的西方农村社会学。所以，当时农业社会学的倡导者将其称为"新农村社会学"或"批判的农村社会学"④。农业社会学扭转了农村社会学将主要精力投入农村社区的研究倾向，转而将研究对象集中在农业问题。其主要关注的问题包括发达资本主义社会的农业结构、国家农业政策、农业劳动力、地区不平等、农业生态等，其中前两个方面占据了主要地位，也是与本研究相关度最高的部分。农业结构要回答的核心问题是家庭农业是否会消失，即家庭农业是否会被资本主义农业替代。针对这一问题，农业社会学界分为针锋相对的两派：一派坚持马克思等人的判断，认为家庭农业必将被资本主义农业替代，随之农民分为资本主义农场主和无产者；另一派延

---

① 余练：《农业经营形式变迁的阶层动力》，华中科技大学博士论文，2015。
② 龚为纲：《农业治理转型》，华中科技大学博士论文，2014。
③ 朱启臻：《农业社会学》，北京：社会科学文献出版社，2009。
④ 霍华德·纽比、弗雷德里克·巴特尔：《批判的农村社会学导论》（1972），载苏国勋、刘小枫主编《社会理论的知识学建构》，上海：上海三联书店，2005，第560—574页。

续并发展了恰亚诺夫的观点，认为家庭农业仍将占据主导。而有关国家农业政策的研究将主要注意力集中于国家农业政策形成的原因上，并形成了两种对立的理论：一种认为国家农业政策是权力精英或统治阶级出于自身利益推动的结果——可称为"行动主义理论"；一种认为无论权力精英由谁构成，农业政策的走向都主要受制于国家机器中潜在的结构约束——可称为"结构主义理论"①。以上两方面的研究分别探讨了两个非常重要的问题，但很少将两方面结合起来进行分析。本研究正是试图将两者结合起来以研究国家尤其是地方政府干预农业结构转型的机制和逻辑。

（二）乡域研究与个案研究

本研究是对一个乡镇的农业转型进行深入的个案分析的定性研究。选择这种研究方法，是由本研究的研究旨趣和研究对象决定的。本研究的旨趣在于揭示地方政府作为农业转型动力推动农业转型的机制和逻辑。这显然很难借助大规模的问卷调查而进行定量研究，一方面是因为此问题涉及基层政府、村组、农户、工商企业等诸多层面，增加了定量研究的难度，另一方面也是更为重要的原因是大范围地对政府和企业进行问卷调查很难实现。而作为定性研究方法之一的个案研究既可以做到深入的机制研究又可以较好地获得各方面的鲜活材料，从而能更好地实现本研究的目的。而选择乡域研究一方面是研究对象的特点使然，另一方面是因为乡域研究具有得天独厚的优势。初到皖南河镇调研时笔者只是在其中一个村进行，后来发现当地的农业转型是在全镇范围展开的。而从全镇来看农业转型要比从单个村庄着手更有利于问题的分析。同时，乡镇作为政府权力的末梢，从乡域范围内考察

---

① 参见霍华德·纽比、弗雷德里克·巴特尔：《批判的农村社会学导论》（1972），载苏国勋、刘小枫主编《社会理论的知识学建构》，上海：上海三联书店，2005，第566—571页；菲利普·迈克尔、弗雷德里克·巴特尔：《农业政治经济学的新趋势》（1990），载苏国勋、刘小枫主编《社会理论的知识学建构》，上海：上海三联书店，2005，第576—584页。

政府对农业转型的干预，不仅可以更好地呈现权力的运作和各方的互动，而且可以更好地展演农业转型的模式和动力。基于此，笔者将乡域研究和个案研究运用于本研究。

我国的农村研究大多将"社区"作为了解社会的方法和认识单位，并将社区操作化为具体的"村落"或村庄。这主要是受到由吴文藻和费孝通开创的"社区方法论"①的影响。将村庄作为研究方法和研究单位，虽然可以较好地呈现村庄经验的深刻性和复杂性，但是并不能把握经验的完整性，尤其是将研究主题定位为非单个村庄可以呈现的研究议题时更是如此，比如研究基层政治、基层市场、农村水利等。因此，社区研究历来就受到各种质疑和修正，乡域研究便是其中之一。为了兼顾村庄和乡镇的考察视野，吴毅提出将"乡域"作为研究单位，这是他在探寻农村基层政治透视点时提出的。他认为将村庄政治提升到乡镇政治研究是其在方法论上反思的结果，因为这种努力可以部分解决有关县域政治研究在田野操作中的困难，并克服村庄政治研究在时空展示上的局限②。由于乡域研究存在明显优势，其在近年来得到了广泛运用，但主要还是集中在基层政治研究上③。但将乡域作为研究单位和研究方法完全可以应用到更广的范围和主题。因为乡域是从布迪厄意义上的"场域"来理解的，主要是强调乡镇场域作为一个具有相对自主意义的完整的时空关系网络，在这一网络中各种力量依据自身所处位置运用各种策略展开互动和博弈。这种意义上的乡域研究完全适合本研究所要关注的在乡镇范围内发生的农业

---

① 参见吴文藻《论社会学中国化》，北京：商务印书馆，2010；费孝通：《江村经济》，北京：商务印书馆，2001；费孝通：《乡土中国 生育制度》，北京：北京大学出版社，1998。

② 吴毅：《小镇喧嚣：一个乡镇政治运作的演绎与阐释》，北京：生活·读书·新知三联书店，2007，第600—602页。

③ 参见欧阳静《策略主义》，北京：中国政法大学出版社，2011；田先红：《治理基层中国》，北京：社会科学文献出版社，2012；郭亮：《地根政治》，北京：社会科学文献出版社，2013；狄金华：《被困的治理》，华中科技大学博士论文，2011年；李祖佩：《分利秩序》，华中科技大学博士论文，2014年。

转型。只不过需要指出的是，乡域研究只是以乡镇为重点，同时会兼顾村组和县级层面以做到上下融通①。

作为社会科学经验研究的基本方法之一，个案研究具有悠久的历史，但一直以来都面临如何处理特殊性与普遍性、微观与宏观之间的关系问题。正如卢晖临和李雪共同指出的，随着现代社会日趋复杂和定量研究方法的冲击，个案研究处于风雨飘摇之中，这要求个案研究必须"走出个案"②。个案研究的特殊性与普遍性的问题实质上是代表性问题。对此，詹彼得罗·果博（Giampietro Gobo）曾敏锐地指出，就个案研究而言，人们经常混淆的是个案本身的代表性和个案特征的代表性③。尽管每个个案本身都是独一无二的，但其特征或机制具有一定的代表性。因此，通过个案研究的结论而进行"个案的外推"并将这一结论扩大到适合的其他个案对象是可行的④。而关于个案研究中微观与宏观关系的处理，前美国社会学会会长布洛维提出的"拓展个案法"或"扩展个案法"给了较好的解答。这一方法追求自田野"扩展出去"，它将反思科学运用于民族志，旨在从独特中抽取一般、从微观走向宏观。拓展个案法搜集资料兼涉宏观和微观两个方面，时时体察宏观权力等因素对日常实践的渗透力和影响力。研究者居高临下地看到具体生活，亦从具体生活中反观宏观因素的变迁。通过宏观与微观因素的往复运动，通过对宏观、微观两方面因素的经验考察，达到对问题的深入理解，从而跳出个案研究的狭小天地⑤。本

---

① 狄金华：《"乡域政治"：何以可能，何以可为》，《开放时代》2008年第4期。
② 卢晖临、李雪：《如何走出个案——从个案研究到扩展个案研究》，《中国社会科学》2007年第1期。
③ Giampietro Gobo, Sampling, Representativeness and Generalizability, in Clive Seale, Giampietro Gobo, Jaber F. Gubrium and David Silverman（eds.）, *Qualitative Research Practice*, SAGE Publications, 2004：452.（转引自陈义媛《资本主义式家庭农场的兴起与农业经营主体分化的再思考》，《开放时代》2013年第4期。）
④ 王宁：《代表性还是典型性？》，《社会学研究》2002年第5期。
⑤ 参见麦克·布洛维《公共社会学》，沈原等译，北京：社会科学文献出版社，2007，第77—135页；卢晖临、李雪：《如何走出个案——从个案研究到扩展个案研究》，《中国社会科学》2007年第1期。

研究将利用以上研究方法来处理个案研究的特殊性与普遍性、微观与宏观的关系，在宏观和微观两方面因素的互动中揭示皖南河镇具有一定代表性的农业转型及其动力机制。

（三）田野工作

最早与河镇结缘是在 2012 年 12 月底，笔者和三位同学在河镇的一个村进行了为期半个月的田野调查，因为该村当时是河镇仅有的三个已经进行了大规模土地流转和规模经营（90% 以上的耕地流转给了工商企业经营）的村庄之一，所以主要关注的问题都围绕土地流转和农业经营而展开。笔者所在的研究团队与河镇有着较深的渊源，2010 年 10 月十余人在河镇的四个行政村进行了半个多月的村治模式调查，并与当地干部、群众结下了深厚的友谊。之后几乎每年至少有一批人到该镇调研，以至于大部分乡镇干部和每个村都了解我们的调查。这不仅为笔者的调查奠定了良好基础，也使笔者对河镇的动态非常熟悉。从其他同人反馈的情况中，笔者了解到，河镇在吸取了前三个村经验教训的基础上，正在全镇范围内推广规模经营，政府力图通过规模经营再造传统农业，而且它已经成为全省的现代农业示范区。这一气势恢宏的农业转型实践深深吸引着笔者再赴河镇。

2014 年 3 月底，笔者又来到了河镇，经过一个月的试调查后，决定以河镇作为本研究的田野，并进行了为期 3 个月的调查。选定河镇作为田野地点主要有以下两点考虑：第一，当地正在发生的农业转型在全国具有一定的代表性和典型性，而且其农业转型启动较早（2007 年开始），农业转型中的各种情况能够得到较好的呈现；第二，与河镇较好的关系基础为笔者"入场"提供了得天独厚的条件，笔者可以顺利进入县、乡、村各级组织，新型农业经营主体和一般农户等中进行调研。

这次调查选择了在更大范围内展开，主要可以分为三个层面。第一个层面是村庄层面，这是农业转型的现场。借助于自行车和出租车等交通工具，笔者跑遍了每个村（共 13 个行政村），当然，主要的调查集中在农业转型核心区里的5个行政村。在村庄层面,笔者主要关注了农业转型的整体情况,农业转型的过程和各方互动,各经营主体的经营状况,农业转型前后的变化等方面。第二个层面是乡镇层面,在调查的大部分时间中,笔者都在镇政府食堂就餐,天天见面加深了笔者与乡镇干部的关系,也使笔者可以更好地进入所有相关部门获取更加真实和详尽的资料。在此层面,笔者主要关注了政府推动农业转型的目的、政策和措施(包括各项补贴政策),全镇的农业转型情况和农业经营状况,并搜集了县志、镇志等相关文字资料。第三个层面是县级层面,笔者一个老师的朋友是该县的副县长,借助这层关系笔者比较容易地找到县级领导和相关部门,主要包括分管农业的副县长、农委及其下属部门(如农机局、农技推广中心等)、农业综合开发办公室、国土局、粮食局、农调队、农业保险公司等涉农领导和部门。在这个层面主要了解了宏观的政策、数据和背景等。

基于以上调查情况,本研究的资料来源主要有以下三个方面。第一,人物访谈资料。这构成了资料的主体,因为调查的大部分时间,笔者都在对各级干部、各类农民、新型经营主体、农资经销商等涉农主体进行访谈,最终形成了六大本访谈笔记。这种深入、面对面的访谈,是在调查对象(说话者)、调查者(解释者)及其面对的共同世界三者密切互动中进行的,这种访谈所得的资料在研究中能更好地实现人类学意义上的"彻底解释"①。第二,文字资料。这包括各类档案资料(主要有《阳春县志》和《河镇镇志》、各类项目的申报和结项书、土地流转合同、农业生产报表、涉农资金和农业保险的发放情况等)、文件资料(包括土地流转、农业产业化、家庭农场等方面的政策文件)和其他各类资料(比如"病虫情报"、农户生产账单等)等。第三,他人的调查报告和研究成果。正如上文提及,笔者所在研究团队在河镇进行了

---

① 参见朱晓阳《小村故事:地志与家园》,北京:北京大学出版社,2011,"导言"和"附录"部分。

长期的调研，写有大量调查报告、随笔和已经发表的研究成果，总计不低于 50 万字，这为本研究提供了很多有用的材料。当然，这些二手资料只起到辅助作用，本研究的主要材料来自笔者亲手获取的访谈资料和文字资料。

五 核心概念与章节安排

(一) 核心概念

农业转型 本研究中的农业转型是指农业生产形态的转型，具体包括农业经营主体、农业资本化和农业生产关系三个层面的转型。这种认识是从综合以上梳理的主要理论中有关农业转型的认识而得来的。既有研究在研究农业转型时首先考虑的是农业经营主体问题，到底是资本主义农场替代小农，还是小农排斥资本主义农场。农业经营主体经营规模存在差别，小农的经营规模比较小，而资本主义农场的规模则非常大。当然，本研究中的研究对象除了这两者还包括家庭农场等其他经营者。农业资本化也是经典理论都在探讨的一个方面。这里的资本化主要是借用经济学的一个概念，"指的是资本与劳动比率的上升"①。具体到农业生产即是包括机械、化肥、农药、种子等在内的资本投入相对劳动投入的增加。上文提到的斯密和马克思主义学者强调的技术革新及其应用即在强调农业资本化问题。而农业生产关系则主要是马克思主义学者发展出来的一个分析概念，主要指人们在农业生产中发生的经济利益关系。在马克思的分析框架中资本主义社会的农业生产关系最终将演变成农业资本家和农业无产者之间的对立。

---

① 保罗·萨缪尔森、威廉·诺德豪斯：《经济学》（第十六版），萧琛等译，北京：华夏出版社，1991，"词汇表"第 3 页。在国内研究中，黄宗智对农业资本化的研究也主要是从这个角度切入的，参见黄宗智、高原、彭玉生《没有无产化的资本化：中国的农业发展》，《开放时代》2012 年第 3 期；黄宗智、高原：《中国农业资本化的动力：公司、国家、还是农户？》，《中国乡村研究》第 10 辑，福州：福建人民出版社，2013，第 28—50 页。

农业生产关系这种分析概念目前在国外的农业政治经济学中仍然非常盛行①。应该说,农业经营主体、农业资本化和农业生产关系这三者是一体的,一种农业经营主体对应了一定的农业资本化程度和一定的农业生产关系,农业资本化程度是农业经营主体在农业生产中的生产力表现,而农业生产关系是经营者与其他群体在农业生产中结成的关系。

地方政府　本研究中地方政府主要是指作为基层政府的县乡政府。县乡政府处于国家与社会的接合部,在国家与社会的关系中处于接点位置②。这一结构性位置决定了县乡政府既要执行上级政府的政策并接受其行政考核,又要直接面对复杂的基层社会并对其进行有效治理。如何处理两者的关系构成了县乡政府行政的主要内容。在地方治理中,一方面县乡政府作为中央政府和省市政府的代理人受制于"压力型体制"③和"晋升锦标赛体制"④,会严格执行甚至过度执行上级政府的政策;另一方面具有自主性的县乡政府⑤出于自利性也会因地制宜地出台地方性的政策或规定。这两种因素都会促使县乡政府干预具体的农业转型,而不会置身事外。实际上,作为农场农业治理的直接主体,县乡政府成为当前农业转型的直接推动力量,从而为中央政策和各种经济、社会因素发挥作用提供了平台。

---

① 参见亨利·伯恩斯坦《农政变迁的阶级动力》,汪淳玉译,北京:社会科学文献出版社,2011;张谦、杜强:《终结的开始?——当代中国的农业现代化和农民阶层的分化》,载周晓虹、谢曙光主编《中国研究》2008年春秋季合卷,北京:社会科学文献出版社,2010,第187—214页。
② 徐勇:《"接点政治":农村群体性事件的县域分析》,《华中师范大学学报》(人文社会科学版)2009年第6期;刘锐、袁明宝:《接点治理与国家政权建设》,《天津行政学院学报》2013年第3期。
③ 荣敬本、崔之元等:《从压力体制向民主合作体制的转变:县乡两级政治体制改革》,北京:中央编译出版社,1998。
④ 周黎安:《中国地方官员的晋升锦标赛模式研究》,《经济研究》2007年第7期。
⑤ 托马斯·海贝勒等主编《"主动的"地方政治:作为战略群体的县乡干部》,中央编译局出版社,2013;周飞舟:《以利为利——财政关系与地方政府行为》,上海三联书店,2012。

（二）章节安排

本书共有七章，除导论（第一章）和结语（第七章）外，主体部分可分为三个方面：第二章在简单介绍皖南河镇概况后主要从三个面向呈现了近年来河镇农业转型的情况，回答"是什么"问题；第三章到第五章分别从"再造水土"、"再造市场"和"再造服务"三个递进的层次揭示在各主体互动中河镇农业如何实现转型的机制，回答"怎么做"问题；第六章主要从政府的视角阐释地方政府再造农业转型的逻辑，回答"为什么"问题。具体而言，每章的大体内容如下。

第一章，"导论"。基于我国农业转型的现实与主流理论的悖论提出了本研究的问题，进而详细梳理了研究农业转型的主流理论对农业转型与动力机制的理解及其对国家的忽视，接着在爬梳了"国家主义范式"及其在农业转型研究中的应用以及解释中国问题的困境的基础上，提出了以地方政府视角为进路，并兼顾市场和社区的"地方政府-市场-社区"三维分析框架，以更好地解释中国当下的农业转型。此外，还介绍了本研究的学科定位、研究方法、田野工作、核心概念和章节安排等。

第二章，"河镇的农业转型及其三个面向"。首先对皖南河镇进行了简单的介绍，主要包括当地的地理、经济、社会等方面的情况，尤其对当地的农业、农村和农民情况给予了关注。然后重点从农业经营主体、农业资本化和农业生产关系三个方面探讨河镇近年来发生的农业转型。近年来河镇发生了农业经营大户迅速替代小生产者的过程。在这个过程中，单位土地上机械、农药、化肥、种子等资本要素的投入相对劳动投入的占比大幅提高，即当地农业资本化已大大加深。与此同时，农业生产关系方面的土地产权关系、社会分工方式和收入分配方式也发生了巨大变革。

第三章，"再造水土"。水土的改造构成了农业转型的物质基础。本章重点探讨当地政府如何借助项目资源对农田和水利体系进行重塑，以适应和推动农业转型。在梳理政府再造水土的意图、过程和后果后，笔者发现，政府在打造一套适应规模经营的水土体系，这在一定程度上与小农生产产生矛盾，从而将小规模生产挤出农业经营。所以，"再造水土"在为大户提供基础条件的同时，在某种程度上也对小农生产形成了排斥。当然，在这个过程中小农也会积极应对，因此也揭示了政府与社区的互动以及这种互动对"再造水土"的反作用。

第四章，"再造市场"。再造水土之后，如何将土地集中起来是政府改造农业的关键。这主要是依靠当地政府再造土地流转市场来实现的，表现在三个方面：对土地产权和流转模式的再造、对土地流入方的筛选和对土地流出方的动员。首先，政府通过虚拟确权和打造土地集中流转平台为土地的集中利用和连片流转奠定了基础。其次，政府通过控制作为土地流转中介的村委会对土地流入方进行筛选，从而使集中流转的土地定向流转给富裕阶层。最后，为了使更多土地向大户进行集中，当地政府也在积极动员农户将土地流转出去，甚至在早期不惜采取强制措施推动土地流转。

第五章，"再造服务"。随着新型农业经营主体的出现，当地政府也在积极打造与此相适应的新型农业服务体系，本章主要从农技服务体系、纵向一体化和涉农项目投放、农业保险等三个方面的转变来呈现当地政府的"再造服务"。笔者发现，在新型农业服务体系中，地方政府在人财物等方面都开始向大户进行倾斜，甚至不惜替代和弱化原本服务小农的体系。尽管服务于大户的农业服务体系不尽完善，但是服务于小农的农业服务体系进一步破碎，在此过程中小农被边缘化。

第六章，"地方政府再造农业的目标与动力"。从以上章节已经可以看出农业转型中地方政府的推动作用，本章主要是阐释地方政府推动农业转型的逻辑。这部分，笔者主要从县乡政府治理农业的目标和动力两个方面展开论述。在农业治理目标上，近年来县乡政府逐渐确立了改造小农、培育规模经营主体的农业治理目标，这构成了其推动农业转型的方向。而在农业治理动力上，行政体制内部的"规模农业锦标赛"和县乡政府农业治理中的治理便利化构成了县乡政府推动以发展大户为内核的农业转型的双重动力。

第七章,"结语"。本章主要对本研究进行归纳总结,得出三个基本结论并对其基本内涵、理论意义和现实意义展开了阐释和讨论。首先,笔者总结了本研究在农业转型研究范式转换上的贡献及其对于我国农业转型现实的解释力。河镇的实践启示我们无论在理论上还是在实践中都需要由"自发型农业转型"转向"干预型农业转型",将地方政府作为农业转型的内生变量,以更好地解释和推动我国的农业转型。其次,笔者梳理了地方政府推动农业转型中形成的"行政吸纳社区"的逻辑、机制及其造成的不良后果,并提出了良性的农业转型应该是"社区本位的农业转型"。最后,笔者基于河镇农业转型实践重新审视了理论界在社会中心范式下对农业转型方向展开的争论。河镇的实践说明,农业转型方向并非主流理论描述的单向、线性的方向,而是具有多向性,而现实中具体农业转型方向则受到农业转型所处的政策环境和社会结构的影响,即农业转型方向同时具有嵌入性。正是由于农业转型方向具有嵌入性,其才具有多向性和多样性。笔者还从农业转型方向嵌入性的角度简要提出了我国应有的农业转型方向。

综合以上,本研究的叙述框架可概括为图 1-1。

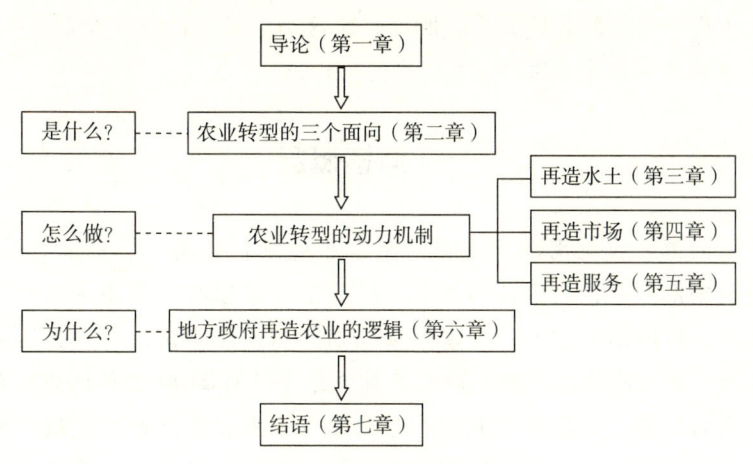

图 1-1 本研究的叙述框架

第二章 河镇的农业转型及其三个面向

本章将在简单介绍河镇概况后主要呈现当地近年来发生的农业转型。在河镇概况部分，笔者着重介绍了当地的地理环境、经济社会状况，尤其是河镇的农业、农村和农民情况，这些构成了河镇农业转型的背景。只有明确了这些，才能更好地理解河镇的农业转型。

在介绍河镇概况后，笔者主要从三个面向呈现当地近年来发生的农业转型，这三个方面分别是农业经营主体、农业资本化和农业生产关系。其中农业经营主体的转换是农业转型的首要表现，而农业经营主体发生变化后，也会带来农业资本化程度和农业生产关系的相应变化。因为一种农业经营主体对应一定的农业资本化程度和农业生产关系，农业资本化程度是农业经营主体在农业生产中的生产力表现，而农业生产关系是经营者与其他群体在农业生产中结成的各种关系。所以，从这个意义上说农业经营主体、农业资本化和农业生产关系三者是一体的。

一 河镇概况

河镇隶属皖南的阳春县。阳春县地处长江南岸、中部北端，南倚中部山系，北望江淮平原，处于沿江平原与丘陵山区的交错地带，境内山峦起伏、河溪纵横、物产和资源丰富。阳春县历史悠久。据该县县志记载，西汉建县，距今已有2100多年历史。东吴名将周瑜、黄盖曾在此训练东吴水师。东晋南迁移民大批定居于此。晚清曾遭太平天国军洗劫，居民锐减，现有居民多是太平天国后由外地迁入的移民的后人①。阳春县现有面积 600 平方公里，总人口约 30 万人，下辖 6 个镇 1 个社区。县虽小，却是所在省的工业强县，经济水平在全省名列前茅。凭借着优越的区位优势、丰富的矿产资源和较好的工业基础等有利条件，阳春县形成了水泥建材、轻纺服装、冶金机械、医药食品四大主导产业，并在积极培育发展装备制造、新材料、节能环保等产业。2013 年全县实现地区生产总值近 190 亿元，地方财政收入约 22 亿元，城镇居民人均可支配收入 2.1 万元，农民人均纯收入 1.2 万元。

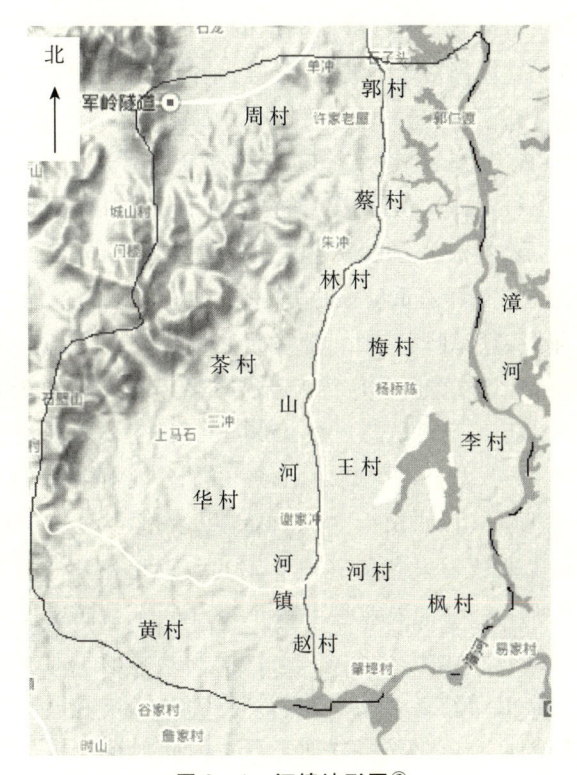

图 2-1 河镇地形图②

河镇位于阳春县东南部，距离县城约 21 公里。北面与长江只

---

① 阳春县地方志编纂委员会：《阳春县志》，未出版，2009，序言。
② 在谷歌地图基础上加工而成。

有一镇相隔，长江支流漳河从镇东向北流向长江。该镇地势西高东低，属半山半圩区，从北向南流过镇中央的山河及其河堤将山区和圩区划分开来，参见图 2-1。人工开掘的山河既可化解来势凶猛的山洪又可滋润大旱之年的良田，人们为感念山河的馈赠，将镇名定为河镇。河镇西部有上十座百米以上的山峰（最高峰 327 米），这成为它与邻镇的天然屏障，山峰和山河之间是众多绵延起伏的小山丘，在小山丘之间的山冲里有大量农田和稀疏的村庄。山河以东是一望无际的圩区。圩区是长江中下游地区特有的，是当地百姓为了抵御洪水沿河修筑堤坝而圈成的农业生产区。圩区直至长江支流漳河为止，漳河对岸便是临县。河镇的村庄点缀在广袤的山冲和圩区之中。在河镇的 13 个行政村中，黄村、华村、茶村和周村 4 个村属于纯山区村庄，枫村、李村和梅村 3 个村是纯圩区村庄，赵村、河村、王村、林村、蔡村和郭村 6 个属于半山半圩村庄，不过这 6 个村的主要农田都分布在圩区，只有个别小组位于山区。在这 13 个行政村中，笔者着重调查的是王村、林村、梅村、河村和赵村。

2005 年乡镇区划调整时，原林乡、河镇合并为新的河镇，调整后全镇辖 13 个村委会、1 个街道居委会，总人口约 3.16 万人，其中农村人口近 3 万人，总户数 9500 户，其中农村户约 9000 户。全镇总面积 92 平方公里，其中山场 3086 公顷、水面 1112 公顷、耕地 2240 公顷①（以水田为主）。农民人均纯收入 1 万元左右。相比于阳春县工业相对发达的其他乡镇，河镇却是另一番景象。河镇是阳春县唯一一个纯农业型乡镇。2003 年全县制定发展规划时就将河镇定位为农业生态乡镇，不仅限制其新的工业发展，而且原有不少工业也迁到县里的工业园区。如今，在河镇范围内只有少数几家粮食加工企业和服装加工厂，因此河镇经济是全县最为落后的一个，也是全县唯一一个需要县财政补贴的乡镇，最近几年其每年有 1200 万元左右的补贴，而其他乡镇则是需要向县财政

---

① 此处为官方统计的计税面积，据估计实际面积在 5.8 万亩左右。下文再详述此问题。

第二章 河镇的农业转型及其三个面向

交钱的。基于此,河镇政府发展的目标是"生态立镇、特色兴镇、项目强镇、民生稳镇",而其中农业始终是中心。即通过积极争取国家项目推动农业发展,打造生态乡镇、发展特色产业,解决民生问题。河镇先后荣获"全国环境优美乡镇""省级生态镇""省级优秀旅游乡镇""省级卫生乡镇""省级现代农业示范区"等称号。

河镇历代以农为主,其优越的自然条件使其成为典型的"鱼米之乡"。该镇位于北亚热带湿润季风气候区,全年气候温和,四季分明,冬夏长,春秋短,雨量丰沛,日照充足,无霜期长。年平均气温 15.3℃,年平均降水量 1244 毫米,年平均日照时数 2068 小时,年平均无霜期约 231 天。这样的气候条件非常适合水稻的生长。但是,受季风影响,降水量年际变化较大,季节降雨不均,易涝易旱。尤其是梅雨季节,经常大雨磅沱,长江的洪峰与漳河的涨水经常对圩区构成威胁,而山区的来水也容易引发山洪。不过,不断完善的堤坝和人们的齐心协力在大部分年份都可使河镇人化险为夷。总体来讲,河镇境内水文条件良好。东部圩区毗邻漳河,湖塘沟坝更是星罗棋布、水网交织;中部山圩交接地带有山河流过;而在西部山区则有 4 座水库和大量大小不等的塘口。而且河、湖、水库、塘、沟、坝几者之间通过渠道相互连接,这使得境内之水可出可进,从而形成了较为完整的水文系统,一般都可保证农田灌溉和人畜饮用水。

河镇以种植粮食作物为主,其中尤以水稻为主,麦类及薯、豆、玉米等旱杂粮较少,而且是典型的双季稻种植区。从全国范围来看,尽管大部分农户已经选择种单季稻,但是河镇的农民依然热衷于双季稻。据《河镇镇志》记载,当地在新中国成立初期及其以前都只种一季水稻而且产量很低,1956 年开始试行种植双季稻并于 1960 年代普遍实行。后来为了改善土壤结构,当地在双晚稻收割后又加种一季绿肥(红花草或称紫云英)或油菜,变成"肥稻稻"或"油稻稻"一年三季模式①。到 1990 年代,随着化

---

① 《河镇镇志》编写组:《河镇镇志》,未出版,2005,第 92—94 页。

再造农业

肥的广泛使用和劳动力的外出，绿肥和油菜的种植面积大大减少。以绿肥来看，全县 1987 年的种植面积为 68914 亩，1996 年降为 44272 亩，到 2005 年就只有 14548 亩了[①]。据河镇农技站站长孙宏哲介绍，河镇最多时有 1/3 的田种植了红花草籽，但现在几乎绝迹了。随着种植大户的崛起，双季稻的模式也慢慢被稻麦连作取代。由于河镇是基本农田保护区，当地政府要求流转土地的大户必须种植粮食作物，因此河镇没有出现全国各地普遍存在的大户经营非农化、非粮化的问题[②]。

和全国大部分农村一样，河镇农业的经营方式在分田到户以来都是一家一户的小规模经营。大多数村民在 10 多年前也主要是以种田为主。随着打工经济的兴起，越来越多的中青年人开始走出村庄去赚钱。由于本地没有多少企业，他们主要是到离此不远的上海和江苏务工，在本省范围内务工的不到 1/3。在本县就业的很少，在本省就业的也多选择省城或市里。这主要是因为县里和其他乡镇工厂的工资相对于外地较低，这对于工厂附近乡镇的农民较有吸引力，对河镇农民却没有吸引力。河镇的年轻人主要就近选择工厂，中年人多从事建筑业。当地的建筑业规模非常大，据说，目前全镇有 4000—5000 人从事该行业，而且主要是做建筑大工，工作虽然辛苦，但是工资要比其他工作高出许多[③]，所以也吸引了不少 20—30 岁的年轻人。而在这些人之中已产生 10—20 个大老板和 200—300 个包工头。除了建筑业，还有 400—500 人从事"跑江湖"行业，即开着小货车到全国各地集市卖百货的行业。随着外出务工人员的增加，农户之间自发的土地流转也逐渐增多，这一方面使种田的主要劳动力变成了中老年人，另一方面也使一些壮劳力经营的土地开始增加。

[①] 阳春县地方志编纂委员会：《阳春县志》，未出版，2009，第 322 页。
[②] 杨瑞珍、陈印军、易小燕、方琳娜：《耕地流转中过度"非粮化"倾向产生的原因与对策》，《中国农业资源与区划》2012 年第 3 期。
[③] 一般工厂工人的工资每月二三千元，年薪三四万，而普通的建筑大工年收入一般有五六万，夫妻两人可收入 10 多万。

相对而言，2007年政府开始推动的土地流转和农业转型使当地发生了更大变化，大量土地流转给了少数新型经营主体，他们的经营规模更大了，这也使得更多的农民外出务工。这就是下面要展开论述的河镇农业转型。

二 农业经营主体的转换

农业经营主体的转型是农业转型的首要表现。河镇的农业经营主体在2007年以来发生了剧烈的变化。在此之前，当地的耕地主要由一家一户的小农经营，规模较小而且土地细碎。随着打工经济的兴起，中老年人在农业生产中发挥了主体作用，这就是所谓的"老人农业"。同时，有一些无法外出的中老年人，尤其是中年人通过流转其他农户的土地使自己的经营规模有所扩大，形成了适度规模经营，笔者将这种农民称为"中坚农民"。这样一个结构自打工经济兴起后维持了相当长一段时间。但是这个结构在2007年后开始改变，至今河镇近一半的土地由新型农业经营主体经营。这些新型经营主体主要是家庭农场主和工商企业家，其经营规模少者上百亩，多者达几千亩。伴随此过程的是，从事适度规模经营的"中坚农民"大量减少，现在的小生产者主要是一些经营自家承包地的小农。

（一）小生产者及其自我更新

分田到户以来的相当一段时间，河镇大部分农户都以务农为生，主要劳动力都从事农业生产，因此每家的经营面积都非常小。河镇有3万农民，约9000农户，依实际耕地面积5.8万亩计算，人均近2亩，户均不到7亩。因此，当大部分农户都需要种田的时候，每户的种植面积非常小，只能维持基本生活。

改变始于打工经济的兴起，当地在1980年代只是零星地有人外出务工，到1990年代末外出务工劳动力开始大量增加，进入21世纪后，绝大部分中青年劳动力都外出务工。据当地政府统计，

2007年河镇外出务工经商人员达6773人，到2011年这一数字上升到11507人①。随着外出务工经商人员的增加和随之而来的劳动力的转移，农业经营主体也在逐渐发生改变。一方面，中老年人和妇女在农业生产中的地位逐渐上升，成为主要的农业生产者，因为大部分家庭的年轻人和主要劳动力都外出务工，农业就交给了留守群体，冯小将这一经济形态称为"留守经济"或"留守农业"②。这样的农户一般由于劳动力有限，往往只是耕种自家的承包田，顶多兼种至亲的土地，因此种植规模较小。当然，这些农户在数量上仍然占据主流。另一方面，虽然大部分农业经营主体的经营规模比较小，但是一部分农户的经营规模已经有明显的扩大，他们的经营规模从10多亩到几十亩不等，其中大部分在20—30亩。这些经营主体主要是那些无法外出的中年人，他们从外出务农农户的手上流转到土地。他们之所以能流转到那么多土地，一方面是社会关系好，另一方面因为他们是种田能手。由于这部分经营主体主要收入在土地上，主要社会关系在村庄里，在村庄中起着中坚力量的作用，因此有学者将其称为"中坚农民"③，其在农户中所占比例也比较大。

表2-1 三个村民小组的农业经营主体概况

单位：户，亩

组别	总户数	土地面积	只种自家田的农户			流入土地的农户			不种田农户
			户数	规模	总面积	户数	规模	总面积	
小徐家（2008）	38	282	25	2—14	205	6	9—18	77	7
柯东组（2008）	23	165	14	3—10	99	4	15—19	66	5

---

① 参见《阳春县统计年鉴》（2007—2011年）。
② 冯小：《留守经济：当前中国式小农经济的现实》，《南京农业大学学报》（社会科学版）2013年第6期；桂华：《"没有资本主义化"的中国农业发展道路》，《战略与管理》2013年第11/12期。
③ 贺雪峰：《中坚农民的崛起》，《人文杂志》2014年第7期；谭林丽、孙新华：《当前农业规模经营的三种路径及其辨析》，《西南大学学报》（社会科学版）2014年第6期。

续表

组别	总户数	土地面积	只种自家田的农户			流入土地的农户			不种田农户
			户数	规模	总面积	户数	规模	总面积	
小李家（2012）	24	222	8	5–13	69	7	20–30	153	9

资料来源：根据对三个村民小组的村民组长的访谈和村民小组的账单绘制。土地面积采取四舍五入方法（下文同）。

笔者详细调查了两个村中三个村民小组的农业经营主体在政府介入土地流转前后的变化。其中，小徐家和柯东组都属于王庄行政村，2009年政府在该村推动了大规模土地流转；小李家属枫村，2013年政府在该村推动了大规模土地流转。首先来看一下在政府推动的大规模土地流转之前的农业经营主体情况，参见表2-1。从中可以看出，三个村民小组主要的农业经营主体仍然是经营自家承包田的农户，其在总农户中的比例分别是66%、61%和33%，在农业经营农户中的比例更高，分别占81%、78%和53%。从经营规模来看，从2亩到14亩不等，平均在8亩左右，他们的经营面积在总面积中分别占73%、60%和31%。此外，流转了其他农户土地的农户也占据一定比例，其在总农户中的比例分别是16%、17%和29%，在农业经营农户中的比例更高，分别占19%、22%和47%。他们的经营规模总体上比较可观，是一般农户的2倍，三个组的平均规模分别是13亩、17亩和22亩，流转别人土地的农户绝大部分都可以归为"中坚农民"群体。历时地看，"中坚农民"的比例在增加，其经营规模也在逐渐扩大，这主要是因为外出务工经商人员的增加，不种田农户的比例大大增加。2008年，小徐家和柯东组约有20%的农户不种田，而2012年小李家则有近40%的农户不种田。当然，这与村际之间的差异有一定关系，但总体上与外出务工人员的成倍增加的情况是一致的。

以此推算，如果没有政府干预的话，2012年前后河镇大概有40%的农户（约3600户）因为外出务工而将土地流转出去，20%—30%的农户（1800—2700户）经营规模得到适度扩大，成为"中坚农民"，30%—40%的农户（2700—3600户）仍然维持小规模生产。

　　这样一种农业经营格局与当地的劳动力就业格局是相匹配的。有些农户的主要劳动力全部外出务工经商而无法兼顾土地，就将土地低价流转给亲朋好友。其中，有少数农户在外有较好的就业机会，基本可以预期他们以后不会再回村种田，所以他们对土地没有任何依赖。而大部分外出务工人员的就业是不稳定的，换句话说他们可能随时回村种田，因此他们将土地流转给亲朋好友在某种程度上是将土地托管给他们而不至于让自家的土地荒芜。这种土地流转的流转期限是不固定的，以外出户的回村时间为准，同时流转价格比较低甚至不要任何费用。在税费时代，流入土地的农户只需为流出土地的农户代缴农业税，随着农业税费的取消和粮价的上涨，开始出现流转费，但一般也不过100斤稻谷或200元左右。这种低廉的流转费一方面是由流转期限的灵活性和托管经营的性质决定的，另一方面则是由流转双方的亲密关系所决定的[①]。

　　流入土地的农户加上自家的承包田让自己的经营规模有很大程度的扩大，从而达到10多亩到50亩不等的经营规模，在调查中，笔者了解到有少数农户经营规模曾达到50亩左右。能够经营如此规模的农民往往是那些中年人和身体较好的老年人，他们没有其他技能但在种田方面比较擅长，其外出务工不占优势而土地耕种规模扩大后收入又比较可观。以种植20亩左右的粮食作物的农户为例，一年务农大概有纯收入3万元，再经营一些副业或农闲时打些零工就可以达到4万—5万元的收入，这在当地就算中等收入了，与他们外出务工相比相差无几甚至还会更高一些。而且留在村里务农还可以保持家庭生活的完整性，由此，在村中形成了一批"中坚农民"。

　　只经营自家承包田的经营主体主要是那些儿女外出务工经商的中老年人或丈夫外出务工经商的中青年妇女，这里面存在代际

---

① 马流辉：《由礼而法：土地流转的社会分析》，《中国研究》2011年秋季卷。

第二章 河镇的农业转型及其三个面向

分工或夫妻分工。代际分工表现在年轻人外出务工往往将子女交给父母抚养，中老年父母由于在非农就业中没有任何优势而在种田上又比较擅长，不仅不会构成年轻人的负担还可以帮助年轻人抚养子女，在劳动和带孩子中实现其人生价值。一些中青年妇女由于需要照顾孩子或老人而无法外出，在照顾家庭的同时也能兼顾农田，丈夫农闲在外务工农忙回来帮忙，夫妻合作可实现家庭收益的最大化。由于这些农业经营主体多是妇女和老人，因此其经营规模一般仅限自家的承包田。

在以上这种农户分化的过程中起决定作用的主要是市场机制，各类农户根据自身的劳动力禀赋和就业机会所带来的收益水平决定是完全出去务工经商，还是仅仅经营自家的承包田或流转别人的土地扩大经营规模。当然，各个家庭的劳动力禀赋和就业机会会随着家庭生命周期的变化而有所不同。一般而言，年轻家庭即刚刚组建的家庭其主要劳动力会选择全部外出务工经商，将子女交予父母并将土地交给父母或流转出去。户主为中年人的家庭由于年龄较大，在非农就业中的优势渐失和家庭需要（抚养孙辈或赡养老人），会选择种田，或者在只种自家承包田的同时在农闲时外出务工，或者扩大土地经营规模以务农为主。而老年人则因为在非农就业市场上毫无优势，主要以务农为主，且经营规模有限。在我国大的就业环境保持不变的情况下，在相当长一段时间内，各个家庭会随着生命周期的变化在以上三种状态下进行转换，从而实现农业生产者的自我更新。

简而言之，中青年农民外出务工时将土地交由中老年农民耕种，前者变为农民工，后者变为"中坚农民"；当部分外出务工的中青年随着年龄的增长无法务工需要返回家乡务农时，他们收回自家的耕地成为小农，或同时流入其他人的耕地变成"中坚农民"；而之前的"中坚农民"随着年龄渐大，退还别人的耕地变为小农。如此一来，不同的农民根据自身的资源禀赋（劳动力、家庭需要等）选择了最适合自己的与土地的关系，从而使农村形成了小农、"中坚农民"和农民工之间动态的转化秩序。

需要指出的是,以上归纳的各类农户随着其家庭生命周期变动而相互转化的机制只是一个韦伯意义上的"理想类型"①,只能概括大多数农户的转化过程,其中有一少部分农户不会返乡而会顺利实现城市化。这里所揭示的家庭生命周期变动对农业经营主体及其经营规模的影响,显然已经不同于恰亚诺夫在没有考虑劳动力流动和土地获得限制情况下构建的理想类型。在恰亚诺夫的理想类型中,农户的经营规模是和家庭内消费人口与劳动人口的比率对应的,当这一比率增加时农户的经营规模就要增大,当其降低时农户的经营规模也会减小②。按照这一原则,一个刚组建的年轻家庭的消费人口与劳动人口的比率最小,因此经营规模最小,而随着家庭未成年人口的增加其经营规模会扩大。如今的情况显然不是如此,农村的年轻人基本都外出务工了,因为务农已经不是农户家庭收入的唯一来源。其他家庭的情况也不能用恰亚诺夫的理论来推断。

农业小生产者的自我更新除了上面所说的各类农户随着家庭生命周期的变动会相互转化外,还体现在农业经营主体中出现了一群"中坚农民",他们已经不再局限于自家的承包地,而是扩大了经营规模,实现了适度规模经营。小农一直以来不被看好的一个重要原因是其劳动生产率比较低,当然这主要是由我国人多地少的基本国情所决定的。而正在崛起的"中坚农民"相对于一般农户而言劳动生产率在大幅提升。这意味着我国的小农经济内部正在孕育一种自我改造的力量,这种改造正在使农业生产走向"去过密化"③。而且可以预见,随着农村劳动力的继续转移,将有更多的农户走向这个进程,而且其经营规模会越来越大。更重要的是,这种适度规模经营之路是与农村劳动力向非农产业的转移速度相匹配的,不会对其他需要种田的农户产生侵害。

---

① 马克斯·韦伯:《社会学的基本概念》,顾忠华译,桂林:广西师范大学出版社,2005。
② 恰亚诺夫:《农民经济组织》,第1章和第2章。
③ 黄宗智:《长江三角洲的小农家庭与乡村发展》,北京:中华书局,2006。

(二) 大户的崛起及其替代作用

河镇农业经营主体的巨变主要始于2007—2008年,最突出的表现是农业经营大户(下文简称"大户")的崛起。自那时以来,大户无论在数量上还是在种植面积上都在快速发展,到2014年7月份,全镇经营规模在100亩以上的大户有近100户,经营总面积达2.6万多亩。这完全突破了小生产者自我更新的格局,改变了河镇农业经营的形态,在这个过程中大量小生产者被大户替代。

1. 大户崛起的历程

自2009年开始,河镇农经站开始对全镇范围内的大户进行统计,其统计对象是流转了农户土地并在镇农经站备案的主体,不过,由于转包土地的存在,这并不意味着这些流转了大量土地的大户一定就是直接种植这些土地的大户。首先来看下河镇统计资料里反映的大户情况。表2-2显示,河镇统计的大户只是在2008—2010年经营面积在50亩以上100亩以下的农户,其他年份的大户都是指经营面积在100亩以上的。2006年全镇共有大户4户,经营面积共791.41亩,最多者经营面积为280亩,最少者经营面积为125亩,分别在2001年、2002年、2005年和2006年开始流转土地。2007年增加了2户,其中1户流转485亩土地种植蔬菜,另一户流转135亩土地种植水稻,因此总面积上升为1411.41亩。真正的变化是从2008年开始的。这种变化可以概括为以下三个方面。

表2-2 2006—2014年河镇农业经营大户及其经营规模

单位:户,亩

年份	大户数量	规模分布					最大规模	总面积
		50—99	100—199	200—299	300—499	500—999	1000及以上		
2006	4	0	2	2	0	0	0	280	791.41
2007	6	0	3	2	1	0	0	485	1411.41

续表

年份	大户数量	规模分布					最大规模	总面积
		50—99	100—199	200—299	300—499	500—999	1000及以上		
2008	13	5	3	3	1	0	1	2244.03	4218.44
2009	29	10	6	5	1	4	3	2244.03	11711.12
2010	31	10	7	5	1	5	3	2244.03	12650.11
2011	26	0	9	6	2	6	3	2515.97	13616.80
2012	35	0	15	6	5	6	3	3097.83	16387.19
2013	60	0	26	13	8	9	4	3210.03	24558.22
2014	67	0	30	12	12	9	4	3210.03	26328.95

资料来源：河镇农经站所做的"河镇土地规模经营情况统计表"（2009—2014年，截至2014年7月）。

第一，大户经营面积迅速增加，到2014年全镇近45%的耕地集中到大户手中。2008年当年总面积增加到4218.44亩，是2007年的近3倍，2009年增加到11711.12亩，是2007年的8倍多，到2012年又增加到16387.19亩，是2007年的11倍多，截至2014年7月又飙升到26328.95亩，是2007年的近19倍，占全镇耕地面积的45%。由此可见，河镇耕地向大户集中的速度非常之快，集中程度非常之大，绝非小生产者在自发的土地流转中土地集中的速度和程度所能比。

第二，大户的数量快速增长，由2007年的6个增加到2014年的67个，增加了10倍以上，而实际上大户数量远不止这些。2008年以后，经营面积在100亩以上的各类大户的数量都在增加，总体上看，规模越小增加速度越快。正如上文所说，数据反映的只是与农户签有土地流转合同并在镇农经站备案的大户，并不能完全反映实际经营土地的大户情况。笔者在调查中发现，流转土地超过500亩以上的大户（当地称之为"一包户"）在自己经营一两年后大部分都将土地转包给其他人，而且接受土地的大户（当地称之为"二包户"）一般为200亩左右的规模，而由于他们之间的交易主要是私下进行的,因此政府也无法掌握实际经营土地的大户数量,据笔者多方取证,全镇范围内转包土地的"一包户"大概有15户,他们的流转面积少者200亩,多者3000多亩,总面积达1.2万亩。而"二包户"大概有40户,绝大多数都是外地人。因此,河镇实际经营土地的大户有100户左右。

第三,从单个大户的经营面积来看,2012年以前面积超过500亩的特大户所占比重较大,而2012年开始500亩以下的大户逐渐占据主流。2008年经营面积超过500亩的只有1户,其经营面积达2244.03亩,占到大户总面积的53%;2009年,经营面积超过500亩的大户增加到7户,其经营面积达8487.99亩,占到大户总面积的72%;到2011年,经营面积超过500亩的大户增加到9户,其经营面积达9934.77亩,占到大户总面积的73%;而到2012年,经营面积超过500亩的大户仍是9户,其经营面积为10516.63亩,这主要是因为经营规模最大的洪世成将经营面积进一步扩大到3097.83亩,此时特大户土地面积占大户总面积的比例降到64%;到2014年,经营面积超过500亩的大户和2013年一样,为13户,其经营面积为14141.3亩,占到大户总面积的54%。这主要是因为经营500亩以下尤其是经营100—300亩的大户在大量增加。其实,考虑到大部分特大户都将自己流转的土地转包给了规模为200亩左右的"二包户",实际上,在2012年以后河镇实际的大户主要是经营面积在100—300亩的大户,也就是2013年中央一号文件中提倡的家庭农场。

2. 大户的来源

这些大户主要来源于哪里?或者说他们在成为大户前的职业主要有哪些?他们是由原来种田的小生产者尤其是"中坚农民"转化而来,还是由其他群体转化而来?在对镇村干部、各类经营主体的访谈中笔者都在有意地了解大户的来源,在对镇农经站站长林华清的访谈中收获最大,因为几乎所有大户都是经其手才流转到土地的,而且由于其专门负责农业经营,林华清与他们打交道的机会很多,对他们的情况了如指掌。笔者了解到,河镇大部分大户来自富裕阶层，他们中既有本地人也有外地人。

表2-3 2014年河镇大户的来源

	数量（人）	规模分布					平均规模（亩）	总面积（亩）	土地面积占地（%）
		100—199（亩）	200—299（亩）	300—499（亩）	500—999（亩）	1000亩以上			
本市老板	4				2	2	926.72	3706.87	14.1
本县老板	11			3	7	1	767.52	8442.72	32.1
本镇老板	16	7	4	4		1	428.28	6852.54	26.0
村内富裕群体	10	6	3	1			223.42	2234.2	8.5
村干部	7	3	1	3			251.48	1760.37	6.7
"中坚农民"	11	7	3	1			176	1936.07	7.3
外地职业农民	8	7	1				174.52	1396.18	5.3

注：资料来源于对河镇农经站站长、镇村干部和各类经营主体的访谈。其中，本市老板是指原来在本市市区或其他县做生意的老板；本县老板是指原来在阳春县县城或其他乡镇做生意的老板；本镇老板则是指原来就在河镇做生意的老板；村内富裕群体是指村内从事各类工作但比较富有的群体，范围广泛；"中坚农民"是上文所说的原本在村里以种田为主且规模适度的农民；外地职业农民是指来自外地以种田为职业的农民。

表2-3呈现的是2014年67户大户的来源。从中可以看出，三类老板共31人，占大户总数的46%，而他们流转的土地面积却占到大户总面积的70%以上，个人流转面积普遍较大，多数都在300亩以上，而且河镇经营面积在500亩以上的大户全部在此列，平均经营面积为613亩。其他四类群体虽然在人数上占据多数，有36人，占大户总数的54%，但是经营面积占总面积的不到30%，且单个人流转的面积普遍较小，主要集中在100—300亩，平均面积为204亩。下面具体来分析下各类大户的情况。

在三类老板中，4个本市老板流转面积都在500亩以上，平均面积为926.72亩，11个本县老板中8个老板流转面积在500亩以

第二章　河镇的农业转型及其三个面向

上，面积最少的也有 355.8 亩，平均面积为 767.52 亩，本地老板除了洪世成 1 人流转土地 3210.03 亩，是河镇的头号大户，其他老板流转面积普遍在 500 亩以下，16 个本镇老板平均流转面积为 428.28 亩。由此可见，越是外地的老板承包面积越大。这主要是因为这些外地老板较之于本地老板资金更加雄厚。4 个本市老板中有 2 个从事农机销售、1 个开服装厂、1 个开汽配厂，资产至少都有千万，流动资金都在上百万。在 11 个本县老板中，从事房地产开发的有 5 人、做烟酒批发的 2 人、做茶叶生意的 2 人、从事农资销售和服装加工的各 1 人，他们中分化较大，有的老板资产过千万，有的则只有几百万，但基本上都在 100 万以上，他们的流动资金从几十万到几百万不等。本镇老板除了个别人资金较为雄厚外，其他都是从事小本生意，4 人开有小型粮食加工厂、2 人开有小型服装加工厂、2 人为建筑老板，另外开有农资店、榨油厂、木材加工厂和饭店的各 1 人，他们的资产从几十万到上百万不等，流动资金从十万到几十万不等。此外，作为头号大户的洪世成开有大型粮食加工厂，又拥有河镇最大的农资店，其中粮食加工厂是省级龙头企业，固定资产达 3000 万元。其他还有从事蔬菜种植、苗木生产和奶牛养殖的三个老板资产比较雄厚，从几百万到上千万不等。

在村内富裕群体的 10 人中，货车或客车司机 4 人（其中货车司机 3 人、客车司机 1 人），建筑包工头 2 人，乡村医生、粮食加工厂会计、退伍军人（从军 20 年，转业费较多）、常年外出务工人员各 1 人。他们都是本地农村人，但原本不种田，主要从事非农行业，他们积累了可观的资金，一般有几十万。村干部共有 7 人，他们中的多数以前都在种田，而且规模适中，属于"中坚农民"。11 个"中坚农民"以前都在村里有 10 多亩到 50 亩不等的土地。8 名外地职业农民是通过竞标从农民手中流转到土地的外地农民。其实外地职业农民还包括 40 个左右的"二包户"，两者加在一起接近 50 个，占到直接经营农业大户的一半左右。他们多是来自巢湖市的农民，向来以到各地包地为生。

从进入时间来看，三类老板和村内富裕群体自 2007 年以来一直都在进入农业经营行列并成为大户，而且 2012 年以前的所有大户都出自他们，只是在 2012 年以后才陆续有村干部、"中坚农民"和外地职业农民通过流转土地或接包"一包户"的土地成为大户。

不过，从总体上看，河镇流转出去的绝大部分土地都集中到了富裕阶层手里，即使是不属于老板的村内富裕群体、村干部和外地职业农民，都属富裕阶层。据阳春县农委的主要负责人介绍，最近几年之所以有那么多老板到农村流转土地，是因为近几年国家经济形势不是太好，非农行业的利润普遍不高，形成了大量过剩资本。具体到阳春县，近几年关闭了很多企业，主要是一些小厂和小企业，好多老板有一些闲置资金但无处投资。加上这几年农业政策比较好，政府大力推动农业产业化和土地流转，出台了大量鼓励政策，因此吸引了大批原来用于非农行业的资金进入农业领域尤其是农业生产环节。

3. 各村的大户及其替代作用

这里需要简单交代的是，河镇的种植大户实际上随着土地整改项目①的推进而兴起的，自 2007 年下半年开始，河镇每年都有土地整改项目实施，主要包括国土部门的土地整治项目和财政部门的土地改造项目，河镇借助这些项目对土地进行整改以适应规模经营。而在那些没有整改的地方，土地过于细碎而不利于大户进入。有关项目的实施情况主要在第三章介绍，这里不再赘述。

由于种植大户主要是随着土地整改而兴起的，因此土地整改在各个村实施的进度在很大程度上影响了大户的情况。从表 2 - 4 中可以看出，林村、王村和梅村三个村实施土地整改最早，因此大户出现得最早，而且当时土地向大户集中的程度最高，三个村大户的面积都占到土地整改面积的 90% 以上，其中林村最高，达

---

① 笔者使用的"土地整改项目"是对国土部门组织实施的土地整治项目和财政部门组织实施的土地改造项目的统称。

96%。稍晚进行整改的李村、枫村、河村和赵村,土地向大户集中的程度就降低了许多,大体在50%。近两年进行整改的华村、蔡村土地集中程度又开始增加,都在90%左右①,而黄村、茶村和郭村大户的土地面积却是大于整改面积,这说明大户进入农业经营的动力十分强。而最为偏僻的周村则既没有开始整改,也没有大户进入。总体来看,虽然在全镇只有45%的耕地集中到大户手上,但是从整改区来看,这一比例要高得多,达80%,即使去掉还没有进行整改的周村、郭村和茶村,这一比例也达74%。

表2-4 河镇各村的大户情况(截至2014年7月)

单位:亩,%,人

村庄	耕地总面积	整改耕地面积	整改时间	大户面积	在总面积中比重	在整改面积中的比重	大户数量
林村	4000	3500	2007—2012年	3357.43	84	96	6
王村	4500	4300	2008—2013年	3899.12	87	91	12
梅村	4000	3900	2008—2009年	3620.58	93	93	6
李村	5000	5000	2010—2013年	2374.39	47	47	4
枫村	4000	3000	2012—2013年	1748.66	30	58	9
河村	4000	2400	2011—2013年	1738.39	58	72	5
赵村	5000	3600	2011—2013年	1345.97	27	37	7
华村	4500	2000	2012—2013年	1705.5	38	85	5
黄村	4000	2000	2012—1013年	1442.4	36	72	7
蔡村	4000	3000	2013—2014年	2712.72	68	90	11
郭村	5000	300	2013—2014年	455	9	152	2

① 两村之所以流转比例如此高,是因为在土地整改之前政府就在两个村分别引进工商企业流转了大面积的土地,2007年年底政府引进一个龙头企业种植蔬菜,流转土地485亩,2010年河镇政府帮助一个工商企业在蔡村流转近700亩土地,2012年河镇政府又帮助一个工商企业在华村流转了1000亩左右的土地。在这三次流转中政府都做了大量的工作,让集中连片土地上的所有农户都流转出土地,因此采取了不少强制措施。如果不算这些,两个村项目区的流转比例就与其他村相差无几。

续表

村庄	耕地总面积	整改耕地面积	整改时间	大户面积	在总面积中比重	在整改面积中的比重	大户数量
茶村	5000	0	/	1928.79	39	/	3
周村	5000	0	/	0	0	/	0
总计	58000	33000	/	26328.95	45	80	77

注：主要数据来源于河镇农经站所做的"河镇土地规模经营情况统计表"（2009—2014年）。由于土地整改还没有完全结束，对于各村的实际耕地面积和整改面积只是一个大概估计，而不是精确数字。由于有的大户流转的土地是跨村的，因此这里的总数大于上文提到的67个。

大户的崛起，一个最直接的后果就是替代了原有的小生产者。还是以上文提到的三个村民小组的情况为例。如表2-5所示，原本村民小组的耕地都是由本组的农户经营，分为一般农民和"中坚农民"，后者在经营规模上较前者大。但是大户崛起以后，本组的种田农户大大减少，而且规模也大大缩小。2009年流转土地的小徐家和柯东组两个小组，分别只有11%和26%的农户耕种6%和32%的土地，且"中坚农民"几乎消失殆尽。2013年流转土地的小李家则有近一半农户耕种了一半土地。其中一般农民的数量并未减少，减少的主要是"中坚农民"。他们或者退回为一般农民，或者外出务工，只有少数可以流转亲戚的土地的农民继续保持"中坚农民"的地位或者通过从村委会流转土地转化为大户。

总之，大户兴起后，农业经营主体的分化日益加剧，并且朝着两极化的方向迈进：大户的数量及其经营土地数量在逐渐增加，而小生产者的数量及其经营土地数量在大幅缩减，其中一般农民在逐渐较少，而"中坚农民"几乎消失殆尽。这种分化趋势与列宁所描绘的俄国农民的分化趋势惊人地相似[1]。

---

[1] 参见列宁《俄国资本主义的发展》，第二章"农民的分化"，《列宁全集》第三卷，北京：人民出版社，1992，第53—159页。

表2-5 大户兴起后三个村民小组的土地经营情况

单位：户，亩，%

组别	总户数	总面积	种田农户				流转给规模经营主体的土地	
			一般农民		"中坚农民"		面积	比例
			户数	面积	户数	面积		
小徐家	38	282	4	18	0	0	264	94
柯东组	23	165	5	38	1	15	112	68
小李家	24	222	8	58	3	53	111	50

资料来源：对三个村民小组的村民组长的访谈和村民小组的账单。

三 农业资本化程度的加深

农业资本化，是指单位土地上资本投入相对于劳动投入的增加。在农业经济学中，农业资本化是农业发展的重要推动力和主要表现，本研究也将其作为农业转型的三个方面之一。正如上文提及，河镇的农业经营主体在从小生产者向大户的转型中政府对土地进行了大规模的整改，包括田块平整、沟渠路的改进等，政府对这些农业基础设施的投资也是农业资本化的重要表现。不过此节着重讨论的农业资本化则不是这一方面，而是主要伴随农业经营主体的转换农业生产过程中的资本化。这方面的农业资本化主要包括机械、农药、化肥、种子等资本要素相对劳动比例的上升。

我国的农业资本化其实由来已久而且在持续进行。新中国成立以来尤其是改革开放以来，我国农业在机械、农药、化肥、种子等方面的投入都在逐渐增加，但由于农村劳动力长期处于过剩状态，所以农业资本化的程度一直比较低。随着非农就业的大幅增加，劳动力的机会成本大幅增加，从而使机械、农药等节约劳动的资本要素的投入迅速提高[1]。黄宗智和高原的研究表明，1996—

---

[1] 周端明：《中国农业的资本深化进程：现状描述与动力分析》，《安徽师范大学学报》(人文社会科学版) 2014年第1期。

2010年这15年来粮食生产中机械的使用量急剧增长到原来的5—6倍，除草剂和杀虫剂投入增加了2—3倍，相对这两者，化肥和种子的增加幅度则比较小，主要是因为这两者在更早的时期已经有大幅度增加①。黄宗智和高原在文中还论证了这一农业资本化进程主要是由农户推动的，而不是国家和公司。

黄宗智和高原描述的农业资本化过程在全国各地都在不同程度地上演。近十几年来，普通农户的资本投入相对于劳动投入确实在大幅提升，河镇也不例外。但是还很少有研究探讨过大户兴起后农业资本化的变化。河镇的实践表明，大户兴起后当地的农业资本化程度较之前在进一步加深。

（一）机械化及其对劳动的替代

在机械、农药、化肥和种子四种资本要素投入中，机械投入的增加无疑是最直观和最突出的。下面，我们首先来看一下大户崛起后机械化的发展，然后再分析其他三种资本要素投入增加的情况。

大户出现以前，河镇的小生产者在农业生产中的很多环节也已经大量使用了机械。这主要体现在以下几个环节。在耕田环节，绝大部分农户都使用小型手扶式拖拉机进行机耕，在2010年以前还有极少数老人在使用耕牛进行耕田，但是当地出于防治血吸虫的需要，2010年以后耕牛耕田已经绝迹。种植环节都是人工在做，早稻进行撒播，双晚稻需要手插秧，只是大户出现以后才在小范围内试验机插秧，而且至今没有推广。田间管理中，施肥主要是人工撒肥，打药使用手动式喷雾器，灌溉使用小水泵抽水，因此机械化程度并不高。在收割环节，几乎全部实现了机收，主要是出钱请专门的收割机手进行收割。总之，河镇的小生产者在耕田和收割两个环节上机械化程度最高，劳动生产率有了大幅度提高，

---

① 黄宗智、高原：《中国农业资本化的动力：公司、国家、还是农户？》，《中国乡村研究》第10辑，福州：福建人民出版社，2013，第28—50页。

而在种植和田间管理环节,机械化程度还比较低。这一方面是因为小生产者的劳动力比较充裕从而以劳动替代机械,另一方面则是由于他们的经营面积较小,不便使用机械。

在大户兴起后,河镇的农业机械化发生了翻天覆地的变化,农业生产中各个生产环节的机械化得到了全方位的推进。当然,这是伴随大户的崛起而逐步推进的,并不是一蹴而就地实现的。我们先来看一个典型大户如何推进农业生产的机械化,这位大户的机械化水平在很大程度上反映了河镇近几年来机械化的发展程度。

> 案例2-1:刘金元,1971年出生,阳春县城关镇人,农村户口,但之前主要从事非农行业,在经营饮料加工和销售十余年并积累一定资本后,在2008年前后转向投资建筑工程(房地产),由于正逢金融危机,建筑行业生意惨淡,刚进入就失败了。正值事业发展遭遇困境之时,刘金元听说河镇有大量土地正待流转而且当地政府比较支持,他认为这是个发财的好机会,在2009年流转到约873亩土地。不像有些大户在进入一两年后就将土地转包给外地职业农民,刘金元自2009—2014年一直没有退出农业经营,而且2016年流转合同到期后还想续签合同,他只是在2013年从流转面积中划出460多亩转包给外地职业农民(转包费80元/亩),自己经营剩余的410多亩。2009年以来,刘金元在农业机械化上做了很多尝试,其在很大程度上带动了河镇的机械化发展。
>
> 耕田环节:2009年,刘金元就购置了1台大型拖拉机和1台小型拖拉机。在耕田环节,他主要使用大型拖拉机进行机耕,只有一些大型拖拉机无法照顾到的边角地才使用小型拖拉机。这较之于小生产者,生产效率大大提高,1台小型拖拉机耕田的速度是6—7亩/天,而1台大型拖拉机可达70—80亩/天。在耙田环节,则只能使用小型拖拉机,约50亩/天。
>
> 种植环节:不同于小生产者种植双季稻,刘金元种植一

再造农业

季小麦、一季中稻。在刚开始时，中稻都是进行撒播，而且主要是用手撒，效率比较低，每人每天只能撒播 15 亩左右，2012 年刘金元花了 7000 多元购置了点播机（挂在大型拖拉机后面使用），每天可点播 100 亩左右。小麦一般是撒种后再用大拖拉机翻耕并开沟①，播种开始是用手撒，2011 年前后就改用前挎式手动撒肥机撒，每天每人可撒 50 亩左右。

施肥环节：刚开始他与一般农户一样用手撒，2010 年，刘金元花了 3000 元购置了施肥机（挂在大型拖拉机后面使用），只需 2 个人操作，一天可为 200 亩田施肥。而用人工来撒，这 200 亩的费用则相当于 10 人完成。

打药环节：2009 年，刘金元也使用手动喷雾器进行打药，大约每人每天可打 15 亩，2010 年购买了 2 台机动打药机（2800 元/台），后来县农委又送他 2 台，共有 4 台打药机。1 台打药机打药时需要 4 个人协作，一天可打 200 亩左右。

灌溉环节：不同于一般农户用小潜水泵从塘里打水，刘金元由于种植面积较大，一般都使用镇里水利站管理的抗旱泵站（22 进 22 出的）从长江支流漳河打水，一天可灌溉 200 多亩土地。

收割环节：前几年，刘金元在收割方面和一般农户一样，都是请不带粮仓的收割机进行收割，这样每台收割机后面需要 4—5 人进行搬运等工作。2012 年开始，他开始请带粮仓的收割机，这样收割机收了粮食直接可倒入运输车，大大减少了劳动力。据说，现在大户普遍都倾向于用带粮仓的收割机。另外，2014 年开始，刘金元最早响应禁止焚烧秸秆的政策，购买了 4 台秸秆打捆机（8.3 万/台，农机补贴 1.8 万/台），在全镇范围提供有偿服务。县农委送他 1 台秸

---

① 南方雨水多，田块蓄水能力强，而小麦不喜水，因此当地种植小麦时需要开沟，使雨水顺着沟流出田块，以保持田块的干燥，即使如此，当地的小麦产量也不及北方的 2/3。

秆粉碎机。

刘金元下一步想成立一个农机合作社，在全镇范围内提供有偿的农机服务，现在正在谋划之中①。

从访谈可以看出，刘金元在农业生产的各个环节机械化程度都已经非常高了，而且劳动生产效率得到成倍提高。他十分骄傲地告诉笔者，"现在只有在后期追肥时还主要使用劳动力，其余各个环节都实现了机械化，我的机械化水平基本达到了80%以上"。在河镇的大户中，刘金元的机械化程度显然是走在前列的，而且起步较早。但是，以上这些机械除了点播机、施肥机、秸秆打捆机和粉碎机还没有在大户中普遍使用外②，其他机械都已经被大户普遍采用，参见表2-6。区别只是在于有些大户购置了一定的机械，有些大户主要是购买机械服务而已。

机械拥有量是反映农业机械化水平的一个重要指标。在河镇，大户的机械拥有情况大体可以分为三类。第一类是购置机械比较完备的大户，主要指那些特大户，即规模超过500亩以上的大户，他们几乎购置了所需的大部分机械，只不过需要雇用机械手进行操作，表2-6中的洪世成、尤峻峰和刘金元就属于这类。第二类是主要靠购买机械服务的大户，这些大户主要是那些外地职业农民和部分当地的大户，外地职业农民流动性较强，不宜购置太多机械，他们大多只有1辆运输农资的摩托三轮车和一些田间管理的机械，耕田和收割等环节主要在当地购买机械服务。当地的一些大户，他们多是出于资金紧张而无法购买机械。表2-6中的谢天友、穆田青和王忠录就属于这类。第三类是介于前两类之间的大户，他们一般购买了大型拖拉机、小型拖拉机和其他一些基本机械，主要是收割环节购买服务。表2-6中的张力强、赵长勇和杨瑞兵都属于这类。

---

① 访谈对象：种田大户刘金元，访谈时间：2014年6月18日。
② 绝大部分大户在种植中稻时还是用手撒播，施肥主要是采用前挎式施肥机。

再造农业

表2-6 河镇大户的农机拥有情况

单位：亩，台，个

大户姓名	土地规模	起始时间	大型拖拉机	小型拖拉机	摩托三轮车	育秧工厂	插秧机	播种机	机动喷雾机	前挎式撒肥机	机带式施肥机	收割机	水泵
洪世成	3210.03	2008年	8	4		1	2	1	6	10	2	7	15
尤峻峰	1375	2013年	1	1					1	2	6	1		4
刘金元	873.51	2009年	1	1					1	4	4	1		8
杨瑞兵	404.45	2012年	1	1	1					1	4			6
赵长勇	198.47	2009年	1	1						1	2			5
张力强	183.8	2009年	1	1						1	2			5
王忠录	101	2013年		1	1					1	2			2
穆田青	638.58	2012年			1					1	4			4
谢天友	226.70	2012年			1					1	2			10

资料来源：笔者对大户的访谈。

无论是大户自己购买机械，还是他们在市场上购买农机服务，都会使当地的农机拥有量大幅增加。有关河镇农机拥有量的统计资料中，笔者只找到了2009—2010年的资料，如表2-7所示。2009年有大中型拖拉机16台，联合收割机71台，小型拖拉机2279台，到2010分别增加到24台、82台和2357台。在阳春县农机局的统计资料中也没有各镇的农机拥有量的资料，只有全县的数据，参见表2-8。对比两表中2009年和2010年的数据可知，河镇的农机拥有量在全县居前列，而且河镇农机拥有量的增幅快于全县的增幅，其中，大中型拖拉机占比由27%增加到32%，小型拖拉机占比由45%降到44%，联合收割机占比由44%增加到63%。这主要是因为河镇是阳春县唯一一个纯农业乡镇，也是该县农业转型最快的地方。因此，可以说河镇的机械化水平高于全县的水平。我们用阳春县的农机拥有量及其变化趋势可以大体了解河镇的农机拥有量及其增长趋势。

表 2-7　2009—2010 年河镇机械化发展情况

单位：台，千瓦

年份	大中型拖拉机		小型拖拉机		联合收割机		合计
	数量	动力	数量	动力	数量	动力	
2009 年	16	835	2279	21068	71	2659	24562
2010 年	24	1236	2357	21833	82	3465	26534

资料来源：河镇统计站。

表 2-8　2006—2013 年阳春县机械化发展情况

单位：台，千瓦

年份	大中型拖拉机		小型拖拉机		联合收割机		机动喷雾机		合计
	数量	动力	数量	动力	数量	动力	数量	动力	
2006 年	4	147	3613	33715	85	2442	52	44	36348
2007 年	4	147	3628	32003	111	3392	64	52	35594
2008 年	12	493	4789	44768	128	4036	70	59	49356
2009 年	60	-	5093	-	160	5448	79	66	5514
2010 年	75	-	5362	-	130	5590	329	522	6142
2011 年	107	5191	5029	48139	151	6536	342	615	60481
2012 年	159	7608	5127	48919	174	7612	377	679	64818
2013 年	201	10128	4893	47799	197	8877	390	701	67505

资料来源：阳春县农机局和省农机化网上的统计资料。

从表 2-8 中可以看出，2006 年以来阳春县的农业机械化水平有了大幅提升。大中型拖拉机、联合收割机和机动喷雾机（即机动打药机）数量都有大幅增加。大中型拖拉机在 2007 年只有 4 台，2008 年增加到 12 台，2009 年又增加到 60 台，2011 年超过 100 台，2013 年达 201 台。机动喷雾机在 2010 年以前不仅数量少，而且动力小，在 2010 年以后无论是在数量还是在动力上都有质的变化。联合收割机由于在大户崛起前后已经普遍运用，所以增幅没有前两者大，但由于大户自己购买了很多收割机，所以数量也在稳步增加。大型机械数量增加的主要拐点与河镇大户崛起的主要拐点几乎是一致的，这说明正是大户的崛起推动了农业机械化的发展。

而小型拖拉机数量在 2010 年达到顶峰以后开始下降，其原因也是大户的崛起。正是因为原本由小生产者经营的土地大量集中到大户手中，大量小生产者退出农业生产，原本想买小拖拉机的农户不需购买，原本已经购买的也在逐渐报废或者变卖。笔者在河镇调查中发现，很多原本种田的农户在退出农业生产后将拖拉机低价卖到邻县或者山区。这些被变卖的拖拉机应该没有反映在以上统计数据中，如果算进去，小型拖拉机数量的下降幅度会更大。

从大户的角度来考虑，农业机械化是十分合理而又必要的。它可以大量减少用工，从而降低成本。从刘金元各个生产环节的机械化来看，机械化使其生产效率大大提高，从而减少了大量用工。在河镇，一般农户种一亩田，一年要投入 4—5 个工，如果加上农作时期农民几乎每天一次的"绕田"①，那么用工量会更大，河镇农技站站长孙宏哲估计一般农户所有工夫都算上的话，一亩至少投入 10 个工。而大户每亩的用工一般在 1—2 个工。用工的减少，既可以大大降低农业生产中的难以克服的监督问题②，减少监督成本，又可以大幅减少生产成本。以施肥机（3000 元/套）为例，只需 2 人操作（机手和喂料者），如果每亩土地施 60 斤复合肥的话，一天可以作业 200 亩，主要花费包括机手工钱 180 元、喂料者工钱 80 元、汽油费用 180 元，共 440 元，即使算上大拖拉机的折旧费也不过 600 元，但若是请工施肥的话，以当地用工价格每 100 斤 10 元算，需要花费 1200 元（大概 10 人能够完成）。以此计算，使用施肥机为 200 亩土地施肥比人工施肥可减少 8 个工，至少可省 600 元。正是基于机械化的这些优势，河镇的机械化程度还会进一步提高。访谈中，好几个大户都表示，他们会很快购买施

---

① 当地俗语，指农民每天一大早就到自己的田间地头走一圈，看看是否需要灌溉，是否需要打药等，有时看到一棵草会顺手拔掉。
② 孙新华：《农业经营主体：类型比较与路径选择》，《经济与管理研究》2013 年第 12 期；张进选：《家庭经营制：农业生产制度长期的必然选择》，《农业经济问题》2003 年第 5 期；林善浪：《家庭经营：实现我国农业现代化的基本模式》，《经济理论与经济管理》2000 年第 5 期。

肥机。

(二) 其他资本要素投入的增加

上文细致地呈现了河镇的机械化水平及其发展历程,下面简要分析大户崛起后农药、化肥、种子等三种要素的投入情况。有关河镇这三种要素投入的数据,笔者只获得了2011—2013年化肥和农药使用量的数据,参见表2-9。

表2-9 2011—2013年河镇化肥和农药的使用量

单位:吨

年份	化肥							农药
	氮肥			磷肥	钾肥	复合肥	合计	
	碳铵	尿素	合计					
2011年	2862	996	3858	2165	374	716	7113	19
2012年	3707	1300	5007	2964	504	1008	9483	52
2013年	3688	1311	4999	2958	490	1034	9481	52

资料来源:阳春县统计局农调队。由于阳春县是个农业小县,农调队已多年不在此进行严格的农村调查了,其主要数据都是来自其他部门,因此不全面。

从表2-9中可以看出,一个最明显的变化是2012年无论是化肥还是农药的使用量都有较大幅度的增长,2013年的使用量则与2012年基本持平。这与河镇大户崛起的拐点有一些错位,因为河镇大户的种植面积在2012年较之于2011年只增加了2700多亩,2013年增加了近8200亩。这种错位可以这样解释,由于大户对农资的需求非常大,农资店提前就将大批农资备好,比如2013年新增的大户在开春就开始生产,因此农资店在2012年年底就着手储备农资,以备开春之需。这样从农资店获取农资数据的统计部门得出的数据就与大户的实际用量发生一年的错位。

由于统计数据的不全面,下面主要从访谈中获取的资料来具体呈现农药、化肥、种子的使用情况。

首先看农药的使用情况。农药大体分为除草剂和治病杀虫的农药（下面简称杀虫剂）两类。在除草剂的使用上，大户的用药较之于一般农户具有所用品牌好、价格高、用量多、次数多等特点。而在杀虫剂的使用上，则具有品牌好、价格高、用量多、次数少等特点。在使用除草剂和杀虫剂上，大户都倾向于选择品牌好的农药，往往都用进口农药，自然价格较高，但是药效比较好，而一般农户基本使用一般农药。大户在使用农药时用量往往要比一般农户多很多。已经在外地包地上十年的外地职业农民伍义雄在访谈中曾拿出一瓶农药告诉笔者，"这一小瓶药小户要打1.5亩，我们只打1亩"。在访谈其他大户和一般农户时得到的结论都是在农药使用上大户要比小户（一般农户）多很多。林村种7亩田的黄新城说，"大户打农药比我们狠，他们的草药打下去寸草不生"。大户之所以使用品牌好的农药并加大剂量，是因为一旦发生病虫害和草荒都会给其造成严重损失，这是种植面积扩大后的自然结果，如果每亩减产100斤，200亩就是2万斤的损失，而对种植10亩左右土地的小户来说则损失不大。而且小户随时可以进行补救。比如，在除草上，小户可以在每天绕田时随手拔掉杂草，小户发现病虫害可以随时背起喷雾器打药，而大户打药要请工，要付工资，因此他们要使用好药以尽量减少打药的次数。在杀虫治病上，大户的打药次数确实比小户少很多，一般大户一季中稻要打4—5次杀虫剂，而小户要打8—10次。这不仅减少了农药成本，更是节约了大量用工成本。而大户在打除草剂上比小户次数多，则有以下几个原因。首先，大户的田块没有小户整得平整，水田里水灌不到的地方就容易长草，因此大户田里的草比小户多很多；其次，有些草小户可以人工拔掉，而大户为了节约用工成本，更倾向于选择打除草剂。总之，在农药使用上，较之于小户，大户的用工少、用量多，因此农药与劳动力之比较高。

其次看化肥的使用情况。与使用农药一样，一般大户使用肥料时都会选择较好的品牌而且用量较大。阳春县农技推广中心技术推广站的王站长表示，大户的用肥量要比小户多出1/4—1/3。他说，大户只有高投入才会有高产出。外地职业农民伍义雄也认

第二章　河镇的农业转型及其三个面向

为，大户一亩田使用的肥料要比一般农户多出 30—50 元。据他分析，一方面大户追求更高的产量，另一方面是因为大户的肥料使用效率不高。前几年，肥料都是请工用手来撒，由于无法监督，有的地方撒得多一些，有的地方少一些甚至根本没撒到，这样就需要大户看农作物长势之后再进行补肥。所以一般农户种田时一季水稻只需施两次肥，而大户一般需要施三次肥。近两年大部分大户都采用了前拷式撒肥机，肥料比以前撒得均匀一些了，但只要是请工来做总是避免不了补肥。大户与小户的一个区别还在于，小户种田会使用一些有机肥，而大户全部使用化学肥料，这不利于土地的可持续利用。调查中，王村老支部书记周世明表达了这种担忧，他说：

> 小户都是种双季稻，在收完晚稻后会再种一季红花草籽，第二年种早稻时翻耕就可以作为基肥，不种红花草籽的土地在冬季也是休耕，而且小户会将养鸡、喂猪产生的粪便投到田里，我们虽然也使用化肥，但要比大户少很多，这些都有利于保持地力。而大户兴起后，就拼命地使用化肥，比小户多很多，长期如此肯定会导致土地板结。而且大户都不种双季稻了而改种中稻加小麦，这使土地没有休息的空隙，对于地力肯定不好。他们合同一到期拍拍屁股走人了，我们以后还怎么种？①

这位老书记的担忧不无道理。河镇农技站站长孙宏哲也指出了这方面的问题。他说，现在的大户基本都是掠夺式经营，用地养地不结合，大量使用化学肥料，而不使用绿肥和有机肥，他们只追求产出最大化，不考虑以后怎么样，反正他们的流转合同就那几年。这样就会进入恶性循环，只能继续追加化肥使用量，结果必然是水被污染和土地板结②。

---

① 访谈对象：王村老支部书记周世明，访谈时间：2012 年 12 月 18 日。
② 叶敬忠、王为径：《规训农业：反思现代农业技术》，《中国农村观察》2013 年第 2 期。

再造农业

　　最后看种子的使用情况。河镇绝大部分小户在双季稻种植中都是以自己留种为主，买种为辅。一般而言晚稻需要两三年换一次种子，而早稻种子换得较慢。他们的多年实践经验证明自己留种和买种在产量上基本差不多，但是可以节省很多成本。另外，由于种子市场不规范（比如假种子较多）和种子的适应性问题（有的种子水土不服），他们在买种上也比较谨慎，往往买些种子先在小范围试种，觉得合适再扩大种植范围。农民在晚稻种植中往往采取这种模式：首先在秧田育秧时使用前一年留的种子，然后再买少量种子（往往是自己种过的产量较高的品种或是其他人种的比较好的品种）在秧田中试种以选种。这块"种子田"会被特别照顾，在生长期除了施肥、打药、灌溉等特别留心外，还要除掉一切杂草以保持其纯度。当这个品种的产量达到了农民的要求才会被最后选定，作为下一年的种子，否则就会换其他品种。选中种子后，农民还要对其去粗取精，最后筛选出种子。待下一年育秧时就用这个品种育秧，直到选定下一个品种再换掉，如此反复。而早稻换种的程序也和晚稻差不多，只不过换得慢一些。农民在选种上是需要花一些工夫的，但收益也是相当显著的。以一个种植10亩田的农户为例，一块秧田的晚稻种子只需要10斤，市场价为每斤4元，那么买种的成本为40元。假如该农户每年都需这样选种的话，那么自己选育的种子价格约等于稻谷的市场价，即每斤约1.4元，每亩需种子20斤，一共200斤，市场价约280元。加上买种成本，每年的种子成本大概320元。而如果种子全部购买的话就需800元。由此，一季晚稻即可节省480元，早稻也可节省250元①，那么一年两季就可节省830元。农民为育种花的工夫都是一些零碎时间，而这些时间的机会成本是非常低的。这就是大部分农户都选择自己留种的原因。虽然大户也需要选种和试种，但他们不可能像小户一样为几百亩田进行育种。因此他们都是买种，而且往往购买那些好品牌、价格高的品种。

---

① 早稻一亩用种20斤，留种成本约为1.25元/斤，买种成本约为2.5元/斤。

综上,我们可以清晰地看出,大户在机械、农药、化肥和种子的使用上都和小户有很大的区别。基本的趋势是,大户以更多的资本投入,最大限度地用机械替代劳动力,以最大限度地实现利益最大化。其结果便是推动了农业资本化的进一步加深。

四 农业生产关系的变革

上面两节主要从农业经营主体和农业资本化两个方面分析了农业转型,那么这些转型会在农业生产关系上带来什么变化呢?毕竟不同的经营主体和资本化程度对应不同的生产关系。笔者发现,在农业经营主体转换后河镇的农业生产关系也发生了巨大变化。

生产关系是马克思主义最有力的分析工具之一。何谓生产关系?马克思说:"人们在自己生活的社会生产中发生一定的、必然的、不以他们的意志为转移的关系,即同他们的物质生产力的一定发展阶段相适合的生产关系。这些生产关系的总和构成社会的经济结构,即有法律的和政治的上层建筑竖立其上并有一定的社会意识形式与之相适应的现实基础。"[1] 这种意义上的生产关系常被理解为包括人们在生产中发生的一切关系,其实不然,马克思指的是那些"人们在自己的生活的社会生产中发生一定的、必然的、不以他们的意志转移的经济利益关系"[2]。具体而言,生产关系包括三个方面的内容:"第一是围绕利益之母——社会的生产性资源——而形成的生产资料所有制及其实现形式;第二是围绕生产管理活动而形成的人们在生产中的权力和地位关系;第三是围绕生产出来的物质利益本身而形成的物质利益分配方式。"[3] 伯恩斯坦认为,这三个方面分别意味着"谁拥有什么"(产权关系)、"谁从事什么"(社会分工)、"谁得到什么"(收入分配),而且它

---

[1] 《马克思恩格斯全集》第三十一卷,北京:人民出版社,1998,第412页。
[2] 转引自鲁品越《生产关系理论的当代重构》,《中国社会科学》2001年第1期。
[3] 同上。

们之间还暗含了一定的顺序,即产权关系决定了社会分工,社会分工决定了收入分配①。下面,笔者就主要从以上三个方面阐释河镇大户的崛起对当地农业生产关系的影响。

(一) 土地产权关系的变动

产权关系,是指围绕生产资料形成的产权制度及其实现形式,回答"谁拥有什么"的问题。土地作为农业生产的基础,其产权关系尤为重要。在西方农业发展过程中,土地往往被大量转化为私有财产、自由交易的商品,这是资本主义的一个根本特征②。正是通过土地私有化和土地商品化,土地大量集中到雇佣型资本主义大农场主手中,而原本耕种土地的小农则被赶出土地成为无产阶级③。河镇大户崛起的过程中,当地的产权关系也发生了很大变化。

在此过程中,河镇农村土地的所有权虽然没有改变,但是土地的经营权或使用权却通过与所有权、承包权的不断剥离被大户牢牢掌握住,这主要是通过土地流转实现的。众所周知,我国农村的土地属于村集体所有,家庭承包制赋予农民的是一定时期内的土地承包经营权。随着政策的不断变化,农民与集体的承包关系在十七届三中全会后已经被定为"长久不变",换句话说,如今农民的承包经营权已经被"物权化"或准私有化了④。即便如此,农村土地仍然不能进行买卖,因此无法像西方国家那样通过土地买卖来实现土地的集中。土地的集中只能通过土地流转来实现,土地流转将承包权和经营权再次分离,使土地流转的流入方掌握

---

① 参见亨利·伯恩斯坦《农政变迁的阶级动力》,汪淳玉译,北京:社会科学文献出版社,2011,第33—35页。
② 同上,第34页。
③ 参见马克思在《资本论》中的论述。马克思:《资本论》第1卷,北京:人民出版社,1975。
④ 贺雪峰:《地权的逻辑》,北京:中国政法大学出版社,2012;郭亮:《土地新产权的实践逻辑》,《社会》2012年第2期;孙新华:《产权之外:土地新产权生长的困境》,《北京社会科学》2014年第1期;华生:《城市化转型与土地陷阱》,北京:东方出版社,2013,第62页。

了经营权，从而可以扩大经营规模。鲁品越指出："资源的所有权只是对资源所有者的法律规定，它必须通过使用过程才能实现。对资源的支配权、使用权及其生产出的利益的享用权——我们可以合称为'所用权'，是所有权的最重要的实现形式。完整的所有权是法律规定的所有权与实际的所用权的有机结合。所有只是手段，所用才是目的。"① 由于国家对土地所有权的虚化和对承包经营权的物权化，村集体在土地流转中的作用被极大地削弱，土地流转主要是当事人双方的私事。土地流入方付出一定租金作为对拥有承包权的土地流出方让渡经营权的补偿。

大户崛起之前，土地流转基本上是在本村尤其是本组村民之间发生的。正如本章第二节所述，由于他们之间存在亲密的关系以及土地流转的灵活性和托管属性，在一段时间不要租金，即使需要租金也非常低。在这种土地流转方式中，土地产权关系较之前也发生了一定变化，而且促使土地发生了一定程度的集中，但整体上土地产权关系变化的范围较小，土地集中的程度较低。而大户进入以后，土地产权关系发生了巨大的变化，土地集中程度也发生了质的变化。从上文已知，不到100产大户集中了全镇50%以上的土地及整改区70%—80%的土地，而且每产大户的经营面积远远大于之前的"中坚农民"的经营面积。这意味着，大户集中的土地绝不仅是原本就不种田的农户的土地，还有大量原本种田的农户（包括小户和"中坚农民"）的土地。因此，大户崛起后的土地产权关系就不同于之前的土地产权关系。它一方面消解了农户之间的经营权流转关系，另一方面使原本种田的农户也让渡出土地经营权并将其流转给大户。至于这种土地产权关系的巨大变化是如何发生的，笔者将在第四章进行详细阐述。

（二）社会分工方式的变革

河镇土地产权关系的变动也带来了当地社会分工的变革。之

---

① 鲁品越：《生产关系理论的当代重构》，《中国社会科学》2001年第1期。

前，无论是一般农户还是"中坚农民"在农业生产中基本都是依靠家庭劳动力，只是偶尔才请亲朋好友来帮忙。因为对于绝大部分农户来讲问题不在于人少地多，而是人多地少，家庭劳动力基本处于剩余状态。所以，他们在农业生产中尽量使用自家劳动力，只是有时在农忙季节请人帮忙，而且这种帮忙不是换工就是作为人情待以后有机会还上，很少会付工资。但是大户出现以后，当地的社会分工发生了巨大变化。首先，从农业经营主体来看，大体可以分为四类：第一类是仍然种田的小户，他们一般只耕种自家的承包地，只有极少数农户流转了他人的少量土地，其中的一部分成为"中坚农民"，他们的用工还和以前一样；第二类是那些以家庭劳动力为主、雇佣劳动为辅的大户；第三类是那些以雇佣劳动为主或全部依靠雇佣劳动进行生产的大户；第四类就是那些将土地进行转包的"一包户"。其次，大户雇佣劳动造成的结果是河镇产生了农业劳动力市场。

首先来看下"一包户"。据不完全统计，在河镇大概有15个将流转到手的土地部分或全部转包出去的一包户，接受土地者被称为"二包户"，多为外地职业农民，因为他们很难在当地直接流转到土地，因此多从一包户手中接包土地。一包户除了要从二包户那里收取一定转包费用，还享受政府的大户补贴等各项优惠。而仅大户补贴就有80元/亩，转包费由60元/亩到130元/亩不等，一般为80元/亩，即一般而言一包户无须做任何事情就可纯得160元/亩的收入，所以很多人绞尽脑汁想成为一包户。在这些一包户中，大概有10个是在2008年和2009年出现的，后面几年由于政府的引导只出现了5个。笔者将这部分一包户称为"土地食利者"。

实际经营土地的大户，按照农业生产的主要劳动力的来源不同又可以分为两类，第一类是以家庭劳动力为主、以雇佣劳动力为辅的大户，第二类是主要或全部依靠雇佣劳动力的大户。马克思主义学者将雇佣劳动力在总劳动力中占比超过一半的农场称为资本主义农场，按照这种划分标准，后者就属于资本主义农场。

前者既不同于资本主义农场又不同于一般农户,有学者将其称为"资本主义式家庭农场"(Capitalized Family Farm,CFF)[1],在我国的政策文件中被表述为家庭农场[2]。资本主义农场,在河镇主要是那些规模较大的农场,其规模一般超过300亩。这类农场又可以分为两类,第一类是大户自己也参与劳动,但由于面积较大,家庭劳动力在总劳动中只占到一少部分,大部分劳动依赖雇工;第二类是大户自己不参加劳动,主要负责管理,全部劳动依赖雇工,甚至有些大户自己也无法管理过来,还需要雇用一个生产队长(年工资在2万元左右)帮助管理。2012年以前,绝大部分一包户还是自己经营土地,他们当时基本都是采用这种经营方式。在他们将土地转包后,现在河镇还有10多个大户是这种经营方式,他们的规模大都维持在300—500亩,超过500亩的只有少数几个。他们之所以没有转包土地,是因为这一规模还是在利润较大的范围内,而规模过大则会导致利润率下降,因此转包更有利可图。

而那些资本主义式家庭农场的经营者主要是规模在100—300亩的大户。这一类型的大户目前在河镇的大户中占据绝大部分,他们的来源主要是2012年直接流转土地的大户和40个左右的二包户。由于他们的规模比较适当,主要依靠家庭劳动力和效率不断提高的机械工具就可以完成主要生产环节,只在农忙季节和个别生产环节才会请工,大概需要雇用1/3—1/2的生产用工。正是因此,有学者将其性质概括为无雇佣化的商品化农场[3],以区别于依

---

[1] Lehmann D., After Lenin and Chayanov, *Journal of Development Economics*, 1982, Vol. 11, No. 2: 133 – 161; Lehmann D., Sharecropping and the Capitalist Transition in Agriculture, *Journal of Development Economic*, 1986, Vol. 23, No. 2: 333 – 354;陈义媛:《资本主义式家庭农场的兴起与农业经营主体分化的再思考》,《开放时代》2013年第4期。

[2] 这与西方学者在讨论中将小农农场称为"家庭农场"是不同的,参见恰亚诺夫《农民经济组织》,萧正洪译,北京:中央编译局出版社,1996;黄宗智:《华北的小农经济与社会变迁》,北京:中华书局,2009。

[3] 万江红、管珊:《无雇佣化的商品化:家庭农场的发展机制分析——基于皖南平镇粮食家庭农场的调研》,《中国农业大学学报》(社会科学版)2015年第4期。

靠雇工的资本主义农场。他们基本靠自己的实干获得收益,收益比较可观,200亩稻麦连作正常年景年收入可达7万—10万元,高于社会平均收入。因此,资本主义式家庭农场的生命力较强。

大户的雇工主要是由当地的劳动力,他们或者是经营少量土地,或者是纯粹务工者。在大户崛起之前,当地农村有很多中老年劳动力依靠种田为生,一些劳动力会在农闲时打些零工。他们之所以不是以务工为主主要是因为年龄偏大,在务工市场上不具有优势,基本可以说他们是被务工市场淘汰的劳动力。大户出现后,他们将自己经营的土地流转给大户(原因主要是政府措施以及生产环境的变化)。其中一些劳动力选择外出谋生,当然主要还是进入城市务工,但相当一部分劳动力只能留在当地,因为即使外出他们也很难找到合适的工作,他们只能给大户打工。

表2–10　2007—2012年河镇外出务工经商人员数量

单位:人

	2007年	2008年	2009年	2010年	2011年	2012年
人数	6773	9665	9874	10408	11507	15450

资料来源:《阳春县统计年鉴》(2007—2012年)。

表2–11　2013年河镇农村人口结构概况

单位:岁,人,%

年龄	0—17	18—34	35—49(45为界)	50—59	60—69	70—79	80以上	总计
男性	2084	3748	4727(2821/1906)	1995	1802	863	289	15508
女性	1840	3549	4416(2668/1748)	1813	1509	890	403	14420
总计	3924	7297	9143(5489/3654)	3808	3311	1753	692	29928
比例	13.1	24.4	30.5(18.3/12.2)	12.7	11.1	5.9	2.3	100

资料来源:河镇社保办统计资料。由于社保办为全镇人口办理社保,因此掌握了较为翔实的人口信息。

从表2–10中可以看出,2007年河镇外出务工经商人员只有6773人,而到2012年增加到15450人,翻了一番还要多。外出务工经商人员的数量增加如此之快,当然有经济发展的原因,但更多的是因为大户集中土地的推动,它使很多原本务农的劳动力不得不外出务工。虽然大量劳动力外出务工经商,但是农村内部还有很多劳动力。如表2-11所示,截至2013年年底,河镇农村人口总计29928人,如果按照一般的劳动力划分标准(18—59岁),河镇共有劳动力20248人。但是在农村,一般60—70岁,甚至更大岁数的人都算作劳动力,假如将60—69岁的人算作劳动力的话,河镇农村劳动力数量就达23559人。依此计算,即使2013年有1.7万外出务工经商人员,农村仍将有6000多劳动力。这包括大部分60岁以上的劳动力、大多数45—59岁的妇女和部分60岁以下的男劳动力。

  这些外出务工经商人员中有一部分工作比较稳定,因为他们在之前也是以务工经商为主,但其中还是有一部分人员无法找到相对稳定的工作,因为他们在务工市场上不具有优势,他们在一年内不断地往返于城乡之间。因为不外出务工生活就无法维持,而出去务工一段时间又因工作不稳定而不得不返回农村。林村黄新城的田在县道旁边,他经常看到这样的现象,"很多60左右的人出去几个月又回来了,过不了多久又出去了。路上碰到他们,我问:'你怎么又出去了?'他们说:'在家待着不行啊,再待着就没饭吃了!'……'你怎么又回来了?''哎,又没活了。'"林村的张东生的际遇在当地具有一定的代表性。1966年出生的他,之前以种田为主并在农闲时打些零工,是小组的种田能手,2008年乡村干部做他的工作,其将土地全部流转给了大户。这几年他一直在外面打工,但由于没有技术,只能在建筑工地上做小工,一天100元左右工钱。做工很不稳定,他说"没有一个老板能一直吃住你,都是一些小老板,今天有活,明天就没有了,你还得再找活,都是季节性打工"。这几年他一年只能做100天左右的小工,大概1万元左右的收入。像张东生这种情况的人有很多,他所在的村民小组22户中就有10多人是他这种情况。虽然他们属于外出务工人员,但大部分时间处于空闲状态。

那些留在村里的劳动力有一部分还在种些承包田，还有一部分劳动力的田被流转走了，但是人又出不去或者出去也很难找到务工机会。这主要是上有老下有小的中年妇女和60—70岁的老年人，这些人出去打工已经没人敢要，但是他们种田确实是一把好手，既有经验又能吃苦。他们由于土地被流转到大户手中，他们只能给大户打工。在河镇也出现了专职为某个大户打工的队伍，大户也希望有相对固定的人员为自己做工，这样知根知底。资本主义农场至少要请一个生产队长，生产队长带领的工人往往也是相对固定的。在大户兴起初期，资本主义农场较多，机械化水平还比较低，所以务工机会较多，但是随着土地转包的发生、资本主义式家庭农场的增多以及机械化水平的提高，本地的农业用工在下降。有些劳动力根本找不到活干，而那些专为某个大户打工的人活也不如以往多了，这使很多劳动力处于空闲状态。原本依靠种田为生的人突然空闲下来，无所适从，慢慢地只有以打牌或打麻将作为消磨时间的方式。几乎在所有大户兴起的村庄，棋牌室都如雨后春笋般出现。很多人吃过饭就开始打牌或打麻将，上午打、下午打、晚上也打。他们自己的解释是："打牌只是没有办法的事情，就是打发时间，打的都是最小的一种，打大的也打不起。不种田了，虽然快活，但是穷快活。"由于没有田种，务工机会又比较少，因此他们在经济和精神方面都有很大压力。

笔者将这种农民定义为"半无产化农民"①。尽管这种处境中的农民拥有土地承包权，但是实际的经营权已经没有了，他们在合同期内失去了对土地这一生产资料的控制权，他们虽然得到了一定的流转费，但这不足以维持其生存，为了生计不得不进入务工市场，"半无产化"了。结合资本主义农场的出现，我们会发现河镇的变化在某些方面类似于马克思对西方农业转型的归纳，他认为农村内部出现了资本主义农场和农业无产阶级的分化和对立，

---

① 孙新华：《农业企业化与农民半无产化》，《中国研究》2014年秋季卷，北京：社会学科文献出版社，2016。

而在河镇农民的阶层分化也在重塑[1]，原本作为自耕农的"中坚农民"数量大幅减少，小农的数量也在减少并出现了一批雇工，与此同时出现了一批经营农场的富裕阶层。但是河镇的情况与马克思所说的又不完全一样，首先很多资本主义农场转化成了资本主义式家庭农场，即前者的数量在减小而后者成为大户的主体；其次，河镇农民并不是彻底的无产化而只是"半无产化"，而且小农也并没有消失。至于以后的发展还有待继续观察。

（三）收入分配方式的变化

生产关系关涉的最后一个问题就是"谁得到什么"，即生产出来的劳动成果如何分配的问题。在大户出现之前，农户自己经营土地，土地的所有产出都归农户自己所有。具体而言，在这些收入中又可以细分出两部分，第一部分是地租收入，第二部分是劳动所得。而在大户崛起以后，在大户经营的土地上，农民也可以得到两部分收入，第一部分仍是地租收入，只不过这个地租在河镇自2008年以来就被政府明文固定在400斤粳稻/亩，这与市场上土地的地租不完全一样；第二部分收入是工资收入，即为大户劳动而得到的工资，不同农户这部分工资收入是不同的，但整体上看这部分工资收入要远少于农户自己耕种土地时的劳动所得。这是因为大户在雇佣劳动中获得了雇工劳动的剩余价值。当然大户的收入不仅仅是雇工的剩余价值，还有自身的劳动所得，这主要是指那些参加劳动的大户。对于那些纯粹依靠雇工经营的大户来讲，其主要收入即雇工劳动的剩余价值。从这个意义上讲，大户的崛起使原本由农户享有的土地产出收益的一部分划归这些来自各行各业的富裕阶层。因此，大户实际上就是在挤占原本种田农户本来就不多的农业GDP份额[2]。

---

[1] 谢小芹、简小鹰：《阶层重塑：土地流转对社会阶层的影响》，《华南农业大学学报》（社会科学版）2014年第1期。
[2] 贺雪峰：《小农立场》，北京：中国政法大学出版社，2013，第60页。

具体而言，不同类型农户的收入在大户崛起前后的变化是不同的。对于那些常年在外务工并一直将土地流转出去的农户来讲，大户崛起后他们的土地流转收入有了一定提高。对于那些大户崛起前后都在经营自己承包田的小户来讲，他们的收入变化并不大。收入真正受到影响的是那些经营面积减少或退出农业生产的农户，其中既有小户也有"中坚农民"。尤其是退出农业生产的农户如今主要依靠务工收入生活，如果能够找到较好的务工机会还比较好，若找不到好的就业机会生活就会比较困难。

这类农民在种田之时大体有两笔收入，一笔是务农收入，一笔是务工收入。他们基本上是在农忙期间务农，农闲期间在附近务工。由于务农和务工都具有一定的季节性，农民通过合理安排家庭劳动力就可以使务农和务工两不耽误，从而兼得两笔收入，以实现家庭收入的最大化。其中的务农收入不仅包括货币收入，还有很多物质收入。在河镇，农户往往会从自家产的早稻中留出一部分口粮，还会养殖家禽和牲畜等，有的农户还有鱼塘，这些都可使他们获得廉价的生活资料。而这些往往是不被计入从土地所获得的收入的，但这些与土地有着直接或间接的关系。口粮自不必说，其来自土地，那些家禽和牲畜也主要是依靠土地产出才可养殖，如果没有了土地，农户的这些副业也将无以为继。土地流转给大户以后，由于只有一定的流转费用，不仅其农业收入大不如前，而且开支大幅度增加[①]。在访谈中，张东生不断地感慨："以前种田的时候费用小，能攒住钱，一年下来还有些余钱，打工能把生产、生活成本挣回来，田里产的是纯赚的。现在赚两个花两个，只能年保年，根本攒不住钱。"

在一部分种田农户收入减少的同时，在他们曾经经营的土地上催生了一批收入不菲的大户。不管是上文提到的"土地食利者"还是"资本主义农场"和"资本主义式家庭农场"的经营者都从

---

① 参见孙新华《强制商品化："被流转"农户的市场化困境》，《南京农业大学学报》（社会科学版）2013年第5期。

土地上获得了大量收入。在河镇，一般而言经营 100 亩土地每年可获得 5 万元以上的收入，200 亩可获得 7 万—10 万元的收入，300 亩可获得 12 万—15 万的收入，500 亩可获得 20 万左右的收入。那些"土地食利者"不需付出任何劳动每亩即可获得 160 元左右的收入。有农民认为，现在的政府是在有意培养地主，让地主又在农村复活了。由于大户的崛起，河镇的贫富差距在不断拉大。

通过以上分析，我们可以看到大户的崛起使河镇的农业生产关系发生了全方位的变化。大户的出现改变了农户之间的土地流转关系并将大量土地集中在自己手中，从而在农村产生了具有雇佣劳动的资本主义农场和资本主义式家庭农场与以出卖劳动力来谋生的农村雇工两大群体的分化。这也使农村的土地收益向各种大户集中，而那些原本种田的农户的收入则在下降，当地人们的收入走向两极分化。

五　小结

上文从农业经营主体、农业资本化和农业生产关系三个层面展现了河镇近年来发生的农业转型。在农业经营主体方面，2008 年以后每年都有大量土地集中到少数人手中，从而产生了一批规模不等的农业经营大户，他们主要来自当地及周边的富裕群体，虽然只有近百人但集中了河镇一半以上的土地。这使当地的农业经营主体发生了前所未有的转换，由以一般农户和"中坚农民"为主的形态转向了以农业经营大户为主的形态。

在农业资本化方面，河镇农业生产中的机械、农药、化肥和种子等要素的投入量得到大幅度提高，与此同时单位土地上的劳动投入则大幅度下降，而这正是资本投入对劳动的替代作用的体现。两者的共同结果是单位土地上资本投入相对于劳动投入的增加，即土地资本化大大加深了。

在农业生产关系上，大户通过土地流转改变了农户之间原有的土地产权关系并重建了新型土地产权关系，从而在农村产生了具有雇佣劳动的资本主义农场和资本主义式家庭农场与以出卖劳动力谋生的农村雇工两大群体的分化。这也使农村的土地收益逐渐向各种大户集中,而那些原本种田的农户的收入则在下降,当地人们的收入走向两极分化。

  这三个方面的转型使河镇的农业生产形态发生了全面的转型,即本研究所指的农业转型。当然,在这三者之中农业经营主体的转换是居于主导地位的。从上面的分析中我们可以看到,在河镇正是由于农业经营主体发生了剧烈转换才出现了后续的农业资本化加深和农业生产关系的变化。正如导论中所述,斯密和马克思等人都认为正是技术革新及其运用带来了资本主义农场对于小农农场的替代。在河镇,包括机械在内的资本要素的投入在很大程度上也促进了大户的崛起,但是在农业转型的起始点上是农业经营主体首先发生了转换,上文已经呈现农业资本化的加深正是在农业经营主体转换之后发生的,农业生产关系也是如此。

  那么,我们不禁要问到底是什么因素导致了农业经营主体发生如此剧烈的转换呢?这正是下面第三至第五章要讨论的问题。

第三章　再造水土：土地流转前地方政府对水土条件的改造

在河镇进行长时间调查后，笔者认识到上述急剧的农业转型绝不是自发产生的，而是在地方政府干预下发生的。在大户崛起并替代小生产者的过程中，尽管市场机制也发挥作用，但最直接和最主要的推动力是地方政府。当地政府（主要是县乡两级政府）通过"再造水土"、"再造市场"和"再造服务"三个层面的措施（以下简称"三个再造"），形成了一种鼓励大户而排斥小农的机会结构[1]，从而推动了河镇的农业转型。以上三个再造的逻辑关系是，"再造水土"为规模经营提供了相应的农田和水利体系，从而构成了农业转型的物质基础；"再造市场"解决了如何将分散的土地集中定向进行流转的问题，从而使大户的崛起成为可能；"再造服务"为大户的农业生产建构了全面的服务体系，从而保障了大户生产的正常维系。正是这三个再造推动了河镇的农业转型，笔者将这一过程称为"再造农业"。换句话说，三个再造是再造农业的三个手段，它们在河镇地方政府"再造农业"的不同阶段起到了重要作用，具有层层递进、相互交织的关系。下面分三章分别论述这三个方面的再造，这只是出于表述的方便，并非表明它们是相互独立进行的。

本章要讨论的问题是"再造水土"。"水和土地是小村人的历

---

[1] 孙立平：《实践社会学与市场转型过程分析》，《中国社会科学》2002 年第 5 期。

史与现实中两个重要的物质性因素"①,笔者认为,朱晓阳的这个认识不仅适用于云南小村,对中国所有村庄尤其是农业型村庄都是适用的。因为大部分村庄历来都以农业为主,而水和土恰恰是农业生产中最重要的两个物质要素,正所谓"一方水土养一方人"。在农业生产中,水土较之于干旱、暴雨、风雪等自然条件更容易受到人为改造:人们通过修建水利设施可以蓄水、防洪以及防汛抗旱,通过设置田埂来改变田块的大小,通过针对性地使用肥料可以改良土质结构等。在河镇,人们记忆比较深刻的水利改造是20世纪五六十年代对水利设施大规模的修筑和完善,包括水库的修建、塘坝的清挖、河堤的加固,等等。现在主要的水利设施大多是在那个时代修建的,后来只是在此基础上进行修补和完善。而对土地的改造除了"土改"和分田到户外就是化肥的使用了,"土改"和"分田到户"改变的主要是产权关系,对田块的基本形态和内在结构影响都不是太大。而化肥的使用则改良了土质,提高了土地生产力。以上对水土的改造在我国各地都进行过。

最近几年河镇又开始了再造水土进程,即主要借助国家土地整改项目对以水土为核心的农业生产基础条件进行改造,为农业规模经营奠定物质基础。2007年到2014年上半年,全镇近70%的耕地及其水利设施都已进行了重新改造,预计再过两年,河镇全部耕地及其水利设施都将完成再造。在再造水土实施前,河镇田块土地细碎化非常严重,水利体系破败、道路不畅等问题非常普遍,在这种条件下根本无法展开大面积的规模经营。河镇政府通过再造水土为规模经营提供了完善的基础设施。但是在这个过程中当地政府为规模经营设计的再造方案与农户的生产需求产生了矛盾,从而将相当一部分农户挤出农业生产。农户的抵制在很大程度上修正了政府的过激方案。

本章主要从两个方面阐释河镇的再造水土。首先,在简单介绍河镇土地整改项目实施前的水土条件后,笔者将集中讨论土地

---

① 朱晓阳:《小村故事:地志与家园》,北京:北京大学出版社,2011,第23页。

整改项目向河镇的集聚与当地政府再造水土的意图和方向；其次，探讨河镇再造水土中的实践与各方主体之间的博弈及其后果。

一 项目集聚与再造水土的意图

（一）土地整改前的河镇水土条件

在笔者搜集到的"河镇 2013—2014 年中低产田改造项目设计书"中有一段文字概述了当地"农业生产的制约因素"，这段文字比较好地总结了河镇土地整改项目实施前的生产条件。

> 1. 土地条件较差：项目区目前田块大小不一，形状不规则，影响了土地的高效利用。土壤地力条件相对低：土壤结构不良，养分缺乏，肥力水平相对低，存在潜育漏水、漏肥等障碍因素，以致田地投入多而产出少。
>
> 2. 农田水利破败不堪：由于项目区现有塘口淤积严重，蓄水量少，无法满足灌溉需要，甚至遇到干旱年份，更是导致土地干涸，作物枯萎，农作物产量低下。另外，现有渠道基本上全部为土渠，且杂草丛生，淤积严重，致使灌水利用率低，造成水资源浪费。项目区主要排水工程中，部分中沟淤积严重，排蓄水能力大大减弱，每年汛期均有农作物受淹减产，遇到多雨季节，农民损失严重。
>
> 3. 道路配套不完善：田间机耕路较少，大部分为土路，部分主干路网也因路面太窄，且无路肩，无法满足现代大型农业机械的通行需求；另外，项目区相应的田间配套建筑物不完善，阻碍项目区的农业机械化生产。
>
> 4. 科学种田水平低：项目区内村民文化素质低，优质良种种植比例低，农技人员偏少，新科技普及难。

以上文字从土地、水利、交通、科技等方面比较全面地概括了项目区在土地整改前的生产条件，其实也代表了河镇在土地整改前的生产条件。虽然在项目设计书中，起草者为了更好地论证项目实施的必要性可能会放大问题，尤其是站在发展规模经营需要的角度指出目前存在的问题，但是从笔者在河镇的实地调查来看，这些归纳大体是符合河镇的实际情况的。这种生产条件不仅不利于规模经营，给小户经营也带来了很多不便。

下面我们详细地看一下当地的水土条件。首先来看当地的土地细碎化问题。河镇与全国大部分地区的农村一样，在分田到户时为了做到公平，土地是按照远近、"肥瘦"搭配进行分配的，从而形成了"人均一亩三分，户均不过十亩"且地块分散在七八甚至上十处的格局。土地的细碎化程度与当地的地形有着密切关系，在北方平原地区，土地的差异化相对较小，因此细碎化程度普遍较低。而在南方丘陵地区，土地在远近、高低、肥瘦、水源好坏等方面都有很大差异，因而细碎化程度相对较高。即使在河镇的圩区，地形也非常复杂，田块之间也是高低不平。加之分田到户至1998年废止土地调整前，当地实现"三年一小调"的土地调整制度，人口变动导致的土地在不同农户之间进出进一步加剧了土地细碎化程度。本来这种土地细碎化可以通过"大调整"在一定程度上进行抑制，但由于土地调整被禁止，从而固化了土地细碎化状况。

图3-1是王村小陈家小组在2008年土地整理之前的地貌图，从中可以清楚地看到其土地的细碎化程度：田块大小不一，非常零碎，而且有10多个水塘及其相互勾连的河沟镶嵌其间。在该组，笔者询问了一家农户在土地整理前的土地情况。这家农户在土地整理前有12亩田，共有14块，从东到西，从南到北都有。最大的一块3亩，最小的一块只有0.1亩，一般都在1亩以下。他细数了一下，最后只数出来11块田的面积，分别是0.1亩的1块、0.3亩的2块、0.38亩的1块、0.4亩的3块、0.6亩的1块、1.6亩的1块、2.4亩的1块、3亩的1块。由于时隔六年，他想了半天实在想不出另外3块的亩数了。其他村组农户的田亩情况与这家农户相差

第三章　再造水土：土地流转前地方政府对水土条件的改造

无几。这比全国农户平均拥有的田块数量高出很多①。而那些流转了其他农户土地的"中坚农民"种植的土地细碎化程度更高。

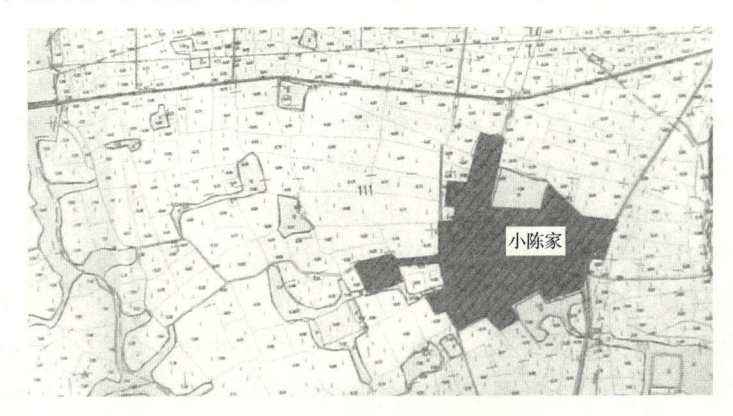

图 3-1　王村小陈家小组的地貌

说明：图片来源于 2007—2009 年土地整理项目的现状图，下图同。

在河村，笔者找到一位记忆力比较好的中年人汪小宝，他非常清楚地数出了他在土地整改时耕种的田块数。他所在的村民组在 2012—2013 年进行了土地整改，在此之前他流转了 2 家农户的土地，加上自己的共有土地 26.54 亩，共有 24 块地，分布在 12 个地方，参见表 3-1。

表 3-1　河镇一户"中坚农民"经营的土地田亩情况

单位：亩

序号	1	2	3	4	5	6	7	8	9	10	11	12
土地面积	0.77	1.54	1.15	0.26	1.02	0.77	1.92	1.15	1.54	1.79	1.28	2.05
序号	13	14	15	16	17	18	19	20	21	22	23	24
土地面积	1.41	1.79	1.02	0.77	0.26	1.15	0.68	0.16	0.45	1.58	1.58	0.45
总计	26.54											

资料来源：对农户的访谈。

---

① 调查数据显示，2007 年末我国平均每户拥有的地块为 5.86 块。参见丁关良《土地承包经营权流转法律制度研究》，中国人民大学出版社，2011，第 121 页。

87

从表 3-1 可以看出，在这 24 块田中最大的一块为 2.05 亩，最小的一块只有 0.26 亩，其中 1 亩以上的田 15 块，总体来看，汪小宝经营的田块是比较大的。但是即便如此，汪小宝在经营中也感到非常麻烦。几乎所有的生产环节都非常耗费人力、物力、财力和时间。以灌溉（一般用小水泵从塘或沟里取水）为例，他这 24 块田要在 12 个地方取水，几乎在每一个地方都要有架泵、铺水管、收泵和收水管等程序。其他生产环节也有不同程度的麻烦。汪小宝说，如果田块能够集中在一起，至少可以节省 50%—60% 的劳动量。正是由于田块分散及其带来的麻烦，很多"中坚农民"扩大经营规模受到了很大阻碍。因此，仅土地细碎化这一问题就限制了规模经营，一般农户的适度规模经营非常麻烦，更不用说几百上千亩的大规模经营了。

其次来看河镇的水利条件。从图 3-1 中可以看出，农田的周围密集地分布着大大小小的坑塘，这些坑塘之间又有沟渠相连，沟渠还将这些坑塘与湖泊、河流（包括长江的支流漳河）连接起来。从普通农户的灌溉用水来看，他们平时主要从田边的坑塘中取水，大旱之时则从湖泊和漳河取水。这些水利设施基本可以保障河镇农户的农业用水。但是正如"河镇 2013—2014 年中低产田改造项目设计书"提到的问题，坑塘和沟渠的淤积等确实直接制约着当地农业生产用水需要的满足。因此，从农户农业生产需要出发对坑塘和沟渠进行清淤和修缮是非常必要的。不过，即使是按照这个方向完善水利设施也不能满足规模经营主体的需要，因为现有的农田水利设施格局基本是历史上基于小农生产需要而形成的，与普通农户的小规模经营是相匹配的。而河镇新兴的大户却很难依赖这些水利设施进行农业生产，从他们的生产需要来看，他们希望借助大水利进行集中灌溉，而不是从比较小的坑塘中低效率地取水灌溉。

从上文对河镇水土条件的介绍来看，土地整改之前，无论是土地细碎化还是水利设施中存在的问题都严重制约了农业生产的正常进行，这不仅对普通农户的农业生产不利，更不符合大户进行规模经营的需要。从这个角度来讲，国家加大资金投入进行再造水土是十分必要的。

(二) 河镇项目的集聚及其逻辑

正如本章引言中所述，2007年以来河镇近70%的耕地及水利等相关基础设施都得到了改造，这有力地改变了河镇土地整改项目实施前的水土条件，为大户的崛起奠定了必要的基础条件。因此，要理解河镇大户的广泛崛起和农业的迅速转型，需要从河镇实施的土地整改项目切入。这一部分主要是呈现土地整改项目在河镇的集聚及其逻辑。

2007年至2014年上半年，几乎每年都有国家级土地整改项目落地河镇，参见表3-2。从表3-2中可以看出，2007年至2014年上半年河镇土地整改项目从未间断，涉及项目资金超过3.2亿元，整改面积10万多亩，其中耕地面积4.6万亩，涉及全镇11个村庄，主要集中在圩区，只有山区的周村和茶村未被涉及。

表3-2 2007—2014上半年河镇的土地整改项目及其实施情况

单位：万元，亩

年份	项目类型	项目资金	整改总面积	整改耕地面积	涉及村庄
2007—2009年	土地整理	2587	18600	10500	林村、王村、梅村
2010—2011年	中低产田改造	889	10000	1500	李村
2011—2012年	中低产田改造	1559	17500	4000	河村、赵村
2012—2013年	中低产田改造	1553	16000	6500	河村、赵村、华村、黄村、王村、枫村
2012—2013年	土地整理	2855	14300	6000	李村、枫村
2013—2014年	中低产田改造	1169	10000	3300	蔡村、郭村
2009—2014年	增减挂钩	20000	1500	1200	各个村，700多户
2012—2013年	高标准农田示范	498	3000	3000	林村、华村
2013—2014年	高标准农田示范	960	10000	10000	林村、王村、梅村
总计		32070	100900	46000	11个村庄

资料来源：县农业综合开发办公室和县国土资源局的相关统计资料。由于土地整改主要在冬季和春季土地休耕时进行，因此往往项目实施是跨年的。

从表 3-2 可以看出，河镇实施的土地整改项目主要有四类，分属于县国土资源局（以下简称"国土局"）和县农业综合开发办公室（以下简称"农开办"，隶属于财政局）两个部门管理。国土局分管的项目主要是"土地整理项目"和"增减挂钩项目"，分别是对农业用地和建设用地进行整治，两者可统称为土地综合整治项目。其中，土地整理项目的主要任务是：在一定区域内，根据土地利用总体规划与土地整理专项规划，对田、水、路、林、村等实行综合整治，调整土地关系，改善土地利用结构和生产生活条件，增加可利用土地面积和有效耕地面积，提高土地利用率和产出率的活动。河镇共实施了两个省级及以上土地整理项目，总资金 5442 万元，涉及耕地面积 1.7 万亩。增减挂钩项目，是"城镇建设用地增加和农村建设用地减少相挂钩项目"的简称，其主要任务是：依据土地利用总体规划，将若干拟整理复垦为耕地的农村建设用地地块（即拆旧地块）和拟用于城镇建设的地块（即建新地块）等面积共同组成建新拆旧项目区（简称"项目区"），通过建新拆旧和土地整理复垦等措施，在保证项目区内各类土地面积平衡的基础上，最终实现建设用地总量不增加，耕地面积不减少、质量不降低，城乡用地布局更合理的目标[①]。因此，增减挂钩项目主要是在农村建设用地上做文章，但在农村也会增加一部分耕地面积。2009—2014 年共有 2 亿元增减挂钩项目资金投入河镇，涉及 700 多户农户，使当地增加 1200 亩耕地，由于户主都搬迁到镇或县里居住，土地也大都流转给大户耕种。

"中低产田改造"和"高标准农田示范"两个项目由财政局的农开办分管，两者统称农业综合开发项目。其中，中低产田改造项目的主要任务是：在一定的时间内和确定的区域里，对现有中低产田，通过水利、农业、林业、科技等措施综合治理，改善其

[①] 《国务院关于严格规范城乡建设用地增减挂钩试点切实做好农村土地整治工作的通知》（国发〔2010〕47 号），中华人民共和国中央人民政府网：http://www.gov.cn/zwgk/2011-04/02/content_1837370.htm，2014-11-18。

第三章 再造水土：土地流转前地方政府对水土条件的改造

基本生产条件和生态环境，使之成为高产稳产的农田。而高标准农田示范项目，是对中低产田改造的提升，其投资标准、建设标准、单个项目治理面积，均高于中低产田改造①。换句话说，高标准农田示范项目是在中低产田改造项目的基础上对农业生产条件进行进一步提升。河镇自 2010—2014 年每年都有一项中低产田改造项目，至今已实施 4 项中低产田改造项目，涉及资金 5170 万，改造面积 1.48 万亩。河镇实施的两项高标准农田示范项目涉及资金 1458 万，改造面积 1.3 万亩。由于这两项高标准农田示范项目都是在实施过土地整理或中低产田改造项目的土地上进行的，因此并没有增加河镇实际土地整改的面积，即虽然表 3-2 所列所有项目共整改土地面积达 46000 亩，但是河镇实际整改土地面积只有 33000 亩左右，占到耕地总面积的 66%。

笔者调查中了解到 2014—2015 年的中低产田改造项目已经获批，而 2015—2016 年的中低产田改造项目也在申请中。这两个项目实施后，全镇几乎所有土地都被改造一遍了。其实，阳春县作为"国家农业综合开发县"，每年只有一个农开项目，但是自 2010 年以来已经连续 5 年全县的农开项目都在河镇实施，如果 2015—2016 年的农开项目也在河镇实施，那意味着全县的农开项目连续 6 年在河镇实施。

土地整改项目在河镇的集聚收到了良好效果。2012 年河镇成功申报"省现代农业综合开发示范区"。当年，当地政府又决定申报"省级现代农业示范区"，而做出这个决定就意味着需要进一步在河镇追加投资。《2013 年河镇省级现代农业示范区建设工作总结》中写道："在项目申报之初，阳春县成立了县长任组长，分管副县长任副组长，县发改委、农委、财政局、水务局、林业局、国土局、交通局、科技局、气象局、统计局和河镇等相关单位负

---

① 《农业综合开发主要统计指标解释（2010 年度）》，财政部网站：http://nfb. mof. gov. cn/zhengwuxinxi/jiaocaijieshao/201202/t20120229_631739.html，2014-11-17。

责人为成员的示范区建设领导组,统筹协调各相关部门,合力开展示范区建设。自2007年至2013年已累计投资3亿多元对4.6万亩耕地进行了整治,着力加强农业基础设施建设,稳步提高农业综合生产能力,把项目区建设成为'田成方、林成网、渠相通、路相连、旱能灌、涝能排、渍能降、土肥沃、结构优、环境美、民安居'的标准农田项目区。"① 县财政局的资料显示,仅2012年阳春县就整合各类项目资金1.5亿元(其中包括增减挂钩资金0.8亿元),即几乎全县所有涉农项目都"打包"投向了河镇。2013年,河镇顺利成为"省级现代农业示范区"。

因此,可以说正是阳春县涉农项目向河镇的倾斜和集聚,才使河镇的土地整改在如此短的时间内大范围地开展,从而为河镇的农业转型奠定了物质基础。折晓叶和陈婴婴在项目制的研究中曾指出,地方政府在项目"打包"运作中的一个倾向便是对"示范"点的集中投入,以造就出一些"政绩亮点",甚至使得示范点的公共品过度建设,而那些特别需要项目支持的弱势社区却得不到项目的惠顾②。显然,阳春县的以上做法集中体现了项目制的这一运作逻辑。阳春县和河镇政府为了将河镇打造成"省级现代农业综合开发示范区"和"省级现代农业示范区",将全县的土地整改项目和其他涉农项目倾斜投入河镇。这虽然使河镇的农业基础设施得到了大幅改善,但其他乡镇的项目投入就相对少了。在调查中,笔者了解到,有县领导在看到这种问题后试图将2014—2015年的农开项目投到其他乡镇,但最后遭到了县里其他领导尤其是市里分管领导的"纠正",因为他们认为这是与发展河镇"省级现代农业示范区"的目标相悖的。最终,阳春县2014年的农开项目还是投到了河镇。

阳春县农业项目向河镇倾斜和集聚还有另一个原因,即河镇

---

① 《2013年河镇省级现代农业示范区建设工作总结》。
② 折晓叶、陈婴婴:《项目制的分级运作机制与治理逻辑》,《中国社会科学》2011年第4期。

第三章　再造水土：土地流转前地方政府对水土条件的改造

在阳春县县域经济中的地位决定了河镇政府比其他镇更有动力争取项目，而县政府也要对其特别照顾。正如前文所述，河镇作为阳春县唯一的纯农业型乡镇，财政收入每年只有 2000 多万，只能维持日常运转。县里提供公共品需要向上争取项目，因此，2009 年开始河镇提出"项目强镇"的口号。项目资源对于河镇至少有两个好处：第一，通过各个部门的项目提供各方面的公共品；第二，充实政府财政。由于项目实施方需要在实施地开具地税发票并向当地政府缴纳 5.51% 的地税，如果一年有 3000 万的项目资金，就要缴纳 160 多万地税。正如上文所说，2007 年以来已有 3 亿多元的项目在河镇实施，这意味着河镇在此期间将增加财政收入近 2000 万元，这几乎接近河镇一年的财政收入。如果再加上乡镇在申请项目中套取项目资金的所得收入，数额还会大大增加。在调查中，干部和群众都反映套取项目资金的行为比较普遍。

相对于河镇财政的紧张，其他乡镇财政实力普遍比较雄厚，经济最发达的乡镇一年财政收入达五六亿元，一般都在亿元以上。所以在跑项目的竞争中其他乡镇都"让"着河镇，正如河镇镇委副书记何金平所说，"其他乡镇财政都比我们强，他们也不跟我们抢涉农项目"。而从县级政府来讲，它也会平衡各个乡镇的需求，"就像一个家长，有几个儿子，其他几个都有饭吃，就一个儿子没有饭吃，家长就得帮助他。你这个乡镇有什么可以推动的，就给你上马什么项目，不然这个镇的书记就没法干"。在这位镇领导的比喻中，县乡之间的关系是"亲子关系"，作为"家长"的县级政府需要照顾比较弱势的"儿子"。这种照顾的逻辑是不同于折晓叶和陈婴婴所讲的"抓两头"和做"示范"的逻辑[1]的，她们所讲的逻辑都是为了做出政绩亮点，但以上照顾逻辑恰恰是一种平衡和扶弱的逻辑。在绝大多数项目中，都需要县级政府配套一定的资金，一般在 20%—40%。

---

[1] 李元珍的博士论文中讲的联系点的运作逻辑也是这种逻辑，参见李元珍《联系点运作与制度内卷化研究》，华中科技大学博士论文，2014。

综上所述,阳春县涉农项目向河镇的倾斜和集聚,既有县级政府出政绩、做亮点的逻辑,又有其照顾弱势乡镇的逻辑。当然,在这两个逻辑中,前者应该是发挥主要作用,后者起辅助作用。

(三) 地方政府再造水土的意图与方向

国家将大量资金投入土地整改项目①的主要目的是改善农业生产的基础条件。尽管土地整改项目本身的目标是相对明确的,但是这些项目在各地的实施中在很大程度上受到地方政府发展目标的影响。地方政府可在项目设计和实施中根据地方发展需要加入自己的发展意图。这在河镇的土地整改项目实施中体现得比较明显。

河镇政府分管农业和项目的干部都表示,在2007年第一次土地整理项目进行设计的时候,县乡政府发展大户的思路就非常明确了,即土地整理以后要将土地流转给大户进行耕种,因此整改后的土地要适合规模经营。这种为规模经营进行再造水土的意图在河镇实施的所有土地整改项目中都是一以贯之的。因此,河镇所在县乡政府在设计和实施土地整改项目的时候主要是按照发展规模经营的需要进行的。

由于经营规模不同,大户和小户对田块、水利设施、道路等基础设施的要求虽然存在一些共同点但具有较大的差异性。不可否认,他们都希望拥有集中连片的田块和完善的水利设施等,但是他们各自的具体要求存在很大不同。具体而言,在田块规格上,对于大户来讲,由于他们的经营规模在几百亩甚至上千亩,因此田块越大越好,这样在所有生产环节上都可节省成本;而对于小户来讲,由于他们经营规模很小,一般都在10亩左右,因此田块

---

① 国土资源部制定的《全国土地整治规划(2011—2015年)》显示,"十二五"期间我国将投入约6000亿的资金用于完成4亿亩旱涝保收高标准基本农田建设任务,参见桂华《项目制与农村公共品供给体制分析》,《政治学研究》2014年第4期。

第三章　再造水土：土地流转前地方政府对水土条件的改造

就不能过大。在水利设施上也是一样，大户倾向于使用集中灌溉的大水利，对于单体水利设施（坑塘、较小的沟渠、放水口、闸门、过路涵等）的要求比较低，只要具备完善的泵站、水库和与此配套的沟渠、防水口等，大户生产用水即可满足。但是对于小户来讲，因为他们经营规模较小且土地分散，所以对于单体水利设施的要求就比较高。比如，大户主要是利用大水利进行灌溉，因此田边的坑塘对他们基本是没有意义的，但是对于小户很重要；在大户的大田旁的水渠上只需设置一个放水口即可，但如果这块大田由小户耕种就可能分属于几个小户，他们就要求多设置几个放水口。其他单体水利设施也类似。

因此，在土地整改项目中按照不同经营主体的需要进行设计和实施所导致的后果是有很大不同的。分管土地整改项目的河镇重大项目办主任杨化龙告诉笔者："项目设计虽然是由省里的设计院设计的，但是构思我们决定，框架我们来拿，我们的指导思想就是大户承包，提倡土地流转给大户承包，进行规模经营，所以田块的大小、沟渠路走向、泵站的设计等都是我们讨论后决定。为了最大限度地满足大户的生产需要，在2010年项目设计的时候还请来了大户，听听他们的看法和意见，看看他们认为应该怎么改。"

由于土地整改项目主要是按照大户进行规模经营的要求来设计的，因此，河镇实施的土地整改项目普遍具有以下几个特点。第一，田块普遍较大，在2007—2009年一般的田块在10亩以上，最大的田块有50亩左右，后来实施的项目由于普通农户的普遍反对才逐渐缩减到10亩左右，再缩减到每块3—5亩。第二，由于圩区主要是提水灌溉，修建了大批大型泵站以及与此相匹配的各级渠道，因为田块普遍较大，涵洞和放水口等单体水利设施普遍较少。第三，由于大户主要依靠泵站等大水利进行灌溉，且田间散布的坑塘等小水利不利于田块的平整，因此大量坑塘被填埋。第四，道路设施得到较大改善。其中，道路和泵站等大水利设施的改善对于大户和小户都有很大好处，而田块的大小和坑塘的填埋对两者却有不同的影响,总体上是对大户有利,而田块过大、坑塘的填埋对小户是不利的。

河镇所在县乡政府为了实现按照规模经营再造水土的意图,不仅最大限度地利用项目目标所规定的任务,而且不惜"自掏腰包"用于项目目标中未涉及的任务,这尤其体现在农开项目中。

表3-3 河镇土地整改项目的主要任务

单位:万元,%

	2012—2013年土地整理项目		2013—2014年中低产田改造项目	
	资金	比例	资金	比例
土地平整	303	13	96	9
水利设施	1382	59	600	58
田间道路	615	26	291	28
林业措施	41	2	35	3
科技推广	-	-	20	2
合计	2341	100	1042	100

资料来源:"2012—2013年土地整理项目"和"2013—2014年中低产田改造项目"的设计和实施方案。需要说明的是,本表中两个项目的总资金之所以都小于表3-2中的资金量,主要是因为本表中的资金主要是工程施工费用,而整个项目包括设备费、管理费、不可预见费等,这些费用都不在本表中体现。

总体来讲,土地整改项目主要包括土地平整、水利设施、田间道路、林业措施、科技推广等方面的内容,土地整理项目和中低产田改造项目的具体内容有一定差别,参见表3-3。表3-3主要对比了2012—2013年土地整理项目和2013—2014年中低产田改造项目的主要任务。从表3-3中可以看出,科技推广只在中低产田改造中才有,而且占比比较小。两类项目的主要任务集中在其他四项上,其中又以水利设施和田间道路为主,而且它们在两类项目中的占比比较相近。林业措施主要是在大路两旁栽植田间防护林,所用资金在两类项目中占比都比较小。土地平整的主要内容是坑塘河沟填埋和田块规整等。在两类项目中的占比有一定区别,2012—2013年土地整理项目中占到13%,而在2013—2014年

第三章 再造水土：土地流转前地方政府对水土条件的改造

低产田改造项目只占到9%。

笔者在县农业综合开发办公室的调查发现，其实原本农开项目中是不包含土地平整这一项的，由于河镇所在县乡政府发展规模经营的目标需要对土地进行平整，因此在申请项目过程中极力争取土地平整资金，2007—2009年河镇实施的土地整理项目对土地进行的平整及其后续的规模经营，也让省农开局认识到土地平整的必要性，因此2010年省农开局决定在河镇实施中低产田改造项目对土地平整进行试点。当时对土地平整资金进行了限制，不超过财政资金的5%，这些资金很难达到土地整理项目中想要达到的土地平整效果。为了更好地进行土地平整，县政府最终从县财政中拿出资金补足缺口。从此以后，农开项目也开始加入土地平整的内容。后来在各方的努力下，2012年河镇申请到省农业综合开发示范区以后，市农开办对河镇实施的农开项目的土地平整资金所占比例进行了提高，最高可占到财政资金的10%。但是阳春县农开办主任郝玉清介绍，河镇实施的农开项目中土地平整所用资金一般都占到总资金的15%—20%。换句话说，按照农开项目的实施方案土地平整资金占总资金的不到10%，但实际上土地平整所占资金超过这个数量的50%—100%。这样做的目的是为了使农开项目的土地平整力度能够赶上土地整理项目。如此一来，资金就产生了缺口，这个资金缺口仍由当地政府尤其是县政府进行填补，即1500万元的项目当地政府要拿出75万—150万元。由此可见当地政府进行土地平整的决心和力度，也可见其发展规模经营的迫切。

二 再造水土的实践与官民博弈

在河镇实施的土地整改项目中，土地平整大致可以分为两个阶段。第一个阶段是2007—2009年实施的土地整理项目，这一阶段田块普遍较大，坑塘水面填埋非常多。这为规模经营的实现奠定了较好的基础，但由于没有考虑小户生产的需要，对小户的农业生产产生了排斥作用。第二个阶段是 2010 年以后实施的土地整改项目,这一阶段田块相对较小,坑塘水面填埋得较少,在保障规模经营的同时也为小户的存在提供了可能,这主要是小户力争的结果。

(一) 高歌猛进的再造水土

河镇的第一批土地整改项目是 2007—2009 年在林村、王村和梅村三个村实施的,总面积 18630 亩。在河镇实施的所有土地整改项目中,这一项目的力度是最大的。该项目通过大幅度地夷平田埂和填埋坑塘,重新设计了大块田块、修建了大量水利设施和道路,并配套了完善的农田防护林,从而极大地改善了项目区的基础设施。我们首先来看一下这一项目的主要内容①。

  1. 土地平整:(1) 夷平田埂:在平整前田埂占地 83 公顷,平整后占地 46 公顷,减少了 37 公顷,减少了 45%;(2) 填埋坑塘水面:平整前坑塘水面占地 164 公顷,平整后下降到 121 公顷,减少 43 公顷,减少了 26%,冲填土方 29.1 万方。(3) 新增耕地:两者加起来共节省土地 80 公顷,除去修路和沟渠等占地后,新增耕地面积 68 公顷。

  2. 水利设施:(1) 新建灌溉站 4 座,总装机容量 105 千瓦;(2) 修建斗渠 21 条,长 16 千米,农渠 79 条,长 33 千米;(3) 修建田间沟、渠、路配套建筑物(农桥、涵、跌水、分水口等)840 座;(4) 新建排涝站 2 座,总装机容量 365 千瓦;(5) 排水斗渠 17 条,长度 11 千米,排水农沟 73 条,长度 32 千米。

  3. 田间道路:修建水泥田间道 20 条,长 22 千米,碎石生产路 37 千米。

  4. 农田防护林:营造农田防护林 1.8 万株。

---

① 来源于项目验收书。

第三章 再造水土：土地流转前地方政府对水土条件的改造

如果说仅仅看这些数字还无法形成直观认识的话，那么结合图3-2和图3-3进行比较的话就比较清楚了。从图3-2中可以清晰地看出，在土地整理之前项目区的坑塘水沟星罗棋布而且相互勾连，农户的田块坐落其间，只需用水泵即可比较方便地从中取水灌溉。而土地整理之后，田间的绝大多数坑塘水沟被填埋。645亩的坑塘被填埋，如果以平均一个塘面积为2亩计算的话，有320多个塘被填埋，即每个村填埋了100多个塘。

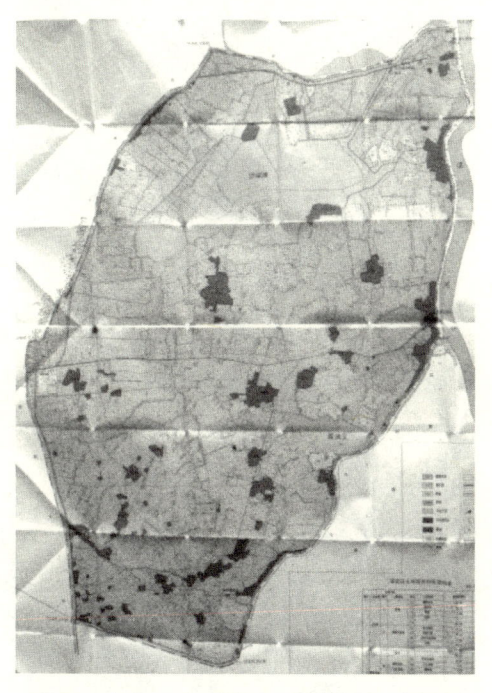

图3-2 2007—2009年土地整理项目区原貌
说明：图中的黑块为坑塘。

了解了三个村的几个小组的情况后，笔者发现，除了比较大的当家塘和村口的一两个小塘被保留外，田间的坑塘全部被灭掉①。据村民讲，之所以在村口保留一两个小塘或当家塘是为了方

---

① 当地农民将填塘称为"灭塘"，非常形象。

图 3-3 2007—2009 年土地整理项目区竣工后

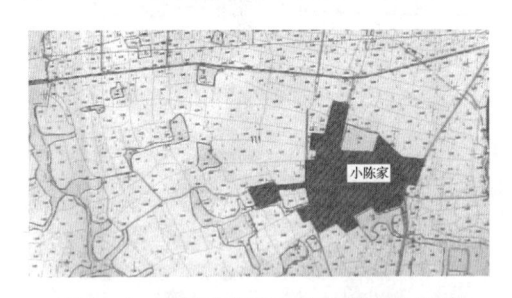

图 3-4 王村小陈家土地整理前的原貌

便村民洗衣和救火。比如，王村的小陈家原本有 7 个塘，最大的一个有 6 亩左右，最小的也有 3 亩左右，总面积约 20 亩，只保留了 2 个 3 亩左右的小塘，分别在村庄前后，参见图 3-5。梅村的郭家墩原有 8 个塘，现在只剩一个当家塘，大概 15 亩左右，灭掉的塘里面大的有五六亩，一般都在二三亩，总共面积在 20—30 亩，该组组长郭鹏远说，"当时村里要求灭掉，我们也没办法"。其实村

第三章 再造水土：土地流转前地方政府对水土条件的改造

里只是在执行乡镇政府的命令。在被灭掉的这些坑塘中，除了极个别面积较小且利用价值不大外，其他大部分坑塘灭掉之前仍然被广大农户使用。

图 3-5 王村小陈家土地整理竣工后

填埋了用于蓄水灌溉的坑塘，那么土地整理以后农户如何进行灌溉呢？项目设计的方案是借助大型泵站及其相应的渠道来灌溉。这就是上述水利设施中的内容。通过新建大型泵站和斗渠、农渠、涵洞、分水口等设施，可从大塘和漳河取水灌溉。

由于图3-2和图3-3的比例尺较大，无法较好地呈现土地整理前后田块的变动情况。因此，笔者从中截取王村小陈家周边的地图，从中可以清楚地看出田块的变动情况，参见图3-4和图3-5。在土地整理以前，田块普遍较小而且非常不规则。而在土地整理以后，田块得到普遍扩大而且非常规则，几乎就像在一张白纸上画的方格。每个田块的一端都修建了田间道或生产道，以便生产。关于田块的大小，项目验收书中是这样表述的："平整的田块面积一般60—100亩，格田长度300米左右，宽度按150—180米的标准执行，田面平整度控制在格田内部高差小于3厘米，相邻田块之间高差小于10厘米，并保留大部分耕作层。"但笔者调查了解到，实际大田块并没有那么大，因为圩区并不像平原地区那么地势平坦，圩区田块之间本来就有一定的高度差，有的地方高度差还很大，因此很难将田块扩大至如项目验收书所说。笔者从当地干部和农户那里了解到，该项目区的田块大的50亩左右，这只是极少数。20—50亩的田块有一小部分，绝大多数田块为10—

20亩，10亩以下的田块也只占少数。正因为如此，田埂的占地面积减少了近一半（45%）。

通过土地平整和水利、道路等基础设施的改善，土地整理项目为规模经营的展开提供了较好的基础条件。但是该项目在坑塘填埋和田块扩大上存在过于激进的问题，产生了对小户生产的排斥，这将在下文重点论述。该项目之所以要对当地的土地进行如此大幅度的改造，至少有以下三个方面的原因。

第一，发展规模经营的需要。上文已经论述，规模经营尤其是几百亩上千亩的大户经营对土块的大小、水利条件、交通条件都有较高的要求。而在设计土地整理项目之时，当地政府的目标就是发展规模经营，因此就需要将田块扩大，而且越大越好，以便于进行机械化生产。而这在很大程度上也需要对坑塘水沟进行填埋，因为它们零乱地分布在田间，不利于田块的扩大和规则化。这是当地干部反复向笔者强调的一点。大户不可能从田边的小塘小坝中取水灌溉，因此需要加强项目区的大水利体系（包括大型泵站及输水的渠道等）的建设。从大户的角度来讲，有了完善的大水利体系，就不需要坑塘水沟。

第二，城市发展用地的需要。国土部门土地整理项目的一个重要目标是通过土地整理增加耕地面积，以便于城市建设可以占用农田。为了保护耕地、守住耕地红线，《土地管理法》规定地方政府在城市建设过程中进行征地要坚持耕地占补平衡原则，即占用多少耕地就要补充多少相同数量和质量的耕地，而土地整理是新增耕地的主要补充渠道。据阳春县国土局耕地保护科科长介绍，土地整理中新增耕地的来源无非两个：一个是把四荒地等开垦成耕地，在农村土地开发强度已经很大的情况下四荒地所剩不多，而且开垦出来的土地质量也不太好；另一个是合并田埂、填埋坑塘水沟，在圩区主要就是依靠这个渠道增加了耕地，尤其是填埋坑塘水沟。阳春县国土局土地整理中心副主任熊忠辉更加直白地说："灭塘就是服务于占补平衡任务，说白了就是城市建设的需要。千百年来没有灭塘，为什么现在灭塘呢？就是为了增加耕地

第三章 再造水土：土地流转前地方政府对水土条件的改造

面积，这样才可以在城市周边征地。"

笔者从市国土局了解到，近几年市里给阳春县的建设用地指标和新增耕地的任务是严重失衡的，以2013年为例，虽然市里只给阳春县120亩建设用地指标，但是要求县里完成新增耕地2000亩，后来省里给市里增加新增耕地任务，市里又给县里追加到3900亩。这主要是市里建设任务重，用了大量计划内指标，但是其新增耕地的空间较小，所以就把新增耕地的任务压到下面的各个县。正是在这种背景下，国土部门有极大的动力合并田埂、填埋坑塘，以最大限度地增加耕地。2007—2009年的河镇土地整理项目实现新增耕地68公顷，对于县里完成市里交给的任务做出了巨大贡献。笔者在翻阅2012—2013年土地整理项目材料时，看到一份省里组织的专家组（包括水利专家）的评审意见，其中有一条就对其大幅度的灭塘提出了质疑："填塘工程设计不合理，工程量偏大，建议塘面大于1.5亩并且塘深在1米以上的坑塘不予填埋，核减其相应工程量。"① 大幅度的灭塘对于当地的蓄水能力是种削弱，因此从水利方面来讲是不可取的。河镇水利站站长刘云青告诉笔者，"我们水利部门是不主张灭塘的，我们主张挖塘，但是我们的主张和国土部门的要求是打架的，有时候行政领导就听从国土部门的意见了"。尽管专家意见和水利部门对于灭塘是反对的，但并没有阻止2007—2009年灭塘的脚步。

第三，美学效果的需要。土地平整后大小不一、形状不规则的田块被规划成四四方方的大田块，星罗棋布地镶嵌在田间的坑塘水沟不是被填埋就是被规范化，相对于之前的不规则和散乱，这在视觉效果上有了很大变化。而且这种美学效果也是领导和项目本身所追求的重要目标。有位村干部告诉笔者，领导检查的时候目力所及的范围中的小塘小坝都要灭掉，不然有碍观瞻。斯科特认为，这是极端现代主义的视觉美学霸权使然："那些极端现代主义的人倾向于以视觉美学的观点看待理性的秩序。在他们看来，

---

① 有关此次土地整理中的灭塘情况参见附录二。

一个有效率的、被理性组织起来的城市、村庄或农场是一个在几何学上显示出标准化和有秩序的城市、村庄或农场。""这些相信视觉编码的人自认为是他们社会中自觉的现代人,他们的视觉需要将看起来的现代的(整齐的、直线的、同一的、集中的、简单化的、机械化的)与看起来原始的(不规则的、散乱的、复杂的和非机械化的)作出清晰和充满道德意义的区别。"① 即他们要把那些看起来原始的事物改造成看起来现代的事物。在斯科特的论述中,国家的这些改造必然对地方的实践造成破坏,因为国家的简单化设计和实践将地方实践存在的诸多复杂性都破坏掉了。他曾以科学林业的实践论证了这一点,林业部门为最大限度地增加某一树种的产量,将原本杂乱无章的森林进行规划且只保留一种树种,后来却造成了"森林死亡",这主要是因为树种的单一化破坏了当地的生物链和生物多样性,从而对留下来的树种也造成了破坏②。河镇的土地整理对田块的合并、大水利体系和道路的修缮对于农户的生产都有很大帮助,但是田块的过大和填埋坑塘对小户的生产产生了很明显的排斥作用。

(二) 再造水土的排斥作用

国家将大量资金投入土地整改项目主要就是为了改善农业生产的基础条件,河镇的2007—2009年土地整理项目确实在很多方面改善了当地的基础设施。但是由于在项目实施中过于激进,对小户生产形成了一种排斥作用,很多小户退出农业生产。这是该项目实施后90%以上的农户将土地进行流转的重要原因之一。之所以会出现这种排斥作用,主要是因为地方政府实施项目时主要按照大户进行规模经营的需求展开的,而大户的需求与小户的生产需求存在一定矛盾。这种矛盾尤其体现在坑塘填埋和田块合

---

① 詹姆斯·C. 斯科特:《国家的视角》,北京:社会科学文献出版社,2012,"导言"第4页,第324、360页。
② 詹姆斯·C. 斯科特:《国家的视角》,第4—20页。

第三章 再造水土：土地流转前地方政府对水土条件的改造

并上。

首先来看填埋坑塘的影响。坑塘对于种田农户具有非常重要的意义，尤其是在南方农村，因为农户农业生产的日常用水都是取自田边的坑塘。河镇在新中国成立以前有个说法——"娶媳妇看娘，买田看塘"。在传统社会，由于女子足不出户，其教养、性情、女工等方面的素质主要受到母亲的影响，因此一般情况下什么样的母亲培养出什么样的女儿，所以说"娶媳妇看娘"。类似地，在传统社会技术不够发达，水利设施有限，田边有无水塘和水塘的大小深浅直接决定了一块农田的好坏，从而也决定了农田的价格。正因为如此，在"土改之前"的土地私有制下田和塘都是连在一起的，在土地买卖中"塘随田走"。"土改"以后，虽然塘和田都归集体所有，但是"田塘挂钩"的规则仍然延续。在河镇的调查中，笔者发现土地整理前每个塘灌溉的田块都是相对固定的，如果一个田块从其他塘里取水就会受到其他农户的谴责。"田塘挂钩"的规则在南方地区尤其是长江沿线都是非常普遍的①。

新中国成立后，随着大水利体系的完善，水库、泵站、各级渠道的修建和完善与田间的坑塘连接成一套完整的水利体系。在河镇的水利体系中，东边的漳河连着长江，圩区通过提水泵站可从漳河引水，然后通过渠道进入农田或在坑塘里蓄水再用水泵提水到田里，需要排水时则通过排水系统排入长江。由于每几十亩田就有一口塘坝，因此农户取水灌溉非常方便。由于分田到户后堰塘长时间没有清淤，很多塘口淤塞严重，蓄水能力大大降低，这只需要清淤就可以改善。但是河镇在土地整理中将大量田间的坑塘填埋掉了，这对小户的生产是非常不利的。尽管土地整理中对大水利体系进行了修缮，但一般的小户要借助坑塘才能更好地利用大水利体系，否则，即使大水利体系非常完善，小户也很难

---

① 参见焦长权《治水的历程——治水变迁中的国家与农民》，北京大学硕士论文，2012，第二章第二节"产权与运行规则"。

利用。

    大水利的供水非常大，与用水量小且具有差异化需求的农户无法直接对接，它们之间需要堰塘作为中转环节。大型的泵站和水库的出水量非常大，一般一天就可灌溉几百亩甚至上千亩，一小时的出水量可以灌溉几十亩田，因此其最小的灌溉单位是一个村民小组甚至是一个行政村①。大型水利设施基本都有严格的管理制度，小（2）型以上的水库、漳河提水泵站和其他镇管泵站必须经镇长或分管副镇长签字后方可开闸或开机放水，其他村管泵站也有专人管理并经村支书或村主任签字才可放水。经营10亩左右的小户只有在大旱的时候才普遍使用这些大型水利设施。而在日常的农业生产中，由于各家各户的生产具有较大的差异化，用水时间不一致，无法统一使用大型水利设施进行灌溉。在集体时代，农业生产的基本单位是生产小队，即村民小组，在生产小队中可以统一进行灌溉。但是分田到户以后，农业生产的决定权由每家每户决定，这样就产生了极大的差异，他们在种植结构、作物品种、种植时间上都有很大不同，因此用水的时间会无限复杂。尽管河镇的小户基本都种植双季稻，但也有一部分农户种植单季稻，即使在种植双季稻的农户中，他们选择的品种、种植的茬口也都不尽相同，因此无法进行统一灌溉。在土地整理之前，他们往往从田边的坑塘中取水灌溉，这样可以满足各家各户不同的用水需求。而2007—2009年的土地整理将田间的大部分坑塘都灭掉了，因此，小户种田用水就非常困难。大部分田块周边没有水源或者距离水源较远，无法实现用小水泵进行抽水或者抽水非常困难，而大泵站又不可能为一两家农户开机放水。水利条件的这种变化对于大户是非常有利的，因为他们的经营规模较大，其耕种面积一般相当于一个或几个村民小组的耕地面积，他们一般不会从较小的坑塘中取水，而是利用大水利体系进行灌

---

① 贺雪峰、郭亮：《农田水利的利益主体及其成本收益分析——以湖北省沙洋县农田水利调查为基础》，《管理世界》2010年第7期。

第三章　再造水土：土地流转前地方政府对水土条件的改造

溉，由于大户的用水量较大，直接使用大型泵站或水库灌溉就非常便利。

除了灭塘，灌溉渠道也不是按照小户生产的需求来设计的。如果按照小户生产的需求设计的话，农户的每个田块都要有渠道经过并配有放水口，但是在项目设计中很多田块是没有灌溉渠道经过的，往往一排田只有一个渠道经过。这样，从泵站抽水后也无法通过渠道让水到达每块田中，而只能用漫灌的方式解决问题。

正是由于水利设施变化，小户用水情况变得恶化，从而将很多小户排斥出农业生产。王村小徐家小组长徐贵友告诉笔者"如果水路（水利条件）好的话，我们小组至少有70%的人愿意种田，现在只有20%左右的还在种田"，即约50%的农户因为水利情况恶化而不再种田。梅村郭家墩小组长说他们小组至少有20%的农户因为水利情况恶化而退出农业生产。当然各个小组的情况略有差异，但是基本每个小组都有一部分农户因此退出农业生产。很多被访者认为，整个土地整理就是为大户种田进行设计的，根本没有考虑小户的需要，甚至有人怀疑政府故意这样做，从而逼着小户将土地流转给大户。我们无从得知政府是否为了逼农户将土地流转给大户才故意填埋坑塘，但确实有很多农户从政府主导的土地整理中形成了这样的认识。

2007—2009年土地整理项目涉及的三个村在项目实施后只有不到10%的农户还在种田，他们耕种的田块主要集中在村庄旁被保留下来的坑塘边。他们很庆幸还有村口的一两个坑塘没有被灭掉，否则他们也无法再种田了。

其次，合并田块的排斥作用也非常明显。2007—2009年土地整理中田块普遍较大，而且被设计成规范的格田，由于不顾田块的高低起伏①，田块内平整度非常差，面对这样的田块农户往往望

---

① 斯科特认为，极端现代主义的设计可以完全不顾现实的复杂性，"专家只要有地图和很少几个关于规模和机械化的假设就可以制作出计划，无须参考地方知识和条件"，参见詹姆斯·C.斯科特《国家的视角》第265页。

而却步。这样的田块对农户生产至少产生三个方面的阻碍。第一，田块较大，往往超出了农户的承包面积，如果农户耕种超出承包面积的部分需要支付较高的租金（土地整理后政府规定租金为400斤粳稻/亩），很多农户认为不划算，然而对于自己的承包地，政府又规定不允许在田块中做田埂，一些农户干脆就不种。第二，田块过大使田面的平整度很差，大部分田块高低相差一二十厘米，平整难度非常大，而且有的田里还有被填掉的坑塘，虽然看着比较平整，但是塘底积水较多，小型拖拉机开到上面可能陷下去，而大户的大型拖拉机作业相对好一些。第三，田块较大不利于农户管水，原来农户经营一两亩的田块可使田面非常平整，用当地农民的话说就是"像铁板一样平整"，而田面太大的话农户根本无法保证田面的平整，这对于灌溉、除草（在水田里水到不了的地方容易长草）等都非常不利。

我们不禁要问，既然土地整理不利于农户的生产，农户为什么不抵制呢？农户的抵制肯定是存在的，但由于两个特殊原因使这种抵制的效果并不明显。第一，这样的土地整理在河镇是第一次，他们在一开始非常欢迎这个项目，以为将来会像干部宣传的那样，极大地改善农业生产条件。因此，村里的很多劳动力包括很多村民小组长在项目实施的时候都放心地外出务工去了，因为项目的实施会耽误一季晚稻种植，他们试图通过外出务工弥补这项损失。但是当他们过年回家时发现项目的实施完全不像他们想的那样完美，不过此时"生米已煮成熟饭"，再抵制也为时已晚。第二，作为河镇的第一个国家级土地整理项目，各级政府都特别重视，分管副县长亲自挂帅督促项目实施，并希望通过该项目的实施改变当地小户经营的状态以促进规模经营。因此各级组织都投入极大精力保证项目的顺利实施，对于一些农户的抵制也用各种方式进行化解，从而使该项目完全按照项目设计实施。

（三）农户的抵制及其对水土再造的反制

如果说2007—2009年土地整理中农户的抵制作用不够明显从

第三章 再造水土：土地流转前地方政府对水土条件的改造

而使再造水土的排斥作用非常凸显的话，那么在河镇后来的土地整改项目中农民则吸取了教训，做出了积极的抵制，从而对政府再造水土的意图构成了强有力的反制，使河镇再造水土的实践在有利于规模经营的同时也为小户的持续经营提供了可能。因此，这些项目实施后，再造水土的排斥小农生产的作用虽然仍然存在，但相对于之前已经削弱了许多。

从政府的意图和项目的设计上来看，2009年以后的项目没有太大变化，基本上还是按照2007—2009年土地整理项目的标准进行设计的，即使是农开项目中土地平整的资金占比偏小，县乡政府也甘愿从地方财政中拿出较多资金用于土地平整，足见地方政府再造水土的决心。但是这些项目实施时，在再造水土上都没有像第一次土地整理那样激进，具体表现在以下两个方面：第一，田块面积有所缩小，而且是逐渐缩小，最大面积由30亩左右缩减到15亩以下，一般田块的面积由10多亩降到5—10亩，而且5亩以下的田块也逐渐增多；第二，填埋坑塘的数量大幅下降，而且田间地头的水利单体建筑物有所增加。这些变动有利于小户进行农业生产。而这种变化之所以发生不是因为政府的主动调整，而是在广大农户积极的诉求下被动转变。尽管这些项目在实施中整体上发生了以上转变，但是具体到每个行政村和村民小组又有不同，这种转变的程度与各个村和小组的抵制程度有着直接关系，即农户的抵制越强，项目的实施越有利于小户生产，反之则相反。

农户的抵制主要发生在项目实施过程和项目实施以后两个阶段。在项目实施阶段，农户努力阻止过激的项目方案并积极地表达自己的诉求，从而改变项目的设计；在项目实施后，对于仍然不能达到自己生产要求的基础设施进行再改造或者通过村级组织向上反映问题，从而让政府通过其他渠道进行补救。

案例3-1：李胜利，53岁，枫村小李家人，一直在家种田，目前种植15亩田，其中自家的6亩，流转两兄弟的田9亩，每亩租金300斤稻子/年。他所在的小组属2012—2013年土地整理项目区。下面是他所述的田块合并和填埋坑塘的情况。

"施工队的人告诉我们，按照设计改好的一丘田都是三四十亩，改成大田扒给大户好做，机械化好操作。但是那样我们一户还分不到一丘田，有的一户就只有4—8亩，多的也只有10多亩，我们要种田还是要分小。我们不让它改大，不过最后改好还是很大，大的一丘十三四亩，长100多米，不好种。我们又要求改小，有的一丘改成四丘，有的改成两丘，改小了既好种，又好分。最后，改好的田块一般都在5亩左右，小的二三亩，大的也不过六七亩。我们要求改小田块的时候又要求给每丘田挖排水沟，这样才方便种。不过，我们去政府吵了几次才给改小的，不吵它不会帮你改的。我们几个小组派了5个代表先是去设在村里的土地整理办公室吵，他们让我们写报告，写明要求田块改小并增加沟渠，他们把报告交上去，折腾了好几次我们的田才改小的。其实政府的态度是，假如农民不作声，就按照图纸搞，吵的话，就按照你的要求搞一点。政府就是按照给大户做的模式搞的，但是那么大的田块我们做不了。"

"按照项目设计的图纸，我们小组只保留一个塘并进行清淤，其他塘全部灭掉，但是最后只灭了一个不怎么用的塘和两条沟，其余的塘都没有灭，主要是老百姓的阻拦。我和另外3户承包了一口5亩左右的塘，这两年轮到我来养鱼。推塘的时候他们3户都在外面打工，当时施工队要灭我的塘，我拦着推土机不准灭。镇政府和村干部来了好几次做我的工作，希望我同意灭塘，他们讲灭了塘，田都连成一片，更好做些。我说，做田要水，塘灭了，从哪里搞水？我们一家一户就用不了大机子。而且我还要养鱼，灭了塘我们四户一家就多分1亩多田，还不如养些鱼。政府要为老百姓着想，灭了塘，我们怎么搞水？其实，政府这么设计就是不想让我们种田了，都给大户。改好田，我们开小组会讨论分田，村干部在会上

第三章　再造水土：土地流转前地方政府对水土条件的改造

就鼓动我们都不种田了，给大户种，说出去打工还快活些，但是有的能出去打工，有的不能出去打工，出去也不如自己种田。"①

从李胜利的叙说中，我们可以看出 2012—2013 年的土地整理项目对田块和坑塘的设计与 2007—2009 年的项目相差无几，正是由于村民以个人形式或集体形式进行抵制才得以保留坑塘并使田块改小，以方便他们耕种。土地整理后，小李家还有 11 户农户耕种该小组一半的土地，另一半土地流转给了大户。该组种田小户的比例及其耕种土地的比例远远大于第一次土地整理项目区的比例。之所以产生这种结果，水土改造的不同是重要原因之一。但是并不是所有的村民小组都积极地抵制土地整理项目。同属该项目的梅村吴家庄小组，原有 14 个塘，坑塘面积约有 36 亩，土地整理后只剩下村口的 3 个小塘了，有 8 亩多。该小组的塘之所以灭得比较多，据村民介绍，他们的小组长和村干部是"穿一条裤子的"，因此对上面的要求贯彻得比较彻底。正是由于塘灭得比较多，农户种田就不太方便，一些农户被迫退出农业生产，实际上，土地整理后吴家庄只有 1/3 的耕地由农户耕种，2/3 的耕地流转给大户。以上不仅是土地整理项目区的情况，中低产田改造项目情况也大体相同。

案例 3-2：河村张埠组的耕地被划入 2011—2012 的中低产田改造项目进行整治。以下是对该组组长张新民的访谈：

"改田的时候一开始按照图纸每个田块大概 20 亩左右，我们坚决不同意，镇里村里都来做工作，我们说按照这样改我们就不改了。政府最后没办法，田改得就小了许多，最大的田块不超过 10 亩，一般都是 3—5 亩，小的有 2 亩多。"

"但是塘灭得比较多，原来有 6 个塘，一个当家塘大概 15 亩左右，其他 5 个都是 3—5 亩的小塘，加起来水面面积也有

---

① 访谈对象：枫村小李家村民李胜利，访谈时间：2014 年 6 月 14 日下午。

20 亩左右。按照设计只保留一个当家塘,最后除了当家塘还有一个塘被保留下来了。其他田块勉强还可以从当家塘提水,如果那个塘也灭了,周围的田就没法种了。当时施工队准备灭塘的时候,我就站在推土机前面制止了他们,我对他们说,即使和你们打八次架,我也不让灭这个塘。施工队没办法就给村里打电话,村里知道我脾气比较倔,也没有办法,只有表示同意了。灭掉的 4 个塘中只有 1 个由于淤积严重基本废弃不用外,其他都在正常使用。灭了塘,现在打水比较麻烦。以前塘就在田边上,取水比较方便,现在大部分田平时只有从当家塘取水,离当家塘很远的田取水就很不方便。我的一块田原本抽水只要一次提灌就可以了,现在取水需要先把水从当家塘翻到一个沟里,再从沟里翻到田里,麻烦死了。"①

相对于村干部主要是站在政府的角度考虑规划,大多数小组长站在种田农户的一方积极抵制过激的项目。其中很重要的原因是他们本身都在种田而且往往属于"中坚农民"。在河镇的土地整改项目实施中,除了个别小组长积极支持过激的项目,大部分都在抵制中发挥了重要作用,甚至还发生过集体抵制。在 2012—2013 年的中低产田改造中,河村的 19 个村民小组长联合起来到村里反映问题,村里又将问题反映到镇里,最后才得以解决。他们反映的问题主要有两个:第一,虽然田块比图纸上小了很多,但仍然还有不少田块有二三十亩,高低不平,不方便耕种,要改小;第二,田间的单体水利设施太少,渠道、涵管、放水口等都比较少,要增加。由于在土地整改项目设计的时候田块设计得比较大,自然而然水利设施中的单体建筑物就会少很多,由此农民要求改小田块的同时配套相应的单体水利设施。笔者在 2012—2013 年土地整理项目的验收报告中找到了农田水利增加工程量,即项目实施中相对原有设计增加的工程量的资料,参见表 3-4。从中可以

---

① 访谈对象:河村张埠组组长张新民,访谈时间:2014 年 6 月 5 日下午。

看出，增加的工程量花费资金的 200 万主要集中在单体水利设施上，这些基本是在农户的积极要求下补充的。

表 3-4　2012—2013 年土地整理项目中农田水利增加的工程量

	排水沟（米）	农渠（米）	斗渠（米）	斗门（座）	放水口（座）	简易闸（座）	过路涵（座）	总经费（万）
数量	4430	4500	4580	13	123	8	147	200

阳春县农开办主任郝玉清对此发表了自己的看法："整个农开项目就是为大户设计的，田大田块少，放水口就少，后来农户又提意见，每个项目区又要增加几百个放水口，你不增加的话，他们就自己砸个放水口。"即便如此，很多基础设施在项目实施过程中也无法得到完善，而在项目完工后，农户主要通过两个渠道弥补这些不足。第一，不断地向村里反映问题，村里再向上反映，运用其他资金弥补缺口，村干部将此叫作"打补丁"，好几个村干部都表示，项目结束后他们的主要工作就是"打补丁"，总有老百姓反映问题，不是缺个涵洞就是需要挖个排水沟等。第二，农户自己解决问题。有的基础实施不完善，农户自己就可以解决而不用向上反映，比如缺放水口的话，农户就自己在渠道上砸一个放水口，当然这对完工的基础设施是不利的，但农户不砸的话就不方便灌水。此外，对于过大的田块，农户自己慢慢平整，实在无法平整就在田块中重新做埂。河村的一个"中坚农民"告诉笔者，他分到一个 10 亩的田块，由于高低不平，他在第一年将田块分成 7 块才将水稻种下去，第二年将其改成了 3 块。于是他编了一个顺口溜，这在当地广泛流传："大田改小田，小田改菜园，最后还是要还原。"当然，田块并没有还原到土地整改前那样的细碎化程度，但是农户种田田块不可过大，即使项目实施中让田块过大，农户接过土地后还会根据自己的需求把田块改小。当然后来的土地整理项目中改过的田块面积已经比第一次土地整理时小多了。

正是农户的种种努力才扭转了过激的土地改造，使田块有所缩小并保留了一些坑塘，从而使土地整改的基础设施有利于小户耕作。

三　小结

水土条件是构成农业生产的最重要的物质基础。分田到户以来，土地的细碎化和农田水利设施普遍薄弱等问题逐渐凸显。长期以来在小户经营的背景下，虽然这两个问题在一定程度上限制了农户经营，但总体来讲这种限制作用并不是特别突出。随着农村内部以"中坚农民"为主的适度规模经营主体的出现，土地的细碎化和农田水利的问题极大地限制了他们经营规模的扩大，也极大地增加了他们农业生产的困难。在这种水土条件下根本不可能发展出第二章所展示的农业转型。

正因如此，河镇所在的县乡政府积极争取各种土地整改项目并将其集聚在河镇，以实现对当地水土的再造，从而为规模经营和农业转型提供物质基础。从以上梳理，可以非常清楚地看到当地政府实施项目的意图，主要就是为大户经营奠定基础。这种意图本来无可厚非，因为以后的农业生产趋势必然是逐渐走向规模经营。但是如何在项目实施中协调大户和小户的不同利益，则是值得探讨的问题，毕竟农村在相当长时期内仍有大量农户需要种田。这些小户对田块大小和水利条件的要求与大户有很大区别。但是在河镇土地整改项目的设计和实施中，当地政府明显一边倒地站在大户的一方而忽视了小户种田的需要，从而将田块设计得普遍过大并对大多数坑塘进行填埋，且大水利体系中单体水利设施普遍偏少。这种设计得以实施，固然有利于大户的经营，但是必然会对小户生产产生排斥作用。

河镇在第一次土地整理项目的实施中将方案进行了最彻底的贯彻，从而将大部分小户排斥出农业生产，项目实施后项目区只有不到10%的农户还在种田。正是吸取了该项目的教训，在后面的项目中，广大农户对政府实施的过激措施进行了积极的抵制，

第三章　再造水土：土地流转前地方政府对水土条件的改造

从而为小户持续的生产争取了空间，项目实施后项目区有将近一半土地仍由小户经营。当然经营形式的这种前后变化不仅是由再造水土这一种因素决定的，政府在土地流转中发挥的作用也非常关键。这正是接下来的第四章要重点探讨的内容。

第四章 再造市场：地方政府如何使土地集中定向流转？

在我国家庭承包经营制度下，土地的集中经营主要是通过土地流转来实现的，即享有承包经营权的农户将土地的经营权在一定期限内流转给需要流转土地的经营者，并且后者要支付前者一定的租金。在大户兴起之前，土地流转主要发生在农户之间。由于大量农户进城务工经商，因此土地的流出方在农村大量存在。同样有一部分壮劳力在家务农，而自家的土地又比较少，流入别人的土地就是一个比较好的选择。正是由于土地流转供需双方的广泛存在，农村发育出了土地流转市场。在这一市场上，流转双方主要通过自主协商进行土地经营权的交易，而且主要发生在亲朋好友之间。由于亲朋好友的田块并不一定在一起，加之每户的田块都比较细碎，因此，土地流入方经营的土地就非常细碎。由于田块的细碎化及亲朋好友的有限性，流入方所流转的土地也比较有限。所以一般在一个村民小组会有若干个"中坚农民"，经营规模在十多亩到几十亩不等。

河镇大户的流转土地面积都在 100 亩以上，1000 亩以上的也不在少数，而且他们流转的土地基本上是集中连片的，否则他们无法进行规模经营。这里有三个问题：第一，为什么有那么多农户将土地流转出去？从上文来看流转给大户的面积远远大于农户自发流转时的面积，截至 2014 年 7 月流转给大户的总面积高达 2.6 万多亩，占耕地总面积的 45%。第二，为什么农户流转出来的土地都集中到了少数大户手上？如果仅仅靠流转双方的自发交易，很难想象这些大户如何与几千户农户实现交易。第三，每个大户

第四章 再造市场：地方政府如何使土地集中定向流转？

所经营的土地都需要从很多农户手中进行流转，他们如何使这些土地实现集中连片？即使上一章所讲的再造水土使原本细碎化的田块相对扩大了，但它们仍然分属于不同的农户，因此需要对分散农户的土地经营权进行整合才能使大户流转的土地实现集中连片。这样的工作也不可能是土地流转双方所能完成的。

不搞清楚以上三个问题，就无法真正理解河镇大户的崛起和农业转型。而要搞清楚以上问题，仅仅考虑市场作用，根本无法获得答案。从河镇的调查来看，县乡政府在积极再造水土的同时，也干预了土地流转市场，以推动河镇的规模经营。当地政府主要对土地流转中的流出方、流入方和土地产权进行了强干预，才使大量土地流转给大户并使土地实现集中连片，从而推动了大户的崛起。笔者将政府这种干预市场的行为称为"再造市场"。下面依次从土地产权、流入方和流出方三个方面来看政府的再造市场过程。

一 虚拟确权与土地流转制度创新

土地的细碎化是小农制度下普遍存在的问题，这一问题在东亚各国长期存在。土地的细碎化不仅限制了土地经营规模的扩大和农业机械化水平的提高，而且不利于农业生产和田间管理。当前广大农户因此已不堪重负，更不用说农业经营大户。一般农户由于经营规模较小，还可勉强承受土地细碎化带来的不便，而大户经营规模较大，如果无法解决土地细碎化问题，其规模经营基本无法实现。

在笔者看来，我国的土地细碎化具有二重构造，既包括地块细碎化，又包括产权细碎化。其中，产权细碎化无疑是更根本性的问题，地块细碎化背后反映的恰是产权细碎化的问题，因为每块地都对应着承包户的承包经营权，所以地块细碎化是产权细碎化的物质表现，而产权细碎化则是地块细碎化的制度根源。因此，要解决地块细碎化问题必须要从破解产权细碎化着手①。

第三章论述的再造水土中的合并田块基本解决了田块的细碎化问题，这一过程必然涉及对产权细碎化的处理。前文主要在土地整改项目方面进行论述的，没有涉及产权问题，需要在这里进一步厘清。另外，土地整改项目实施后合并的田块在产权上仍是分属于分散的农户的，在这种背景下进行规模经营仍然面临土地产权细碎化带来的地块细碎化问题。所以，如何整合细碎化的土地产权仍是规模经营要解决的现实问题。纯粹的市场交易显然无法解决土地产权的细碎化问题，河镇通过虚拟确权和土地流转制度创新有效地化解了土地产权细碎化的难题，从而为规模经营的展开奠定了产权基础。

（一）土地产权细碎化及其整合困境

分田到户后，我国农村的耕地归村集体所有，农户享有土地承包经营权。在分田到户之初，各地农村基本按照集体人口进行土地分配（当然有些地方采取人口和劳动力两个指标相结合进行分地），即村集体内部的每户农户都可分得一定数量的土地。在分田过程中为了公平，承包田基本是按照土地的肥瘦、远近、水源条件等进行分配的，因此造成了土地承包经营权的细碎化。在劳动力外出务工经商出现之前和较少的时候，土地的承包者和经营者是合二为一的，这个时候土地产权细碎化的问题还不明显。但是随着农村人口外出务工经商的增加，土地承包者和经营者分离的情况日益加剧，土地产权细碎化与土地集中利用的矛盾日益凸显，即流入土地的经营者无法实现土地的集中连片②。

对于土地产权细碎化与土地集中利用的矛盾，我国的耕地集

---

① 桂华：《地权配置原则与农地制度设置》，工作论文，2014；夏柱智：《农地流转制度创新的逻辑与步骤》，《华南农业大学学报》（社会科学版）2014年第3期。
② 有学者通过实证研究证明，由于土地产权的细碎化土地无法实现集中连片，从而明显增加了集体协商成本、监督管理成本和农户的信息成本等，参见连雪君、毛雁冰、王红丽《细碎化土地产权交易成本与农业生产——来自内蒙古中部平原地区乌村的经验调查》，《中国人口·资源与环境》2014年第4期。

第四章 再造市场：地方政府如何使土地集中定向流转？

体所有本来是一种较好的化解方式。由于耕地归集体所有，农户只是享有承包经营权，为了发展规模经营，集体可以进行地块调整，使流入户的耕地集中连片。正如张路雄所说："耕地的集体所有制是目前世界上少有的土地制度，是一种稀缺的组织资源，其制度创新的潜力很大。土地集体所有制既可以为家庭经营的农户提供长期而稳定的耕地使用权，同时又可以收回承包者不种的耕地，建立一种随人口转移不断扩大务农户经营面积的制度机制。这是土地私有制无法做到的，只有集体土地所有制才能实行。这就是集体土地所有制的优越性。"[①] 但是我国农地制度的变迁方向在不断弱化集体土地所有权，并最大限度地强化农户的承包经营权，从而使土地集体所有制名存实亡，因而也无法使其发挥上述促进土地集中连片经营的作用。

自分田到户以来，我国的农村土地制度一直处在变动和调整之中，但总的趋势是集体所有权不断被弱化，而农户逐渐获得更多的土地权利。从土地调整来看，制度的演变大体可分为三个阶段：（1）1984—1992 年为第一阶段，政策的基调是完善家庭联产承包责任制的双层经营体制，既要稳定家庭经营，又要发挥集体经营的功能，土地承包期虽然有 15 年，但是集体可以在"大稳定、小调整"的原则下进行土地调整。（2）1993—1998 年为第二阶段，此阶段土地承包期延长为 30 年，提倡在承包期内实行"增人不增地、减人不减地"，但这没有要求在全国一刀切地实施，而且少数发达地区出于发展规模经营的需要可以进行土地调整使土地集中连片。（3）1998 年下半年至今为第三阶段，该阶段国家不仅一刀切地不准调整土地，还将土地承包期由 30 年改为"长久不变"，而且 2002 年出台的《农村土地承包法》和 2007 年出台的《物权法》使相关规定上升到法律的高度[②]。第三个阶段尤其是

---

① 张路雄：《耕者有其田》，北京：中国政法大学出版社，2012，第 10 页。
② 有关政策演变过程可参见张路雄《耕者有其田》，北京：中国政法大学出版社，2012，第 93—128 页；贺雪峰：《地权的逻辑》，北京：中国政法大学出版社，2012，第 119—126 页。

2002年以来，集体的所有权成为一纸空文，其不得对土地进行任何干预，而农户享有了不得买卖土地之外的所有土地权利。实际上，农户的土地权利已经实现"准私有化"。政策推动者的本意是效法西方的土地私有制，因为在宪法上和当前的政治环境下不允许实行私有化，最终才有了这样一种准私有化替代方案①。

农村土地准私有化后，通过集体调整地块实现土地集中连片的道路被堵死。那么，如何使分散的土地实现集中连片以有利于土地的集中利用？政策设计者的解决方案是通过土地流转市场来实现。很多主流学者从理论上论证了土地的物权化或准私有化有利于土地资源的自由流通和合理配置资源，从而能够有效促进土地流转市场的发育和土地的集中利用②。然而这些学者在借用西方产权理论解释土地物权化会促进土地流转和集中时，忽略了土地的特殊属性，土地不同于一般商品的最大特点是不可移动性。而承包经营权的物权化意味着每个农户对于自家承包地块拥有绝对的权利，一片农田中的任何拥有其中一小块地的农户就可阻止土地的集中连片。更何况在农村愿意流转土地的农户只是其中一部分，他们的土地往往是分散的，这种情况下如何集中连片就是一个难题。而且通过土地市场进行交易还会遇到流入土地的农户与无数分散农户的交易成本过高的问题。所以，通过纯粹的市场来化解土地产权细碎化进而实现土地的集中连片很难行得通。

古今中外的经验也一再证明了这一点。日本和中国台湾地区的经验表明"小规模土地私有只会阻碍土地流转"，按照"产权私有+市场交易"理念设计的农地制度"不仅没有促进规模经营和农业生产效率的提高，反而抬高农产品生产成本，降低农产品在

---

① 陈柏峰：《对我国农地承包权物权化的反思》，《清华法律评论》第1辑，北京：清华大学出版社，2006。
② 钱忠好：《农村土地承包经营权产权残缺与市场流转困难：理论与政策分析》，《管理世界》2002年第6期；张红宇：《中国农地调整与使用权流转：几点评论》，《管理世界》2002年第5期。

第四章　再造市场：地方政府如何使土地集中定向流转？

国际上的竞争力，最终只会增加政府的财政补贴"①。恰亚诺夫指出德国私有农地市场交易分散造成了土地的细碎化，其不经济的情况比俄国村社制度下土地多次重分造成的土地零碎化还要严重②。土地制度史专家指出，中国长达千年的土地自由买卖历史表明农地市场无助于克服土地细碎化③。而当下中国的实践也证明了这一点。曹锦清指出，我国的小块土地通过农户自愿有偿转包普遍地向适度规模经营发展存在很大困难④。田传浩、陈宏辉、贾生华利用 2000 年苏浙鲁 1083 个农户的调查数据证明，由于存在较高的交易费用，农户自发交易耕地对耕地零碎化的影响不显著，农户利用农地互换等方式将零碎的耕地归并以降低细碎化程度的案例十分少见⑤。张路雄指出，农户之间的土地流转大体占到整个流转面积的 2/3，但是这些流转大多由于没有集体统一调整地块，无法实现连片耕作，虽然就接包户来讲其所耕种的耕地面积有所增加，但无法实现连片的机械耕作。而另外 1/3 的土地之所以能集中连片地流转给工商企业等其他经营主体，则主要是乡村两级组织通过行政干预手段来实现的⑥。

　　以上结论与笔者在农村的观察是高度一致的。尽管随着大量劳动力的转移，大量土地在农户之间进行了流转，但是流入户经营的土地绝大多数是分散在各处的，因为流出户的土地恰巧与流入户土地相邻的可能性非常小。当然，在农户之间进行自发调地的现象也存在，但总体上比较少。田块的分散限制了流入户经营规模的

---

① 参见温铁军《"三农"问题与制度变迁》，北京：中国经济出版社，2009，第 302 页。
② 恰亚诺夫：《农民经济组织》，萧正洪译，北京：中央编译出版社，第 163 页。
③ 赵冈：《历史上的土地制度与地权分配》，北京：中国农业出版社，2003，第 279—296 页。
④ 曹锦清：《土地家庭承包制与土地私有化》，《华中科技大学学报》（社会科学版）2009 年第 1 期。
⑤ 田传浩、陈宏辉、贾生华：《农地市场对耕地零碎化的影响——理论与来自苏浙鲁的经验》，《经济学》（季刊）2005 年第 3 期。
⑥ 张路雄：《耕者有其田》，北京：中国政法大学出版社，2012，第 133—136 页。

扩大。所以,农村的"中坚农民"所经营的土地面积多在10—50亩。因为土地无法集中连片,超过这个规模经营难度就极大。

在农户自发流转市场上无法实现土地的集中连片,但是全国各地确实出现了大量土地集中连片的规模经营主体,这些规模经营主体的土地集中连片是如何实现的呢?近年来,笔者在中东部各省农村调查发现,规模经营主体实现土地集中连片的方式确如张路雄所言,主要通过政府和村级组织的强力推进来实现。限于现有政策对土地调整的限制,各地在将大片土地集中流转给规模经营主体时,需要面对已经分化了的具有不同诉求和意愿的农民。对于大多数常年在外务工经商的农户来说,土地流转给大户所获得的租金一般会比流转给小户要高,因此,他们愿意将土地流转给大户。但是在一大片土地中还有很多是属于那些正在种田也希望继续种田的农户,他们就反对将土地流转给大户。而这两部分持不同意见的农户的土地又是犬牙交错地在一起的。如果要将土地集中连片流转给大户,就需要使那些持反对意见的农户也要将土地流转出来。这无非有两种办法,第一种办法是让大户支付高出农户预期的地租,但是一般情况下大户无法接受,而在各地都在积极招商引资的情况下,地方政府一般会将地租限制在一个相对较低的价格上,综合各地情况一般在每亩500元左右[①]。这个价格外出务工农户自然乐意接受,而种田农户则无法接受,因为这相对于自己种田的收入少了很多。第二种办法就是地方政府和村级组织对这部分农户"做工作",使这部分反对农户改变意愿,换句话说,就是使其违背意愿将土地流转给大户。

实践中地方政府和村干部的工作方法五花八门,诸如利用面子、人情等情的一面"说服"农户;利用政府的权力,比如责令机关事业单位的相关工作人员下村说服家属或亲戚。为了更好地呈现地方政府和村级组织如何集中连片地流转土地,这里举一个

---

① 孙新华:《农业企业化与农民半无产化》,载周晓虹、谢曙光主编《中国研究》2014年秋季卷,北京:社会科学文献出版社,2016。

第四章 再造市场：地方政府如何使土地集中定向流转？

笔者 2011 年在江西某县调查到的案例。

案例 4-1：2010 年年初，龙镇镇政府通过招商引资形式引进了一个港资企业建设供港蔬菜基地，政府选中了龙村连片的 200 亩土地，共涉及 5 个村民小组，准备流转土地 10 年，租金为每年每亩 400 斤粳稻。愿意流转土地的农户约占 1/3，主要是那些不种田的农户，其他约 2/3 的农户都不愿意。但是这些土地都是插花分布的，因此需要所有村民都同意流转土地才行。镇政府便责令村干部去做工作。村干部采取由易到难、各个击破的办法。在江西宗族性村庄，村干部还比较在乎村民的评价，因此他们只能利用自己的面子和人脉进行说服工作，最终一半以上的反对户也同意流转土地了。

这个时候镇政府开始出面向农户施压。村民在很多事情上有求于政府，因此政府出面后大部分村民同意流转。但是有个村民小组选择集体抵抗，他们全组 20 多户每户派一个代表去县里上访，一连去了三次，县信访办都说"我们给你们镇政府说了，他们会处理的，你们回去吧"。后来他们发现到县里上访解决不了问题，打算再到市里上访，但很多人觉得到市里也没有希望，就退出了。他们也去过律师事务所，想请律师与政府打官司，但律师建议"你们还是不要打了，和政府打官司是打不赢的"。一个月后，在政府和村里不断做工作下，大部分农户不得不同意流转，只剩下 8 户坚决不同意。

这 8 户农户中有 6 户在种田，只有 2 户当时将土地流转给了其他农户，但他们年龄都在 50 岁左右，很快就需要返乡种田。镇政府对他们采取了针对性的措施。最终他们都签了土地流转协议。

从这个案例中可以看出，分散的农户在地方政府面前非常弱势，地方政府可以采取各种办法使农户将土地流转出来，从而为招商引资进来的企业提供集中连片的土地。显然，很多农户的土地都是被强制流转的。不过从示于外人的流转合同上看，所有农民都是同意流转的，因为他们签了规范的流转合同。所以，有的农民也很无奈："你说我们愿意吧，那肯定不对；你说我们不愿意吧，我们又签了合同。现在很多人后悔了，但是合同都签了，咋办呢？只有等到合同到期再说了。"①

如果在我国土地制度中有一种机制可以使农村中愿意流转土地的农户的分散土地可以集中起来进行流转，政府又何必费那么大工夫动员那些不愿意流转土地的农户呢？因此，根本的问题在于我国土地制度中缺乏一种整合细碎化土地产权的机制，这才使自发的土地流转市场由于交易成本过高而无法促进土地集中利用，而政府积极干预将交易成本自我消化虽然可以实现土地的集中利用，却造成了对种田农户切身利益的严重损害。纯粹的市场机制在化解土地产权细碎化上是失灵的，而政府的积极干预虽可化解土地产权细碎化但会损害农户利益。难道就没有一种两全其美的办法？

河镇在发挥政府、集体、市场和农户等各方作用化解土地产权细碎化方面做出了有益的探索，从而为在兼顾各方利益的基础上促进土地的集中利用找到了解决之道。这就是下文所要讨论的"虚拟确权与土地集中流转"。

（二）虚拟确权与土地集中流转制度

再造水土时当地政府已经明确河镇农业的发展方向是规模经营，因此在改造农业基础设施（包括合并和扩大田块）后河镇的一个重要任务就是寻找一种化解土地产权细碎化并实现土地集中流转的机制。实际上，当地政府在2007年的第一次土地整理过程中就进行了相应的制度建设。当时由阳春县分管农业的副县长高俊亲自牵头，会同县农委（尤其是农经科）、河镇镇政府和镇农经站召集各村村干部及一部分村民小组长密集研讨，最终将实施方案归纳为十六字方针："三权分离、虚拟地块、两次流转、合理收益"。前八个字是解决土地产权细碎化问题，后八个字是解决土地

---

① 孙新华：《城镇化，谁来种地？》，《南风窗》2013年第4期。

集中流转问题。下面逐个进行解释。

1. 虚拟确权与土地功能分区

首先来看河镇是如何解决土地产权细碎化问题的。"三权分离"比较好理解，即将土地所有权、承包权和经营权进行分离。分田到户时已将土地的所有权和承包经营权进行了分离，前者归村集体，后者归农户。而土地流转发生后又实现了承包权和经营权的分离，即土地流出方在保留承包权的同时将土地的实际经营权流转给土地流入户。所以，三权分离在土地流转的时候会自然发生。而河镇的创造之举在于"虚拟地块"。在一般的土地流转中，土地的承包权和经营权都对应固定的地块，即农户进行流转的那个地块，其大小和四至都是非常明确的。在河镇的制度设计中，土地的承包权开始与具体田块脱钩，只将土地的经营权与具体田块进行挂钩。具体做法是，在土地整理后进行分田时对于每个农户的承包面积不进行"落地"，即不分配具体地块，而只是转化成一个数字，并使其转化为一种收益权，在村民小组范围内汇总。这种做法在河镇被称为"虚拟确权"[①]，即承包权没有物化为具体的地块，而是通过与地块分离将承包权转化为一种收益权从而实现了虚拟化，为经营权与地块挂钩奠定了基础。

下面一步是实现承包权与经营权的对应、经营权与地块的挂钩。河镇的具体做法是，将每个小组范围内的土地分为两类——"自耕土地"和"集中流转土地"，为了便于耕作和管理，每类土地都基本连片，建立了两类土地功能区的分置。自耕土地是本组内愿意种田的农户耕种的土地，每户面积一般为自家承包地面积，其具体位置由这些农户通过抽签在一定范围内优先进行选择。由于是自耕，这些土地的承包权和经营权是合一的。自耕农户出于耕作半径的考虑往往选择在村庄周围的土地，如图 4-1 所示。确定了自耕土地的面积和范围，剩余的就是集中流转土地的范围和

---

① 夏柱智:《虚拟确权:农地流转制度创新》,《南京农业大学学报》(社会科学版) 2014 年第 6 期。

面积，它们是那些希望将土地流转出去的农户的土地，这些土地的具体位置与农户的承包权实现了分离，同时使流入土地的经营者的经营权与集中连片的土地实现了挂钩。如图4-1所示，集中流转土地功能区在自耕土地功能区的外围。

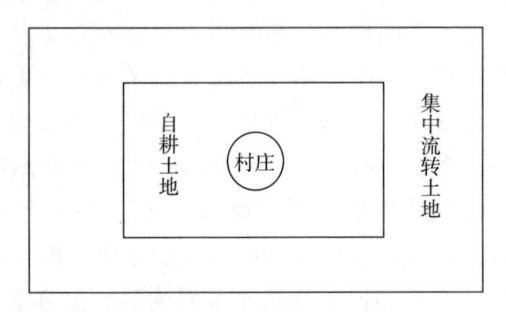

```
┌─────────────────────────────┐
│                             │
│  自    ┌─────┐    集        │
│  耕    │     │    中         │
│  土    │村庄 │    流         │
│  地    │     │    转         │
│        └─────┘    土         │
│                   地         │
└─────────────────────────────┘
```

图4-1 河镇虚拟确权与土地功能分区

以上便是河镇解决土地细碎化问题的制度蓝本。这种做法是土地整改后在项目区实施的，在实际操作中主要是通过以下几个方面来实现①。

第一，向广大农户进行宣传、讲解并获得其同意，以取得合法性。政府在土地整改项目区召开村民组长、村民代表等各类会议，印发"致河镇土地整理项目区承包土地农户朋友的一封信"（附录三），将其主要做法进行详细介绍和广泛宣传，从而统一认识，方案取得2/3以上的农户支持方可实施。

第二，将整改后的土地分配到村民小组。虽然合并田埂、填埋坑塘使项目的土地面积有所增加，但是修建的沟渠路在长度和宽度上都比项目实施前增加很多，所以会占用很多耕地，这样就使项目区的土地总面积有所变动，或增或减②。无论土地总面积如

---

① 参见《河镇土地整理项目区土地流转实施方案》。
② 从账面面积来看，土地整改后所有项目区的土地面积都有所增加，因为农户之前作为计税面积的土地面积并非按照统一的市亩（667平方米）丈量的，而是按历史上延续下来的老亩计算，一老亩面积比一市亩大，项目实施后实际面积一般都会增加为原来的1.3—1.9倍。但从实际情况来看，有些项目区的面积是在下降的，因为基础设施占地比较多。

第四章 再造市场:地方政府如何使土地集中定向流转?

何变动,由于都是公共设施,其所占田地由所有村民小组平均分摊。在项目实施后,丈量项目区的土地总面积,依据项目实施前的总面积按照同增同减的方法划分到各个村民小组。比如项目区原有1万亩耕地,增加到1.5万亩,那么每个村民小组的土地面积都变为原来的1.5倍,如果一个村民小组原有200亩耕地,项目实施后能分到300亩。同样,每个农户的面积也按照这个比例进行变动。

第三,对土地进行确权。河镇将土地的所有权确定在村民小组,并根据各村民小组的土地面积划分地块并勘界,河镇农经站在此基础上印制"土地所有权证"并发放到项目区的每个村民小组。农户与村民小组的承包关系依然不变,但承包方式有所改变。具体而言,各村民小组整理的土地依然按照原有承包关系同比例分配给农户,但是每户的具体地块不确定。在由镇农经站向承包户发放的"耕地权益证明书"上,写有农户的土地承包面积,作为土地流转、土地征收等情况下的获得收益的依据,但不标注具体地块及其四至。当地将这种做法叫作"虚拟确权"。这在保障承包户利益的前提下使其与具体地块脱钩,为实际经营者经营相对连片的地块提供了可能。因此不同于大部分地区在土地确权中"确权确地确四至"的做法。以上相关资料都要报河镇农技站备案存档。

第四,确定农户意愿,划分土地功能区。在征求并明确农户意愿的基础上发放申请书或委托书。希望继续经营土地的农户,向村民小组提出申请并填写"土地经营权申请书",其选择在保证整理田块完整性的基础上的相当于自己承包面积的土地,多出部分支付租金,少于承包面积部分可获得租金。自耕土地的范围区在保障集中连片的基础上优先由自耕农户选定,每个农户的地块通过抓阄形式获得。由于土地整理后,田块之间的差异相对缩小很多,农户对田块的重视度有所下降。不过在第一批土地整理项目范围区内,自耕农户主要选择堰塘周围的田块。那些愿意流转土地经营权的农户填写"土地经营权委托书",委托村民小组流转土地,各个村民小组再委托村委会集中流转土地。

从以上描述我们可以看出,河镇通过三权分离和虚拟地块划分自耕土地和集中流转土地两个功能区，由此土地都相对集中连片，从而使自耕农户和规模经营者都可获得集中连片的土地。

如果仅仅强调三权分离，无益于土地产权细碎化问题的解决，因为任何形式的土地流转都必然伴随着三权分离的发生。而如若解决土地产权的细碎化问题，必须对土地承包权和经营权相对于地块的对应关系做出调整。如果从经营者的角度考虑使其所经营的土地集中连片，就必须使土地经营权与地块直接挂钩，并使承包权与地块脱钩。这正是河镇虚拟确权、确权（承包权）不确地的精髓所在。这种做法延续了土地二轮延包以来的承包关系，与中央文件中长久稳定土地承包关系的核心精神是一致的，只不过打破了承包权与地块的刚性联结，使承包权转化为一种收益权①。对于流转出土地的农户来讲，他们可以从接包户那里获得一笔租金，而对于继续耕种自家承包地的农户，他们是自己给自己支付租金。这种做法将土地经营权与地块实现直接挂钩，也使经营者的土地实现了集中连片，这里的经营者不仅包括规模经营户，也包括耕种自己承包地的农户。后者既是土地的承包者又是经营者，如果从承包者的角度强化承包权与地块的挂钩就会损害其作为经营者对于经营权与地块挂钩的诉求。现实中，大多数种田农户对于土地细碎化带来的不便早已不堪重负，他们强烈地要求实现土地的集中连片。而对于那些将土地流转出去的农户，他们暂时不需要种田，因此他们对于地块的位置也不是特别关心，他们更关心的是土地能够让其获得固定的地租。而土地的集中连片对于规模经营户的益处无须多言，他们绝对支持通过虚拟确权实现土地的集中连片。

多数研究者和政府在理解三权分离中更多的是站在农户作为承包者的角度强调承包权的刚性化，即强化承包权与具体地块的

---

① 2014年11月20日，中共中央办公厅、国务院办公厅印发的《关于引导农村土地经营权有序流转发展农业适度规模经营的意见》明确指出，"土地承包经营权确权登记原则上确权到户到地，在尊重农民意愿的前提下，也可以确权确股不确地"。

对应关系①。现如今在全国各地普遍开展的土地确权也基本延续这一思路。正如上文所述,这不仅无益于化解土地产权的细碎化,反而会进一步固化这一问题。这一主张与上文提到的主流学者对于土地产权私有化或承包权物权化的强调是一致的。但他们忽略了农户除了承包者这一身份,同时还是最主要的经营者。过多强调作为承包者的农户对于土地和地块的权利,恰恰损害了作为经营者的农户追求土地集中连片的权利,从而给他们的农业生产带来不便。而从实际情况来看,农户作为主要的农业生产者,他们更在乎的是土地集中连片带来的生产便利,而不是作为承包者所拥有的刚性权利②。河镇的制度创新有效地解决了土地产权的细碎化问题,获得了绝大多数农户的认同。在调查中,绝大部分受访农户都对现在的土地集中连片表示非常满意。

2. 土地集中流转模式

将农户希望进行集中流转的土地集中在一起后,下面的工作就是将其进行流转了。在上文提到的河镇"十六字方针"中后半部分是有关土地流转的归纳,即"两次流转、合理收益"。所谓"两次流转",在河镇被表述为"一上一下"两次流转,"一上"是希望将土地流转出去的农户将土地的承包经营权委托给村民小组,村民小组将土地首先流转给村委会;"一下"是希望进行规模经营的人向村委会申请,由村委会统一对外流转土地。而所谓"合理收益"是指保障流转双方尤其是土地流出方能够实现合理的

---

① 韩俊:《中国农村土地制度建设三题》,《管理世界》1999年第3期;韩长赋:《"三权分置"改革是重大制度创新》,《人民日报》2014年12月22日;张红宇:《构建以"三权分离"为特征的新型农地制度》,《中国经济时报》2012年7月26日。

② 贺雪峰指出,当前农民需要的不是抽象的物权,而是便利耕作的生产权利。他说:"对于从事农业生产的农民来讲,更大的土地权利并不意味着更多的收入和利益。相反,更大的土地权利却往往意味着更高的集体行动成本,更少的集体妥协,更难对付的'钉子户'和更加无法防止搭便车,从而使农户更难获得进行农业生产的基础条件……相对于更大的土地权利,从事生产的农民最需要的是耕作方便,是旱涝保收。"参见贺雪峰《地权的逻辑》,"自序",第6页。

收益。其中,"两次流转"主要涉及流转中介问题,"合理收益"主要涉及地租问题。除了这两个问题,河镇的土地集中流转中还涉及流转期限、土地流入方和土地流出方等问题。下面就从这几个方面来讨论河镇的土地集中流转模式。

正如有的学者指出,在我国,农村土地流转中的中介组织十分关键,起到了流转双方的沟通和桥梁作用[1]。在土地集中流转的节点上主要是村委会充当流转双方的中介,即村民小组将农户委托进行集中流转的土地流转给村委会,村委会再将这些土地流转给规模经营主体。之所以是村委会充当流转中介而不是村民小组主要有两个方面的原因。第一,村民小组作为一级组织已经非常弱化,而村委会组织非常健全。尽管村民小组作为农村土地的所有者理所应当成为流转中介,但是河镇的村民小组只有一个组长,而且经常换,显然无力承担流转中介的重任。相对而言,村级组织仍是一个非常健全的组织,能够扮演流转中介的角色。第二,单个村民小组能够集中起来进行流转的土地相对有限,而且各个小组的土地无法集中,而各个小组将集中起来的土地集中到村委会就可将全村有待流转的土地进行汇总,并打破小组之间的界限。村委会充当土地集中流转的中介可以极大地降低流转双方的交易成本,否则规模经营主体就需要与分散的农户打交道,那将需要付出高额的交易成本,甚至因此而使交易无法进行[2]。在自发土地流转市场上流转双方尤其是规模经营主体遇到的便是这个问题。

关于土地流转的期限,虽然每批次的土地流转所签订的流转期限有所差异,但绝大多数都在5—8年。之所以确定在这个年限是流转双方博弈后定下来的。如果流转期限太短,不利于规模经营主体生产的稳定性和持续投资;如果流转期限过长,流转土地的农户则无法接受。因为大多数流转土地的农户的家计模式存在

---

[1] 钟涨宝、狄金华:《中介组织在土地流转中的地位与作用》,《农村经济》2005年第3期。

[2] 凌斌:《土地流转的中国模式:组织基础与运行机制》,《法学研究》2014年第6期。

第四章　再造市场：地方政府如何使土地集中定向流转？

不稳定性。那些愿意流转土地的农户目前主要在外务工经商，但是其中有一部分随着年龄的增长不宜继续在外务工经商，他们希望收回自己的承包地。而那些继续种田的农户由于年龄过大等原因，无法继续种田，希望将土地流转出去。因此，流转期限定得太长就无法满足以上两类农户的需求。所以，为了满足各方不同的需求，就得保证流转期限既具有一定的稳定性又具有一定的灵活性。而流转期限到了以后，再通过以上方法和程序重新统计农户的意愿，划分两个土地功能区，进行新一轮土地流转。

相对于流转期限的灵活性，河镇的流转租金却是固定的，通过村级组织进行土地集中流转的租金都是每亩每年400斤粳稻（每年10月31日的市场价格为下一年的租金价格并于当年的1月10日前一次性以现金形式兑现）。以稻谷定价是因为稻谷不会像纸币一样贬值。这一租金是由河镇镇政府统一定的。河镇镇政府之所以最终将租金确定在这个水平主要是考虑以下几个因素。第一，市场定价的问题。假如放开价格任由土地流转的双方通过自由协商进行定价，那么不同农户会有不同的要价，不仅规模经营主体与农户达成协议的交易成本很高，而且可能造成对流转双方都不利的情况。在农户比较强势的情况下，要价最高的农户将决定最终的价格，这样必然会将租金抬高。这虽然有利于农户，但不利于规模经营主体的可持续经营。河镇邻县有一个乡镇实行竞价流转土地，有农户将租金抬高到每亩每年近800元，流入土地者经营一年后发现无利可图，不得不违约并将土地退还农户。这是农户比较强势的时候，在相反的情况下，一些强势的规模经营主体可以凭借自身优势对付钉子户，从而将租金压得极低。第二，保障流转双方都可以获得合理的收益。在河镇农户之间的自发土地流转中，一般一老亩的租金是100—200斤稻谷，当然自发流转中流出户可以随时收回土地，而且流转双方多为亲朋好友，因此价格较低。而集中流转不仅灵活性有所下降而且亲情因素几乎不存在，农户的要价自然会相对提高。但是每亩每年400斤粳稻的租金对很多农户仍然具有很大吸引力。同时，这一租金定价也可保证规模经营主体获得合理的收益,如果再抬高租金,其利益空间就会被压缩。第三,参照周边县、镇的价格。周边县、镇土地集中流转中租金一般在每亩每年400斤上下波动,这一价格基本反映了周边的平均价格。

田先红指出:"地租的形成不仅受土地的自然条件、资本投入、供求关系、产权结构等因素的影响,而且深深地嵌入各个相关利益主体之间的'关系'中,受社会结构、社会规范、行政干预、风险分担等多重社会逻辑的交互作用。地租不仅是各个相关利益主体达成的经济性合约,更是一种'社会性合约'。"① 田先红精辟地指出了政治社会文化等因素对地租的影响,这与波兰尼的嵌入理论是一致的。在农户之间的自发流转中,地租更多地受到乡土伦理规范的影响,而在河镇土地的集中流转中,地租主要由政府定价。从实践效果来看,政府对流转租金的定价具有一定的合理性,不仅大大降低了定价过程中双方的交易成本,而且有效保障了流转双方合理的利益空间。为了防止规模经营主体的违约,他们在签署合同时要按每亩100元交纳保证金,保证金由镇土地流转服务中心保管,在合同到期后如数退还,其间不计利息。

为了更好地引导和服务全镇的土地流转工作,河镇镇政府于2007年即第一批土地整理时便成立了河镇农村土地流转工作领导小组,由书记任组长,同时建立农村土地经营权流转服务中心,与镇农经站合署办公(一个机构两块牌子),具体负责土地流转中的服务工作。从制度文本上看,其主要责任包括以下几个方面:(1)接受土地流转双方委托,登记和发布土地流转信息;(2)组织土地流转双方见面洽谈,促成土地流转;(3)制定规范的土地流转合同文本(参见附录四),并指导流转双方及时签订土地流转合同,办理土地流转合同的登记及立卷归档工作;(4)严格审查规模经营主体的资质及实力,主要包括其资信情况、经营能力、

---

① 田先红:《地租怎样确定?——土地流转价格形成机制的社会学分析》,《中国农村观察》2013年第6期。

第四章　再造市场：地方政府如何使土地集中定向流转？

履约能力以及拟经营的项目是否符合法律法规、环境保护政策、产业发展规划等；（5）依法解决土地承包和流转中出现的问题。

3. 各类主体的作用

以上是河镇为了促进土地的集中利用或集中连片经营所进行的制度设计，主要包括两个方面的内容，一是解决土地产权的细碎化问题，二是解决土地的集中流转问题。为了解决第一个问题，河镇在经土地整改项目扩大田块后，通过实行虚拟确权将农户的承包权与具体田块脱钩后，根据农户意愿优先满足想种地农户的要求并将其土地划定在集中连片的区域，给其分配具体连片的田块，剩下的连片的田块便是有待流转给大户的。通过这些措施，无论是耕种自家承包田的农户还是有待进行规模经营的主体都实现了土地的集中连片。村委会作为中介统一流转农户的土地，还制定了相对合理的流转期限和流转租金，这大大降低了流转双方的交易成本，也有效保障了双方的合理收益。正是由于解决了以上两个核心问题，土地集中连片和规模经营才有了现实可能。尽管河镇有其一定的特殊性，其具体做法不可完全照搬到其他地方，但是笔者认为，河镇解决土地产权细碎化问题和促进土地集中流转的制度实践值得各地借鉴。

要进一步理解河镇制度的精髓所在，还需梳理政府、村委会、村民小组和村民在制度形成过程中的作用和相互关系。首先，村民小组和村委会发挥了关键性的作用，这不仅仅指它们在实施过程中的具体操作工作，更是指其在整合细碎化产权和组织分散农户上的作用。解决土地产权细碎化问题，关键就在于对承包权进行虚拟化并将村民小组内的土地进行集中分片，从而使两个功能区内的经营权都与集中连片的地块挂钩。这就需要作为土地所有权拥有者的村民小组对承包权和经营权做出以上处置。这种做法并不违背中央对承包关系长久不变的规定，只不过在维持原有承包关系的前提下对承包权与地块的对应关系做出调整，从而使经营权在承包权与地块脱钩的前提下实现与地块的直接挂钩。这实际上弱化了承包户对土地的物权化权利，而强化了村民小组作为土地所有者进行调整地块的权利。如果说在解决土地产权细碎化问题上是村民小组发挥关键作用的话，那么在土地集中流转中村委会则发挥了不可替代的作用。这最直接地体现在其在土地集中流转中的中介作用上。在政府不能包办、村民小组不具备能力的情况下，作为村民自治组织的村委会由于具备完善的组织体系而天然地胜任流转中介的角色。

在村组发挥以上关键作用的过程中，农户的意愿发挥了基础性作用。村民小组不是村民组长一人的村民小组，而是所有村民的村民小组。因此，尽管作为土地所有者的村民小组对土地可以行使一定权利，但必须征得2/3以上小组村民的同意，即上述村民小组对虚拟确权和土地功能区的划定必须在有2/3以上村民同意的基础上才能做出，否则便不具有合法性。同样，在土地的集中流转中流转期限和流转租金都要在征求农户同意的基础上确定。

尽管从以上的描述中政府看起来只是起到一定的服务作用，但是实际上政府的作用远不止于此。上文已经提到，河镇的制度设计是分管农业的副县长亲自牵头，并会同县农委、河镇镇政府、农经站召集各村村干部及一部分村民小组长通过密集研讨形成的。如果没有当地政府的重视和组织，以上制度很难产生。同样，制度在各个村的实现正是政府将设计出来的制度推进的过程，村委会和村民小组只是在执行合力设计的制度而已。如果没有当地政府组织并推进制度实施，其很难在河镇落地生根。因此，可以说政府在制度的产生和实行中都发挥了支撑性作用。

从河镇的实践来看，土地流转基本上是按照以上制度文本实施的。但是以上制度文本只是为规模经营提供了必要条件，而不是充分条件。规模经营的实现，还得看有多少农户希望将土地流转出去，即看土地流出方意愿及其土地数量。另外，还得看什么人流入土地及其规模。而河镇之所以产生上百个流转百亩以上的大户而不是更多经营几十亩土地的规模经营主体，主要是由于当地政府进行了积极的干预，不仅对土地流入户进行严格的筛选，而且积极动员农户将土地流转出来。换句话说，政府没有按照制

第四章 再造市场：地方政府如何使土地集中定向流转？

度文本行事，而是对土地流转进行了强干预。这便是以下两节需要探讨的问题。

二 政府筛选与土地流入方

在河镇土地集中流转的实践中，当地政府并不仅仅只是发挥制度文本上的服务作用，它们还根据自己的发展理念和目标有意地塑造土地流转的具体形态。其主要表现在两个方面：一是通过引导和筛选对土地流入方进行限定；二是通过动员和劝说使更多农户流转出承包地，以满足大户的需求。政府在这两个方面的干预措施在很大程度上使当地设计的理想的制度在实践中发生了扭曲。这一节主要讨论第一个方面。

从河镇大户崛起的过程来看，2012年之前河镇流入土地的大户主要是那些经营面积在500亩以上的特大户，而自2012年开始，河镇的大户主要是以经营面积在500亩以下的家庭农场为主。这种转变的直接原因来自当地政府发展方向的转变。2007—2011年，当地政府的规模经营发展理念是经营规模越大越好，并积极推动特大户的发展。但是特大户在生产中遇到了无法摆脱的困境，几乎所有特大户都将流转来的土地进行了"转包"。当地政府发现问题后，于2012年开始转变发展方向，逐渐转向发展规模相对较小的家庭农场。尽管家庭农场在经营中也存在一些问题，但是至少其生产经营具有很强的生命力，而且符合中央政策，这也更加坚定了当地政府的发展方向。

在以上实践过程中，政府为了实现自己的发展目标，对土地流入方进行了严格的限定，这在催生大户的同时，也让农户流转100亩以下的土地进行适度规模经营没有了可能。

（一）特大户的产生及其经营困境

1. 特大户的产生及其过程

河镇特大户的产生还得从2007—2009年的第一次土地整理项

目说起。该项目分两批进行,第一批于2007—2008年实施,全部集中在林村,整理后耕地面积为2600亩左右;第二批于2008—2009年实施,涉及林村、王村和梅村三个村,共整理出约7900亩耕地。上文已述,在土地整理实施前,当地政府已有发展规模经营的设想,这是在土地整理中按照大户生产要求进行设计并确立土地集中流转制度的原因所在。笔者访谈县农委和河镇镇政府的领导和干部时了解到,当时县乡政府都认为大户经营的面积越大越好。因此在2007—2008年土地整理过程中,县乡政府就着手为大面积的规模经营做准备。除了上文已述的制度设计外,就是让尽可能多的农户将土地流转出来和寻找愿意大面积流转土地的流入方。通过当地政府和村级组织的积极动员(有关动员情况将在下一节专门论述),项目区整理出的2600亩耕地共有2464.03亩进行了集中流转。

有了可以大面积集中流转的土地,谁来接包这些土地,这在当时也是摆在村委会和政府面前的一个难题。一般农户显然无力流转大面积的土地进行规模经营,而外地的工商企业政府又不熟悉,熟悉的企业不一定愿意流转土地。在反复斟酌后,县乡政府找到河镇农民出身的企业主洪世成。洪世成当时经营着河镇最大的粮食加工厂和农资店。洪世成在当地具有一定的经济实力,而且由于经营粮食加工厂,从其产品生产的需要考虑他要有一定的生产基地。这也是政府找洪世成的原因。但洪世成对于一下流转2000多亩地充满恐惧,一是他从没有经营如此大规模土地的经验,生产很难开展;二是风险太大,一旦亏损就很严重。而从当地政府的角度看,假如洪世成都不敢接包土地,那么其他更小的企业就更难接包,如此一来不仅政府大规模经营的设想无法实现,而且土地流转不出去可能还会造成重大社会问题。县乡政府看到洪世成的犹豫和担忧后采取了"胡萝卜"加"大棒"的策略,一方面给洪世成施压使其将流转土地作为一项政治任务来做,另一方面许诺其各种优惠条件。当时公开的优惠条件是县乡政府各为其支付每年每亩50斤粳稻的租金,即洪世成只需支付给农户每年每

第四章 再造市场：地方政府如何使土地集中定向流转？

亩 300 斤粳稻的租金，另外 100 斤由县乡政府支付①。同时，县领导许诺县里会尽快出台各项奖补政策支持规模经营。其他优惠条件应该还包括对洪世成粮食加工厂的扶持。这方面虽没有成文的文件，但是自洪世成流转土地后，其粮食加工厂得到了迅猛发展，获得了大量政策、项目和资金等方面的支持，短短几年内便由一个县级龙头企业发展为省级龙头企业，其本人也荣获"全国种粮大户""省劳动模范"等称号。

在县乡政府的积极动员下，洪世成同意流转土地。2008 年 5 月林村土地集中流转时，除了一块由湖滩改造成的 220 亩耕地继续由原来承包湖滩的农户承包外，其余 2244.03 亩土地全部流转给洪世成，流转期限为 8 年。洪世成流转到土地后为了减小风险迅速将土地转包了出去。他将 2000 多亩地划分为 8 块，自己保留 350 亩，其余分别转包给其他 7 人，其中面积在 150—200 亩的 2 人，200—300 亩的 2 人，300—400 亩的 2 人，400 多亩的 1 人。这 7 人除了 2 人是外地人外，其余全为本镇人，都是洪世成的生意伙伴或亲戚朋友。洪世成将土地转包时仍是按照政府所给的优惠租金进行转包的，各自独立经营，但在农资购买和粮食销售等方面为他们提供方便。对于洪世成而言，转包土地不仅将巨大的生产风险转移给了其他 7 人，同时在农资销售和粮食收购上获得了稳定的收益。尽管洪世成从没有自己经营过 2000 多亩土地，但是在流转合同上和当地政府的宣传口径中，洪世成是经营 2000 多亩土地的种粮大户，他在 2009 年获得"全国种粮大户"称号并赴农业部领奖。

在 2008 年的土地集中流转中，由于洪世成将流转的 2000 多亩土地进行了分包，一方面没有真正实现政府大规模经营的设想，另一方面大规模经营的问题也没有真正暴露出来。虽然分包后 8 个

---

① 据县农委经管科负责人介绍，当时这个条件是分管副县长会同镇政府主要领导与洪世成洽谈时提出的，属于口头协议，县政府许诺的部分从县农委产业化资金中支付，2009 年县里出台奖补政策后县里的垫付租金取消，当时洪世成怕镇政府违约，便找主要领导写了书面协议，因此镇政府在承包期内一直在为洪世成垫付租金。

大户都有不同程度的亏损,但都不是特别严重,而且亏损更多地被归结为土地整理、天气等客观原因造成。因此当地政府发展大规模经营的方向没有改变,这在2008—2009年的土地整理和随后的土地流转中得到了很好的体现。

2009年初土地整理后有近7000亩土地有待集中流转。当地政府广泛宣传和引导,尤其是阳春县县委县政府出台的奖补规模经营政策,吸引了很多人报名流转土地。2008年十七届三中全会出台鼓励土地流转的政策后,2009年市委市政府出台一号文件(《市委办市政府办关于促进农村土地承包经营权流转工作的意见》),紧接着阳春县于当年4月15日出台了《阳春县委办公室阳春县人民政府办公室关于促进农村土地承包经营权流转工作的意见》(27号文,参见附录五),将该县的奖补政策进一步细化。其中最具吸引力的有:(1)流转土地在100亩以上且流转价格不低于每年每亩400斤稻谷的,给予每年每亩60元的奖励;(2)县委县政府促成县农村信用联社每年安排一定额度的农业信贷资金,重点帮扶流转土地的规模经营主体,每个经营主体可以从信用联社获得最高10万元的低息贷款;(3)对从事100亩以上农作物生产的规模经营主体,参加政策性农业保险的保费个人承担部分,由县财政补贴50%。除了以上县财政奖励,国家的大户补贴每年每亩还有10元,省里的良种良法补贴每年每亩也有10元,即大户每亩每年可直接获得80元的奖补资金。假如流转1000亩土地,每年就可获得奖补资金8万元。

表4-1 2009年河镇土地流转中的特大户

竞标人	面积(亩)	合伙人数量(人)	合伙人关系	分户时间	分户人	面积(亩)	竞标人与分户人情况
金焕铭	2003.6	2	朋友	2011年	金焕铭	667.9	建筑老板,县城人
					王洪阳	667.9	退伍军人,县城人
					方兴昌	667.9	建筑老板,县城人

第四章 再造市场：地方政府如何使土地集中定向流转？

续表

竞标人	面积（亩）	合伙人数量（人）	合伙人关系	分户时间	分户人	面积（亩）	竞标人与分户人情况
徐天亮	1699.88	1	姑舅关系	2009年	徐天亮	1061.3	农机销售商，邻县人
					杨军武	638.58	
彭文颂	1114.86	5	生意伙伴	2009—2010年	彭文颂	181.05	本镇粮食加工厂老板，邻县人
					文向东	181.05	彭文颂加工厂会计，本镇人
					刘延军	181.05	彭文颂合作伙伴，外市人
					张力强	183.08	货车司机，本镇人
					周长贵	190.16	小加工厂老板，本镇人
					赵长勇	198.47	货车司机，本镇人
刘金元	1100.21	1	朋友	2009	刘金元	873.51	建筑老板，县城人
					张滨海	226.7	本镇服装厂老板，本镇人
袁顺利	925.35	0	/	/	/	/	县种子公司经理，县城人
总面积				6843.9			

资料来源：河镇农经站所做的"河镇土地规模经营情况统计表（2009—2011年）"。

  这吸引了很多当地和周边县镇的老板前来报名流转土地，他们认为这是一个投资的好机会。除了政府的补贴，他们认为种田本身是可以赚到钱的。流转了1100多亩土地的大户徐天亮告诉笔者，当时他认为："农民一亩赚500元，我赚100元总可以吧，1100亩不就是11万？再加上政府的补贴就可以赚到近20万元。"相对于2008年土地流转时的买方市场，2009年变成了卖方市场。据徐天亮介绍，当时的招投标竞争很激烈，最后只有1/3的人中标。在这种情况下，当地政府提出了自己的目标，即在土地流转中优先流转1000亩以上土地的大户。很多资金有限的人为了增强自己的竞争力便采取了合伙竞标的方式。最终，5人流转了三个村的6843.9亩土地，参见表4-1。

  从表4-1中可以看出，5个竞标人中最多流转2003.6亩土地，最少的流转了 925.35 亩，其他三人流转的土地都在 1100 亩以上。但是他们中间只有袁顺利一人是单独竞标，其他都是若干人合伙竞标，最多的有 6 人合伙竞标。但是由于合伙经营中存在责任不清、意见分歧等问题，这些合伙人大多在当年就分开经营了，并在该镇的大户统计表上独立户头（他们向农户交付租金和领取政府的奖补资金都需要该账户）。金焕铭等三人在镇里的统计中仍用金焕铭一人的户头，但是实际上他们三人逐渐也独立经营了。他们之所以在竞标中合伙，是因为当地政府给 1000 亩以上的大户优惠，他们必须合伙才能将规模增大，从而在竞标中占据优势地位。但是在经营中他们发现，合伙经营很难进行，所以大多数合伙人在一季作物未结束或结束后便分开经营了，有的维持一两年也维持不下去了。虽然合伙人分开各自独立经营，但是 500 亩以上的特大户仍有 7 户，他们都是县城或外县的老板，因为一般农户根本无力也不敢承包如此大规模的土地。

从河镇特大户的产生过程来看，政府发挥了关键作用。本来政府只需做好服务工作，而土地流转给谁由村委会在征求村民意见后决定，并优先照顾本村人。尽管在流转过程中政府也提出了优先考虑本组人，本组没有人流转再考虑本村人，然后才依次考虑本镇人、本县人、外县人。但是政府将流入方需流入的土地规模限定在 1000 亩以上时，普通的村民就全部被排除在外，能够流转那么多土地的人只能是那些拥有较多资金的人。而政府干预的方式便是控制村委会，因为按照当地制度设计各个小组的土地都集中到了村委会，并由村委会对外流转。只要政府能够控制村委会就可以决定各村的土地流转给谁，从而实现自己的发展目标。而在当下乡村政治生态中，村级组织官僚化日益严重，村干部对于政府的依赖程度也越来越高[1]，因此政府在土地流转中对村委会

---

[1] 欧阳静：《村级组织的官僚化及其逻辑》，《南京农业大学学报》（社会科学版）2010 年第 4 期；欧阳静：《策略主义——桔镇运作的逻辑》，北京：中国政法大学出版社，2011。

第四章 再造市场：地方政府如何使土地集中定向流转？

进行控制轻而易举。这也是为什么河镇特大户崛起中起决定作用的主要是县乡政府。村委会和村干部主要负责协调和服务工作。在河镇特大户兴起之初，各村的村干部对此也抱有很大希望。只是随着特大户在农业生产中的问题逐渐暴露，他们才慢慢改变认识。

2. 特大户的生产困境与转包

起初，特大户踌躇满志地投入规模经营中，以为这是个发财的好门道。但是他们经营两三年后，发现大量的投入并没有带来相应的收益，反而是不断加重的亏损。这使他们的规模经营无以为继，最终不得不转包土地。

先来看下特大户的亏损状况。在调查中笔者了解到，特大户几乎年年都是亏损的，只是亏损的程度有所差异，少者一年亏损10多万元，多者一年亏损30多万元。在他们经营的几年中，虽然亏损在逐年减少，但是多数特大户仍然没有扭转亏损的局面，即使个别特大户由亏损状态转为盈利状态，利润率也非常低。流转了1061.3亩的徐天亮亏损比较严重，2009年亏损30万元左右，2010年亏损20万元左右，2011年亏损20万元左右，三年下来亏损近80万。这还是在国家有大量补贴（包括大户补贴、农机具补贴等）和申报农业保险的情况下的亏损，如果没有这些亏损则更加严重。徐天亮的姐夫杨军武由于经营规模小一些，流转面积为638.58亩，亏损相对较小，2009年亏损10万元左右，2010年盈利5万元左右，2011年盈利近10万元。

特大户亏损的直接原因是，尽管他们在农业生产的投入较之于农户有很大增加，但是粮食产量远远低于农户的产量，而且更容易受到各种灾害的影响。第二章第二节讨论农业资本化时已经说明，大户的资本化程度远高于普通农户，而且特大户较之于一般大户更高。但他们的产出反而低于一般大户，更低于普通农户。特大户刚刚投入生产时，与当地普通农户一样种植双季稻，因为当地是传统的双季稻种植区，小麦产量不高。由于双抢时间只有半个月又多为高温天气，特大户的经营面积又过大，很难完成双抢。其主要原因是劳动力不够，因为还在种田的普通农户（劳动力）也要双抢，而那些流转出土地的劳动力都外出务工了[1]。无法在双抢时间内完成晚稻的种植，产量就会大大减少，这是早期特大户减产并亏损的主要原因。据介绍，2009年普通农户晚稻产量达1000斤左右/亩，而特大户一般只有500斤左右/亩，有的田块甚至颗粒无收。

发现这一问题后，特大户在下一轮生产中转变了种植模式，由种植双季稻改为稻麦轮作，即中稻和小麦轮作，而中稻不像晚稻那样必须插秧，撒播就可完成播种，因此大大提高了生产效率。改变种植模式既减少了劳动投入，又提高了粮食产量，但是特大户的产量仍然很低。2011年特大户的中稻产量平均在800—900斤/亩，小麦产量在500—600斤/亩，而一般农户的平均产量为早稻900斤/亩、晚稻1000斤/亩。有些进行稻麦轮作的农户产量也远远高于特大户，其一般中稻产量在1100—1200斤/亩，小麦产量为600—700斤/亩。即同样稻麦轮作，一般农户每亩的产量高于特大户200—400斤，而种植双季稻的农户每亩产量高出特大户400—600斤。

由于特大户的耕作规模远远大于普通农户且资本化程度尤其是机械化程度远高于普通农户，特大户的劳动生产率显著高于普通农户，但是土地产出率大大低于普通农户。这犹如美国"大而粗"的种植模式较之于东亚"小而精"的种植模式的优势和弊端[2]。"小而精"的种植模式为了追求土地产出率往往在劳动生产率明显下降的情况下依然继续追加劳动投入，从而带来"没有发展的增长"[3]。而"大而粗"的种植模式在大大提高劳动生产率的

---

[1] 郭亮：《劳动力成本：规模经营的结构性限制》，《中共杭州市委党校学报》2012年第3期。
[2] 黄宗智：《"家庭农场"是中国农业的发展出路吗？》，《开放时代》2014年第2期。
[3] 黄宗智：《长江三角洲的小农家庭与乡村发展》，北京：中华书局，2006，第11—12页。

第四章 再造市场：地方政府如何使土地集中定向流转？

同时也带来了土地产出率的急剧下降，这应该可以称为"没有增长的发展"。"没有增长的发展"在地多人少且土地私有化、机械与劳动力的价格比值较低、机械化程度极高的美国或许还有盈利的空间，但是在地少人多，因而机械与劳动力的价格比值较高，且流转土地需要一定租金的中国则很难维系。"大而粗"的种植模式在美国主要依靠使用低廉的机械维持，而在我国劳动力相对于大型机械的价格明显较为低廉，由此特大户在大量雇用劳动力中很难解决劳动监督问题，这既提高了生产成本又降低了单位产量，从而压缩了盈利空间。

2009年土地流转中的特大户都是外地从事各行各业的工商企业老板，他们不可能亲自从事农业生产，主要是雇用若干生产队长（一般是300亩左右安排一个生产队长）代其进行管理。生产中的主要决策由特大户自己做出，生产队长只是负责监督雇工从事生产。在河镇，一般生产队长年工资为2万元左右。生产中的所有劳动都由生产队长带领雇工完成，特大户进行决策。这是典型的资本主义农场。

农业生产主要依赖雇佣劳动的话，其面对的一个难题就是劳动监督，这是我国运行了二十多年的人民公社无法解决的难题[1]，也是世界各国雇佣型农业生产中无法解决的难题[2]。特大户根本无法在几百甚至上千亩土地上有效地监督几十个工人分散进行的劳动，因此，当地农民受雇于特大户时广泛存在磨洋工的现象。他们不像在自家的土地上那么卖力地劳动，也不会像对待自家庄稼那样细致和负责。调查中，笔者了解到磨洋工的一些表现。

　　①雇工拔草不拔根，第一天拔了，第二天就长出来了。（为了能干更多的活，挣更多的钱。）

---

[1] 林毅夫：《制度、技术与中国农业发展》，上海：上海三联书店、上海人民出版社，2005，第30—62页。
[2] 陈锡文：《我国城镇化进程中的"三农"问题》，《国家行政学院学报》2012年第6期。

②雇工用喷雾器打药时,有的只打水不加药,自己把药带回家或者丢在地边上;为了能计更多的工(按桶记工),将半桶药水倒掉再去加药水。

③施肥时,要将盛满肥料的桶背在身前,有人为了减轻负荷,在前半段故意将肥料撒得多一些,而在后半段则撒得少一些,这导致肥力分布不均。当庄稼长出后,雇主发现,远观庄稼长势不错,近看却只是田的四周边上还行,里边就比较糟糕。

④有农民自己也坦率地讲:"给大户打工哪有给自己做,反正有死工资,干快干慢一个样,何必干那么快。几个工人在一起做事,你干快了,别人还骂你。因为你一个人干得太快、太好了,不就把其他几个人比下去了么。最后大家都干慢点。"

这些行为会带来两方面的后果:一方面农活干得不到位(如①、②、③条)会导致农作物大大减产,这是特大户产量低下的主要原因;另一方面雇工的怠工会迫使特大户继续追加农资和劳动投入,从而增加了生产成本,这也是特大户生产成本较高的重要原因。尽管特大户也积极地采取各种方法解决磨洋工问题,但始终收效甚微。徐天亮无奈地说,"只有安上高清摄像头,才能监督工人",但这在当下的粮食生产中显然是不实现的。

除了磨洋工问题,各种自然风险也是特大户产量低的重要原因。一般的认识是进行规模经营,大户的抗风险能力会有所提高,至少会强于普通农户。但是河镇的现实说明,特大户比普通农户抵抗风险的能力更低。特大户几乎年年受灾,不是风灾、雪灾、旱灾、涝灾,就是虫灾、病灾等,且往往是大面积受灾。2009—2012年河镇四年经历了五次灾害,2009年晚稻遭受雪灾,2010年早稻遭受风灾和涝灾,2011年早稻遭受风灾,2012年春小麦遭受赤霉病。这几次灾害给特大户造成了大面积减产,对普通农户也有影响,但相对而言比较小。雪灾和风灾造成的庄稼倒伏让收割

第四章 再造市场：地方政府如何使土地集中定向流转？

机不便收割，但是小户经营面积较小可以人工收割，减产较少；特大户雇用劳动力进行收割成本太高，而用收割机割不仅成本大增而且会收割不干净，损失较大。对于涝灾和虫灾，小户经营面积较小可以迅速进行排水和治虫，而大户因为经营面积太大且需要雇用劳动力进行排水和打药，所需时间过长，很可能耽误排涝和治虫的最佳时机。

总之，正是由于特大户经营规模过大，无法较好地解决劳动监督和风险管理等问题，产量过低而成本却很高，便有了持续的亏损。

无奈，河镇的特大户纷纷选择了转包土地，这主要是在2011—2012年逐渐完成的。而接包土地的主要是来自本省巢湖市的职业农民①。他们常年专职在外地包地，一对夫妻一般经营100—500亩土地，经营的是目前政策话语下典型的家庭农场。河镇的特大户一般将流转来的土地转包给若干个外地职业农民。一般外地职业农民要向特大户支付每亩80元左右的转包费，多者达每亩100斤稻谷的价格，即130多元。由于他们之间的交易是私自进行的，政府的各项补贴还是发给特大户。外地职业农民之所以愿意出高价接包土地是因为他们无法直接流转到土地，同时由于他们经营规模较小且有着丰富的种田经验，即使支付转包费、得不到补贴依然可以盈利。而对特大户而言，这不仅改变了不断亏损的状态，而且每年都可获得转包费和政府补贴，如果转包费以每亩80元计，两者之和可达每亩160元。对此，当地政府只能睁一只眼闭一只眼。如果不允许转包，让特大户持续亏损也不是办法，但是任其转包确实有失公允。政府能做的便是在以后的土地流转中改变这种局面。

---

① 曹锦清老师的研究团队将其称为"农民农"，以区别于"农民工"，他们在上海调查的农民农很多也来自巢湖市。参见曹东勃《职业农民的兴起：对长三角地区"农民农"现象的研究》，北京：中国政法大学出版社，2013。

（二）发展方向的转变与家庭农场的兴起

特大户的生产困境及其转包宣告了当地政府发展大规模经营的失败。当地政府也逐渐认识到特大户经营存在的问题，并逐渐地改变规模经营的方向，由原来发展特大户转向发展规模适度的家庭农场。

从实践来看，当地政府的这种转变发生在2012年。在当年的土地流转中，当地政府规定流入方的流转面积原则上限定在200亩左右，最高不超过500亩。河镇政府于当年5月土地流转之前举办了"河镇职业农民培训班"（当时还没有家庭农场这一说法），为期半个月，邀请市农委和高校的高级农技师讲授理论知识和实践技能（包括管理、农技、机械操作等）。流转土地的人必须参加培训，只有通过考试拿到"职业农民资格证书"才有流转土地的资格。当时有150多人报名，政府筛选了120人参加培训，最终90多人拿到资格证。但当年只有2700多亩土地可以集中流转，最终除洪世成流转了581.86亩土地以外，其余全部流转给了10个家庭农场，流转最少的104.7亩，最多的481.31亩，平均220亩左右。其他拿到资格证但未流转到土地的人员可在以后参与流转土地。

2012年12月22日中央农村工作会议讨论通过的《中共中央国务院关于加快发展现代农业进一步增强农村发展活力的若干意见（讨论稿）》和2013年的中央"一号文件"都提出创新农业经营体制机制，其中家庭农场是一个重要的发展方向。中央政策对家庭农场的强调更加坚定了河镇发展家庭农场的方向和决心。2013年虽然河镇的特大户有所增加，但大部分土地还是流转给了家庭农场，当年共产生家庭农场21个。2014年集中流转的土地流转给了7个家庭农场。至此，河镇共有规模为100—500亩的家庭农场54个，500亩以上的特大户13户。由于绝大部分特大户都将流转到的土地转包给了外地的职业农民，其也经营家庭农场，因此河镇的实际经营者绝大部分是经营家庭农场者，大概有100个。

为了更好地扶持和鼓励家庭农场的发展，阳春县相关部门出

第四章 再造市场：地方政府如何使土地集中定向流转？

台了多项政策。2013年4月阳春县农委和工商局联合发出了《关于鼓励家庭农场建设发展的通知》，2013年11月县农委又发布了《关于印发〈阳春县示范家庭农场认定办法〉（试行）的通知》，2014年2月县委县政府出台了《关于鼓励家庭农场发展的实施意见》。这些政策文件对家庭农场的条件、认证制度、扶持政策和配套制度进行了完善。这些文件中定义的家庭农场是指"以农户家庭为基本生产经营单位，以家庭成员为主要劳动力，从事农业规模化、集约化、商品化生产经营，以农业收入为家庭主要收入来源的，实行自主经营、自我积累、自我发展、自负盈亏和科学管理，并在工商部门办理家庭农场注册登记的新型农业经营主体"[①]。对于具体规模，三个文件都规定"粮棉油集中连片规模在100亩以上，设施蔬菜在20亩以上，露天蔬菜在30亩以上，苗木花卉在100亩以上……"。

从这些表述来看，当地政府规定家庭农场必须达到一定规模，这与之前发展大户时的要求没有差别，只不过更强调家庭农场"以农户家庭为基本生产经营单位，以家庭成员为主要劳动力"，由此，家庭农场的经营规模不可能太大，因为规模过大就很难以家庭劳动力为主进行生产。在河镇，一对夫妻主要凭借家庭劳动力最多种地不过300亩，超过这个规模就得主要依靠雇佣劳动力经营。但是当地政府并没有规定家庭农场的规模上限，所以在家庭农场的认证中，几乎从村委会流转土地的所有大户都被认证为家庭农场经营者，而那些"二包户"则没有被认证。被认证的家庭农场在享受以前大户享受的奖补政策时，还可以享受一些新的扶持政策，比如"家庭农场贷款，县财政给予实际利息支出70%的补贴"，"具备条件的家庭农场优先给予申报各类涉农项目，以改善生产经营条件"，"设立土地流转农田基础设施建设专项资金，对家庭农场改善农田基础设施给予以奖代补资金支

---

① 阳春县农委和工商局联合发出的《关于鼓励家庭农场建设发展的通知》（2013年4月）。

持"等①。这比之前扶持大户时的政策力度又加大了不少。

2012年年底笔者对阳春县分管农业的副县长高俊进行了访谈,他的观点反映了当地政府为什么要发展家庭农场。

> 我们发展现代农业要兼顾经济效益和社会效益。什么是经济效益?就是大户的收入要高于社会平均收益。什么是社会效益?就是要保证粮食产量,从而保障粮食安全。前几年,大户的面积太大了,不仅自己没有经济效益,而且粮食产量也很低,不利于国家的粮食安全。一对夫妻种200亩田,加上政府的补贴,收入可以有8万—10万元,这就高于社会平均收益,甚至比我们城里人收入还要高。一对夫妻种200亩田也能管得过来,产量也不低,经营得好甚至比普通农户还要高②。

从高俊的表述可以看出,家庭农场经营者在粮食产量和经济收益上都比较可观,较之于之前的特大户有很大改善,而较之于一般农户,虽然其粮食产量有所下降但也比较高,更重要的是这使种田成为一个具有极大吸引力的事情,种田者收入甚至超过在城市就业人员。

从笔者的调查来看,高俊副县长的判断大体是正确的。由于家庭农场的经营规模适度,主要依靠家庭劳动力耕作,只需辅助性地使用雇工,这就使家庭农场经营者的家庭劳动力得到最大程度的利用,农民实现了充分就业,而且可以获得高于社会平均水平的收入。在河镇种植粮食作物的家庭农场如果经营面积在100亩左右,收入可达5万元左右,200亩左右收入可达8万—10万元,500亩左右收入可达20万元左右。再加上政府的各项补贴,其收入就更加可观。随着规模的不断扩大,经营者单位产量会随

---

① 阳春县县委县政府出台的《关于鼓励家庭农场发展的实施意见》(2014年2月)。
② 访谈对象:阳春县分管农业副县长高俊,访谈时间:2012年12月21日上午。

第四章 再造市场：地方政府如何使土地集中定向流转？

之下降，一般经营规模在 100 亩左右单位产量最高，与普通农户的产量比较接近，规模扩大到 200 亩左右产量就有所下降，扩大到 500 亩左右时产量虽然比较低，但是总利润是最高的。尽管 500 亩左右的规模可使收益最大化，但是投入也非常大，流转费和生产投资合计至少 1000 元/亩，500 亩就需要 50 万元资金，这对大多数经营者来说很难承受，所以大多数家庭农场的规模都在 200 亩左右。如果资金允许，经营者是有极大动力扩大规模的，即使牺牲单产也在所不惜。

因此，家庭农场相对于特大户具有很强的生命力和优势，首先其收益非常可观，其次产量也相对较高。这是各级政府发展和扶持家庭农场的原因所在。

（三）政府筛选的排斥作用

从以上对河镇规模经营发展历程的梳理可以看出，政府对于谁能成为土地流入方起到了关键作用，其作用机制就是通过控制作为土地流转中介的村委会对流转规模进行限定。在 2012 年以前，当地政府认为流转规模越大越好，并规定土地最低流转面积为 1000 亩，由此产生一批特大户。由于租金、生产费用和风险保障金每亩总计需 1000 多元，流转 1000 亩土地就需要准备 100 多万元资金，能够成为特大户的主要是一些较大的工商资本者，而且主要是县城或外县的老板才具备这个实力。在这种机会结构中，本地的普通农户甚至一些小的工商资本者必然会被排斥在外。在 2009 年的土地流转中，一些小老板只有合伙才得以流转到土地，大多数流转到土地的经营者是较大的工商资本者。

当政府认识到特大户经营的不可持续后，将发展目标定为经营面积为 100—500 亩的家庭农场。在这一机会结构下，流入土地的门槛虽有所降低，但仍然较高。流转 100 亩土地至少需要 10 万元，200 亩就是 20 多万元，这对于一般农户仍然很难承受。而且在土地相对有限的情况下，竞争的激烈度会持续增加。2014 年的土地流转中，风险保障金被抬高到 600 元/亩，即在流转土地时要按600元/亩向镇土地流转中心交纳风险保障金。在这种情况下，很多有种田经验且希望流转土地的本村"中坚农民"就很难流转到土地。从河镇近几年的实践来看，真正流转到土地的家庭农场经营者大多是本地从事各行各业的老板、村干部、外地职业农民和少数"中坚农民"。

因此，可以说政府通过限定流转规模、抬高风险保障金等在筛选规模经营主体的同时，也建立了一套排斥机制。在政府设定的机会结构中，能够成为大户的实际上只可能是拥有较多资金的富裕阶层，本地一般农户和"中坚农民"很难通过由政府控制的土地集中流转平台扩大经营规模，他们被排斥在土地流转之外。而在土地作为一种资源的情况下，政府将土地流转给富裕阶层，实际上就减少了其他阶层获取利益的可能性。从这个角度来说，政府无意中在拉大当地的收入差距并加剧了农村的两极分化[①]。

三 政府动员与土地流出方

大户崛起的一个前提条件是有大量农户将土地流转出来。截至2014年7月，河镇已有2.6万多亩土地流转给大户，占到全镇土地的53%，占到土地整改项目区面积的80%。历时地看，在2007—2009年土地整理项目区内土地集中流转面积占到总面积的90%以上，而在后来实施的土地整理项目区中流转给大户的面积下降到50%左右。为什么会有那么多农户将土地流转出来？为什么土地流转前后农户会发生如此大的变化？在这个过程中政府发挥了什么作用？这一节要考察的便是河镇土地流转中作为土地流出方的农户，以及政府对于农户所进行的动员及其影响。下面主要从两个方面展开分析。

---

① 余练：《大规模土地流转与农村阶层固化》，《中共杭州市委党校学报》2013年第3期。

第四章　再造市场：地方政府如何使土地集中定向流转？

（一）分化的农户及其流转意愿

农户是否将土地流转出来决定了土地流转能否发生以及土地流转的规模，因此有必要分析农户的流转意愿。随着农户就业方式和收入来源的多样化，他们正在发生巨大分化。而决定农户流转土地的关键在于各类农户对土地的使用程度。

按照农户对土地的使用进行划分，可以将其分为种田的农户和不种田的农户两大类。不种田的农户主要是那些常年在外务工经商的农户，还有一少部分是因年老多病无力耕种土地的农户，其中前者在这类农户中占绝大多数。在土地集中流转之前，他们往往将自家的承包田流转给亲朋好友。由于绝大部分农户预计今后还会回村种田，流转出土地是想将土地托管给亲朋好友以免土地荒芜不便耕作，土地流入方只需给予流出方很少的租金（一般每年只有100斤稻谷/老亩），甚至不给租金。而在土地整改后的集中流转中，租金每年可达400斤稻谷/亩，所以大部分不种田的农户都非常愿意将土地进行集中流转。但其中还是有一小部分人对集中流转土地有所顾忌，这部分农户一般所有家庭劳动力都在外务工，但是他们由于年龄偏大或者近年需要回家照顾老人或带孙子，在外务工也有不确定因素，可能近年就要返乡，而返乡后种田是比较好的收入来源。他们如果将土地集中流转出去，流转期限较长，且签了合同不能随便将土地收用，那么返乡后就无田可种，因此他们将土地流转给村里的亲朋好友更合适。虽然这种流转方式的租金较低，但是非常灵活，随时可收回土地。

种田的农户可分为两类。一类是只耕种自家承包地的农户；另一类是除了自家承包地还流转了其他农户的土地，即上文所说的"中坚农民"。首先来看只种承包田的农户。这类农户主要是那些全部劳动力或部分劳动力无法外出务工经商的农户，以老年人为主，也有一些中年夫妇或中年妇女。他们在外出务工就业市场上基本没有机会（老年人）或者已经不具有就业优势（中年人），但身体尚好且需要就业，对他们而言，在农村种田是他们很好的退路。其中的老年人,他们虽然无法常年在外务工,但是种田是好手——既有种田经验,又肯吃苦耐劳,在机械化水平逐渐提高的情况下,现在种田也相对轻松了许多,他们完全可以胜任。由于技能有限他们往往只耕种自家的承包田。尽管种田不多,但对于他们而言意义重大。种田不仅保障了他们的基本生活来源(包括生活资料和货币),而且为他们提供了很好的就业渠道,他们在忙里有闲的自由劳动中体现生命意义①。他们农闲时还搞些副业或打点儿零工。这里需要说明的是,农户种田与在本地打零工并不矛盾。因为种田农忙时间很短,田间管理用零碎的时间即可完成,不耽误打零工。由此老年人就可以有两笔收入,中年人更是如此。老年人通过种田和打零工不仅可以维持自己体面的生活,而且可以帮子女抚养孩子(不需子女出钱)。如果老年人将土地流转出去,仅有流转租金和少许的务工费用,不仅无法贴补子女,还需要依靠子女赡养,这在加剧子女负担的同时也降低了老年人的地位,老年人的生命意义就很难体现②。

只种自家承包田的中年夫妇或中年妇女多是为了抚养孩子或者赡养老人而不得不在家务农,而且这部分劳动力因为年龄偏大且没有技术在外务工工资较低。由于他们无法外出,在家种些田既实现了就业又实现了家庭收入的最大化。当然,中年夫妇若两人都在家种田,只在自家承包地上种粮很难维持体面的生活,他们或者在种粮的同时在附近务工,或者经营一些副业(比如养鸡等),或者种植经济作物。他们也不希望将土地流转出去。

那些不愿将土地集中流转的农户基本将承包地流转给了村里的"中坚农民"。"中坚农民"的经营规模一般在15—50亩,由于

---

① 贺雪峰:《论农地经营的规模》,《南京农业大学学报》(社会科学版) 2011年第2期。
② 有学者通过大量调查发现,当今农村老年人的来自子女的收入在不断减少,且多数老年人在能够自理的情况下都不愿麻烦子女,参见石人炳《我国农村老年照料问题及对策建议》,《人口学刊》2012年第1期;石人炳、宋涛:《应对农村老年照料危机》,《湖北大学学报》(哲学社会科学版) 2013年第4期。

土地租金较低，其收入就比较高，再加上农闲时打零工或经营副业，他们的收入可达3万—5万元。这种收入水平基本相当于其常年外出务工的水平，而且他们在家务农不仅相对自由，还可以享受完整的家庭生活。由此，他们自然不愿将自家的承包地流转出去，还希望通过村委会建立的土地集中流转平台流入一部分土地。但是政府的流入土地门槛过高，限制了绝大部分"中坚农民"流转土地，因为他们一般没有雄厚的经济实力。因此，他们对于政府推行的土地集中流转持坚决反对的态度。

当然，以上农户对于政府设计的虚拟确权并划分土地功能区从而实现土地的集中连片是支持和欢迎的。

以上农户在河镇的所占比例，会因为当地每年的劳动力转移情况而有所不同，在各个村和各个村民小组也有很大差异。2008年前后，不种田的农户占到总农户的20%左右，只种自家承包田的农户所占比例在60%以上，而"中坚农民"只占不到20%。到2012年前后，随着外出务工经商人员的增加，以上三类农户所占比例分别变为约40%、30%和30%。这些数据主要是三个小组的数据，可能存在一定误差。即便如此，我们可以断定的是希望将土地流转出去的农户不会超过40%。而河镇有50%—90%的人将土地集中流转给了大户。这到底是如何发生的？我们需要考察土地集中流转中政府做了什么工作。

（二）政府动员与农户的流转情况

县乡政府发展规模经营的目标非常明确，它们希望更多的农户将土地流转给大户，为此，2008年以来，政府积极地动员各类农户将土地进行流转。从动员的强度来看，大体可分为两个阶段。2007—2009年，县乡政府给村级组织下了明确的土地流转指标，并采取了一定的强制措施，这一阶段可谓强制流转阶段。在以后的土地流转中，县乡政府仍然在动员农户进行土地流转，但是由强制改为鼓励，此阶段可谓鼓励流转阶段。

2007—2009年，三个村在土地整改项目区的土地流转率高达

90%以上。之所以有那么多农户将土地流转出来，一是因为当时的土地整理项目对于农户的农业生产具有一定的排斥作用；二是因为当时各级组织对各类农户都做了积极的动员。当时县乡政府给每个村下的土地流转目标是土地流转率至少要达到90%，并列入乡镇对于村级组织的考核中。政府当时之所以定这么高的土地流转率，一方面是政府发展大规模经营的目标使然，另一方面是为了满足工商企业的需要。据一位村干部说，若领导答应一个老板将1000亩土地流转给他，但是农民流转出来的土地面积不够，领导就会让村干部做农民的工作。为了调动村级组织的工作积极性，县财政还拿出资金奖励村级组织，按照土地集中流转面积给予20/亩的一次性奖励，如果一个村有3000亩土地进行集中流转，村级组织就可获得6万元奖金，这对于资金紧张的村级组织来讲是莫大的动力。而如果完不成政府交给的任务，在年度考核中就会被扣分，这直接影响村干部的工资和奖励。因此，村干部必须按照政府的要求执行任务。

村干部给农户施加的压力包括两个方面。第一，村干部的面子和关系。他们利用自己的面子和关系做农民的工作，一般农户比较看重这些，买了村干部的面子、认了村干部的关系，以后找他们办事就比较方便。第二，村干部手中的资源。比如低保名额、危房改造指标等，随着国家惠农资源的增多，村干部手中掌握的资源也在增加，而他们可以将其转化为一种治理资源①，在分配过程中将"钉子户"边缘化。下面是2012年年底笔者访谈林村会计王文山时，他讲述的内容。

> 当时进行流转时非常困难，我们的工作难度很大，至少一半的农户都不愿意流转，主要是中老年人，50—65岁，在

---

① 刘燕舞：《作为治理手段的低保》，《华中科技大学学报》（社会科学版）2008年第1期；郭亮：《从"救济"到"治理手段"》，《中共宁波市委党校学报》2009年第6期；魏程琳：《权力与关系网络中的农村低保》，《青年研究》2014年第3期。

第四章 再造市场：地方政府如何使土地集中定向流转？

农村还算壮劳力，他们想本地又没有企业，没固定收入，把土地流转出去做什么呢？怎么生活呢？他们都想自己种田。我们也理解，但是也得做他们的工作，镇里给我们下了死任务，没有办法，就得硬着头皮去做。我们当时几个村干部进行包片，每人负责一块，都是晚上到各家各户去做工作。做不通就找他亲戚朋友一块去，跟征地拆迁一样的（当时该村还实施了增减挂钩政策，拆了四五十农户的房子）。一次做不通两次，两次不行，三次四次，通过做工作，绝大部分都同意了流转土地。有死活不同意的，要种田也行，但只能做（种）自己的（承包地），如果种了一块小于承包面积的地，剩余的流转出来，如果大于承包面积，多于承包地面积的土地和承包大户一样付流转费用。最后，死活不同意的只占6%左右①。

从这位村干部的表述中可以看出，当时村干部花了很大力气做农户的工作，尤其是对那些不愿流转土地的农户，成效也很明显，由一开始至少50%的农户不同意流转土地到最后只有6%的农户不愿。另外两个村的情况也大体如此。最后继续种田的农户都是那些必须种田的。下面是其中的两个代表。

案例4-2：姚国新，男，1948年生，王村人，曾是小组（队）的老队长，两个儿子和媳妇都在外务工，老夫妻俩在家照顾孙子、孙女上学。他在土地整理前种了30多亩地，土地流转过程中他坚持要种自己的地，最后要到一块8亩左右的地，还有1亩多地流转出去了。大户流转土地后还一直给大户代管农田，一年代管费2万多元。他说："2008年冬天到2009年春天，王村的村干部到各家各户做农民的工作，至少花了2个月的时间。当时，村支书也来做我的工作，前后有四次，他说：'你们小组的人都不种了，你还种干吗？做小工不好

---

① 访谈对象：林村会计王文山，访谈时间：2012年12月19日上午。

吗？我给老板说让你去他那做小工，你看怎么样？'我告诉他，我坚决不把田扒（流转）出去，我自己种除了交给自己400斤稻一亩，还能挣上1000块钱一年。我把田扒给大户我干什么去？光给大户打工能赚几个钱？要是非得让我流转，也可以，村里帮我安排个工作，不要多，一个月1000块就行。村里哪能安排工作，看我那么坚决，最后就给了我一丘田。其实要是有钱的话，我还想流转50亩呢。村支书当时说不能只流转几十亩，要流转至少几百亩。"①

案例4-3：李爱花，女，1944年生，梅村人，丈夫已故，儿子智障，媳妇是个哑巴，孙女当时还在上学，生活都靠她一人种田兼打些零工维持，是村里的低保户。但是村里干部在土地整理时依然做李爱花的工作，希望她将土地流转给大户。李爱花坚决反对。她说："我不做田，家里就没饭吃，求人难，求土不愁，只要干，饿不死。如果扒给大户种，12亩田也就6000多块，不够吃的，自己种田除了吃的粮食，还可以养些鸡，种点菜，可以保住日常花销。就算全村人都（将土地）扒给大户，我也要自己种。"最后，她要回了自家的12亩承包地，自己种。现在她家虽然生活仍很艰苦，但至少吃喝不愁②。

总之，通过各级组织的积极动员和再造水土的排斥作用，2007—2009年土地整理项目区的土地绝大部分都流转给了大户，只有极少部分农户在耕种自家的承包田。但不久后，不少农户就后悔将土地流转出去，他们想在流转期限到后收回土地。

在林村、王村和梅村的调查，笔者了解到由于流转期限（2016年4月）快到了，很多农户都在积极地准备将土地收回来。有的农户希望将自家的承包地收回来自己种，也有不少农户打算联合起来将本组希望流转出来的土地流转下来自己种，他们也与

---

① 访谈对象：王村村民姚国新，访谈时间：2014年3月26日上午。
② 访谈对象：梅村村民李爱花，访谈时间：2014年6月8日下午。

第四章 再造市场：地方政府如何使土地集中定向流转？

大户一样付给流出户 400 斤稻谷/亩的租金，即使得不到政府的补贴也无所谓。在 2014 年笔者的调查中，很多农户已经私下与本组希望流转土地的农户达成了协议，在流转给大户的土地流转期到后双方进行土地流转。

有些村干部也了解到本村农户的需求，并积极准备，以满足他们的需求。梅村的村支书胡万勇与笔者谈道："我们村很多农民还要种田，有许多五六十岁的人，让他们种 50—100 亩就很好。和大户出一样的租金，如果不种到 50 亩，也没有多少收入，种得太多他们也没有那么多资金，一户种 50 亩田，也能搞（赚）到 3 万—4 万，在村里也不错了。但考虑到政策问题（流转 100 亩以上才有政府补贴），可以二三户流转 100—200 亩，由一户承包，然后分开种，这样都能领到国家的补贴。我们要满足老百姓的需求，不能再扒给大户了，把本地老百姓抛弃掉了。这就看怎么运作政策了，这就需要村里做好引导。以前的土地流转都是政府主导，村里只是协助工作。我们村里应该把老百姓和村里的所思所想反映给政府，把流转模式搞得更好。"

当然，农户和村干部正在着手准备的"再小农化"[①] 还只是处在孕育阶段，能否实现是一个未知数，但绝对会有不少农户将土地收回来。这从河镇后期的土地流转中也可见一斑。

在 2009 年以后的土地集中流转中，政府虽然在引进一些工商企业过程中还存在强制流转土地的现象，但在项目区的集中流转中很少再采取强制措施推动土地流转了。正因如此，项目区半数左右的农户都未将土地流转给大户。河镇政府之所以逐渐不再在土地流转中采取强制措施，一是因为中央政府在 2008 年十七届三中全会后一再强调在土地流转中不得违背农户意愿；二是因为

[①] "再小农化"是相对于"去小农化"的一个反向过程，它是小农在受剥夺和依附的情境下争取自主与生存的一种现代表述，具体表现为企业家向小农的再转换、小农人数的增加以及在生产逻辑上有别于市场的质的深化等。参见扬·杜威·范德普勒格《新小农阶级——帝国和全球化时代为了自主性和可持续性的斗争》，潘璐、叶敬忠等译，北京：社会科学文献出版社，2013。

2007—2009年通过强制措施发展特大户的问题日益凸显；三是2009年之前不少被强制流转土地的农户找政府，希望收回土地，这给政府带来不少麻烦。尽管不再强制流转土地，但是当地政府积极动员农户将土地流转给大户的基调一直未变。政府依然要求村级组织在土地流转中动员农户流转土地，依然给予其20元/亩的土地流转奖励，但是不再给每个村定土地流转的指标了。这样村级组织执行任务就具有很大的灵活性。虽然所有村干部还是要在村级和小组的土地流转动员会上鼓励农户将土地流转出来，但是有的村干部更多地强调自愿流转，而且自己也未将土地流转给大户，不过也有村干部则执行得比较彻底，反复鼓励农户流转土地给大户。

这时的农户吸取了教训，更多的农户选择自己种田。在当地流传着这样一个故事。林村有两个老头，一个老头家庭条件一般，村里给他做工作说："一亩400斤稻（租金），还可以出去打工（挣钱）。"他一听还可以，就把土地流转给大户了，但是他年纪大了，出去打工没人要他，他一年的收入就只有租金的四五千元，生活很困难。另一个老头，家庭条件本来就不错，当时村干部做工作，他死活不同意流转土地，最后自己种10多亩田，有些重活做不动就请人做，生活舒服得很，还经常打打小麻将。这两个故事是两类农户生活的真实写照。

所以在后期的土地流转中，很多需要种田的中老年人没有将土地流转给大户，其中多数人是自己种，所种面积限于自家的承包田。还有少数农户预计近年会回村种田，未将土地流转给大户，而是私下里将自家的承包地流转给本村农户，这就在土地集中流转之外重新造就了一些"中坚农民"，但是数量极为有限。绝大多数不种田农户的土地流转给了大户。"中坚农民"由于既没有能力按照政府的规定流转100亩以上的土地，又无法像以前一样流转农户的土地，更无法同大户一样出高租金只流转几十亩土地，他们在耕种自家承包田的同时将主要精力用于外出务工。原来的"中坚农民"都是中年人，其处在人生任务（包括为子女筹办婚事、为父母养老等)①最重的阶段，他们必须有较高的收入。以前由于土地经营规模较大，加上农闲务工或经营副业，收入基本可以满足需求，但是在经营土地面积减少后，再按原来的生计模式很难满足家庭需求，他们只好把重心转向务工。这也是项目区土地流转率较高的一个重要原因，即将土地流转给大户的不仅包括原本就不种田的农户，还包括一部分原本的"中坚农民"。"中坚农民"在土地集中流转后，大体有三种出路：一是极少一部分通过村里的流转平台转化为大户；二是极少一部分通过私下流转农户的土地继续做"中坚农民"；三是大部分"中坚农民"转化为只种承包田并务工的兼业户，或者将土地流转出去成为纯务工户。总之，土地集中流转后，"中坚农民"基本被瓦解。

四 小结

本章主要探讨了河镇的农业经营大户如何在土地流转市场上崛起。从以上分析可以看出，河镇的土地流转市场绝非仅受供求关系影响的自发市场，其深深嵌入当地的政治社会结构之中②，尤其受到县乡政府发展方向及其具体干预措施的影响，笔者将县乡政府对土地流转市场的干预称为"再造市场"。

县乡政府对土地流转市场的再造主要表现在三个方面：对土地产权和流转模式的再造、对土地流入方的筛选和对土地流出方的动员，这三个方面既包括了对商品（土地）形态和交易规则的改造，又涵括了对交易主体的改造。

首先，当地政府通过组织基层干部进行研讨设计了虚拟确权

---

① 郭俊霞：《农村家庭代际关系的现代性适应——以赣、鄂两个乡镇为例》，华中科技大学博士论文，2012；杨华：《隐蔽的世界》，北京：中国政法大学出版社，2013。

② 新加坡学人张谦也注意到地方的政治经济条件等因素对于各种农业经营模式及其相互关系的影响。参见张谦《中国农业转型中地方模式的比较研究》，《中国乡村研究》第10辑，福州：福建人民出版社，2013，第3—27页。

方案，从而将农户自种土地和集中流转土地分别集中在两个不同的功能区，解决了双方自发流转中土地产权细碎化的难题，村委会作为土地集中流转平台也降低了自发流转中流转双方的交易成本。应该说，当地政府对于土地产权和流转模式的再造在制度设计上具有很大的创新意义，为土地集中连片创造了基础条件，也为土地集中流转搭建了较好的平台。这种制度设计使各种形式的规模经营有了可能。而河镇的农业转型呈现第二章描述的形态主要是由政府对土地流入方和流出方的干预造成的。

其次，政府对土地流入方的干预机制是，通过控制作为土地流转中介的村委会对流转规模进行限定，从而做到了对规模经营主体的筛选。2012年之前，当地政府主要发展经营面积在1000亩以上的特大户，由此能够流转到土地的都是较大的工商资本者或合伙竞标的若干小资本者。但是由于农业生产的特殊性，特大户纷纷陷入生产困境并导致他们转包了土地，从而催生了一批家庭农场。当政府认识到家庭农场的合理性后，在2012年以后将土地流入方的经营规模限定为经营面积在100—500亩的家庭农场。因为家庭农场对资金拥有量也有一定要求，能够经营家庭农场的基本都是富裕阶层，普通农户和"中坚农民"被排斥在外。

最后，为了在更大范围内发展规模经营，县乡政府也积极动员农户将土地进行集中流转。在2007—2009年，政府给村级组织下达明确的土地流转指标，从而促使村级组织采取了一些强制动员措施，使项目区90%以上的农户将土地流转给了大户，这给很多农户带来了生活困难。2009年以后的土地流转中政府虽仍然要求村级组织动员农户流转土地，不过，没有采取强制措施，50%左右的农户未将土地流转给大户。但是由于政府对土地流入方设定了较高的门槛，原有的"中坚农民"只有极少数可以转化为家庭农场经营者。政府推动土地流转后，当地的主要农业经营主体变为100个左右的家庭农场经营者和极个别特大户，剩下的则是耕种自家承包田的农户，"中坚农民"基本消失。

综上所述，政府在河镇的土地流转中发挥了关键作用，既构

第四章 再造市场：地方政府如何使土地集中定向流转？

建了土地集中流转的产权基础和流转平台，也对土地流转的流入方和流出方进行了积极的干预，推动了河镇的农业转型。在这个过程中市场发挥了基础性作用，但是市场本身也受到政府的影响并被其进行了重新塑造，以使当地的土地流转按照政府的设计进行。在土地流转中，社区因素的作用也很明显。在虚拟确权和流转平台的构建中村级组织都发挥了关键作用，但是在土地流转过程中村级组织更多地扮演了政府的代理人角色，执行了政府政策，对于农户的需求村级组织没有较好地反映和满足。尽管在后期的土地流转中农户可以选择是否将土地流转给大户，但是无法左右土地集中流转的大方向，河镇的土地流转基本还是按照政府设计的方向在进行。虽然目前河镇有些村的村民和村干部正在孕育新一轮的"再小农化"，但也只不过是在政府设定的大结构下的策略性行为，而且能否实现在目前来看还是一个未知数。

当地政府通过再造水土和再造市场基本实现了农业转型。但是大户并不是产生了就可以自然而然、顺利地运转，他们需要政府提供很多服务。反过来讲，河镇所在的县乡政府既然有明确的发展规模经营的方向和理念，自然也会配套一定的服务，为规模经营的正常运行"保驾护航"。下一章要探讨的便是大户崛起后当地政府服务体系的转变。

第五章　再造服务：土地流转后地方政府对农业服务体系的重塑

随着社会化分工的日益加强，农业生产的正常进行已离不开农业社会化服务体系的保障。所谓农业社会化服务体系，是指为农业生产前、生产中、生产后各个环节提供服务的各类机构和个人所形成的网络。农业社会化服务包括的内容十分宽泛，主要包括物资供应、生产服务、技术服务、信息服务、金融服务、保险服务以及农产品的包装、运输、加工、贮藏、销售等各个方面[1]。在完善的农业社会化服务体系保障下，农业经营者只需做好农业生产即可，农业生产的生产前、生产中和生产后的各种服务都交由其他组织和个人。这些服务的提供者既可以是公益性的政府机构，也可以是营利性的商业化组织和个人，还可以是农民合作组织。我国政府一直特别强调农业社会化服务体系建设，十七届三中全会明确提出"加快构建以公共服务机构为依托、合作经济组织为基础、龙头企业为骨干、其他社会力量为补充，公益性服务和经营性服务相结合、专项服务和综合服务相协调的新型农业社会化服务体系"。

农业社会化服务体系的服务对象是农业经营主体，因此该服务体系是应农业经营主体的生产需要而产生，而不同的农业经营主体需要不同的农业社会化服务。随着大户的崛起，河镇逐渐地

---

[1] 孔祥智、楼栋、何安华：《建立新型农业社会化服务体系：必要性、模式选择和对策建议》，《教学与研究》2012年第1期。

第五章 再造服务：土地流转后地方政府对农业服务体系的重塑

建构起服务于大户生产的新型服务体系。在新型服务体系的形成过程中，政府、市场和社会等都在积极地做出相应的调整。本章主要阐述的是政府在新型农业社会化服务体系建构中所做的调整及其发挥的作用。笔者在河镇的调查发现，当地政府在河镇农业服务体系转型中做了很多工作并发挥了至关重要的作用，这尤其体现在农技服务体系、纵向一体化与项目的投放和农业保险三个方面上。政府将这三个方面的服务都向大户倾斜并建构了新的服务体系，笔者将这一过程称为"再造服务"。当然，再造服务结果不一定是建构起了服务于大户的理想体系，但使广大小户在农业服务体系中处于边缘化的状态。

一 基层农技服务体系的"另起炉灶"

农技服务是保障农业生产正常进行和提高农业科技水平的重要保障，对于农业生产至关重要。农业经营大户的崛起对农技服务提出了更高的要求，与此同时，基层农技部门也在主动转变职能以更好地服务于新型农业经营主体。在规模经营背景下，农技服务的转型理所应当、势在必行。但是，在这种转型中如何兼顾小户和规模经营主体的不同需求而不致有所偏废乃是值得审视的重要问题。

既有研究主要是从规模经营主体的角度讨论基层农技服务的主要问题及其改进方向。陈洁、刘锐和张建伦对安徽省种粮大户的调查发现，种粮大户对农技推广等农业社会化服务提出了更高的要求，但现实中的社会化服务水平并不高，尤其在仓储、运输、市场信息发布、气候及病虫害信息发布等方面的服务比较欠缺[①]。其他研究则更多地从宏观层面探讨规模经营主体兴起后社会化服

[①] 陈洁、刘锐、张建伦：《安徽省种粮大户调查报告》，《中国农村观察》2009年第4期。

务体系进一步完善的必要性、作用和政策选择等①,其中农技服务处于核心地位。总体来讲,以上研究都认为现有农技服务供给与新型农业经营主体的需求之间存在很大差距,有待进一步加强针对新型农业经营主体的服务供给,以促进规模经营。由于以上研究主要采取规范分析方法,因而没有注意到实践中农技部门面对规模经营主体兴起所做出的主动调整。尽管学术界有关农技服务体系的研究汗牛充栋,但主要是就农技谈农技②,没有在规模经营背景下审视基层农技服务的转型。

笔者在河镇的调查发现,随着规模经营主体的兴起,基层农技服务部门正在积极主动地做出调整以更好地服务于这些大户。其中一个深刻的变化趋势是,基层农技部门正在"另起炉灶"建构一套直接对接规模经营主体的农技服务体系,在这个过程中原本服务于小户的农技服务体系不是被替代便是被忽视,其"线断网破"的程度进一步加剧,这使小户在基层农技服务中逐渐被边缘化。下面主要从三个方面进行讨论:第一,小农农技服务体系及其问题;第二,基层农技服务体系在大户兴起后的转型;第三,农技服务体系转型后小农生产的问题。

(一) 小农农技服务体系及其"线断网破"

现有的农技服务体系脱胎于分田到户之前的集体时期。新中国成立以后,为了更好地服务和发展农业生产,我国逐渐建立了完善的农技服务体系。在公社以上各级政府都有专门的农技服务机构,而且在"政社合一"的人民公社还配有专门的农技服务组

---

① 张照新、赵海:《新型农业经营主体的困境摆脱及其体制机制创新》,《改革》2013年第2期;杜志雄、王新志:《加快家庭农场发展的思考与建议》,《中国合作经济》2013年第8期;姜长云:《支持新型农业经营主体要有新思路》,《中国发展观察》2014年第9期。

② 《中国农业技术推广体制改革研究》课题组:《中国农技推广现状、问题及解决对策》,《管理世界》2004年第5期;黄季焜、胡瑞法、智华勇:《基层农业技术推广体系30年发展与改革:政策评估和建议》,《农业经济问题》2009年第1期。

第五章 再造服务：土地流转后地方政府对农业服务体系的重塑

织，即公社、生产大队和生产队都有专门的农技服务组织或人员，依托强大基层组织政府的农技服务部门可直接对接到集体生产的田间地头。1974年全国推广湖南华容县的"四级农科网"经验后，除了县里办了农科所，绝大多数人民公社还办了农科站、生产大队办了农科队、生产队办了实验小组①。张乐天在其代表作《告别理想：人民公社制度研究》中也专门介绍了当时的农技服务体系及其工作内容，并给予了高度评价。

> 公社时期的技术引进有其特殊的方式和特征。其一，召开会议。公社和大队每年都召开大量的农业生产会议，分析农业生产情况，指出问题与困难，提出应该采取的生产措施……其二，公社有一整套运作正常的专门组织，发挥着技术引进和技术指导的职能。农村供销社向生产队提供化肥、农药、农用薄膜、农具、农业机械和新的作物品种。公社的农业技术人员在引进新的作物品种和管理技术工程中起着关键的作用，他们还举办农业技术学习班，培训基础的农业技术骨干；大队和生产队的农业技术人员直接对农民进行生产的技术指导。三级植保组织随时关注着作物病虫害的情况，他们通过会议、广播等渠道及时发出虫情预报，并辅导生产队防病治虫……除了这些正式组织以外，公社还号召队里的年轻人组织科学实验小组。在有些生产队中，科学实验小组在水稻良种引进中发挥了积极的作用。其三，在作物品种引进方面，公社时期形成了一套引进—试种—推广的规范程序……公社为农业技术的引进提供了颇为特殊的环境（笔者注：张乐天在行文中提到，引进技术的风险主要由集体组织承担而非单个农户承担，因此减少了引进技术的风险阻力），在公社中，一项技术假如适合于当地的实际情况，就可能通过其组织系统迅速

---

① 扈映：《我国基层农技推广体制研究：一个历史与理论的考察》，浙江大学博士论文，2006；韩鹏云：《治理农技——基层公益性农技推广服务运行机制研究》，华中科技大学博士后研究工作报告，2014。

得到推广。从历史的角度看，公社时期的技术引进无论其规模、速度和效益都是前所未有的。①

张乐天的描述不仅呈现了人民公社内部完善的服务体系，而且该服务体系在农业生产的各方面都提供了较好的服务，这些服务包括：（1）引进、试验和推广新技术（化肥、农药、种子、机械等方面）；（2）通过会议、广播等渠道及时发出病虫情报并辅导作物的防病治虫；（3）公社举办学习班培训农技骨干，并通过他们给农民提供技术指导。

分田到户后，农技服务内容和形式基本没有太多变化，只是服务体系有所调整而已。在人民公社时期，最基本的农业生产单位是生产队（基本相当于现在的村民小组），因此政府的农技服务组织只需要与生产队对接就可以了。但是分田到户后，农业生产的基本单位变为单个的农户，农技服务者的服务对象骤然增加几十倍。这时政府的农技服务组织如何与服务对象进行对接就是一个问题。为了应对体制变革给农技服务带来的问题，国家提出了"五级一员一户"的农技服务体系，即除在中央、省、市、县、乡五级设立农技服务机构外，村里设农民技术员和科技示范户，并通过他们借助基层组织为广大分散的农户提供农技服务。这一套体系在建立之初运转良好，发挥了极大的作用。河村现任村主任沈茂源是河镇分田到户后的第一批农技员，他给我们讲述了当时的情况。

> 我是1983年3月开始做专职农技员的。当时要先在县党校培训半个月，试用一年合格的话，才给颁发"农村技术员证书"和"聘用证书"，受镇里农技站和村里共同管理，在村里享受副村主任待遇，主要是村里发工资，镇里也会补贴一部分，两部分加起来一个月几十元，和副村主任差不多。当

---

① 张乐天：《告别理想：人民公社制度研究》，上海：上海人民出版社，2005，第232—234页。

第五章　再造服务：土地流转后地方政府对农业服务体系的重塑

时我对农业科技比较感兴趣，村里让我干民兵营长，我不干，专心做技术员。当时各个村都有经过培训的专业技术员，经常互相学习，哪个乡镇搞得好就到那去学习，然后再推广。我们县里的地膜育秧最早就在我家搞成功的，县农委组织各乡镇的农技站站长到我家开现场会，最后在全县推广。有了新技术和新品种首先在村里的科技示范户那里进行示范，带动其他农户。我们村基本每个村民小组都至少有一个示范户，都是那些对种田比较讲究、对农技感兴趣、在当地有一定威望、有带动作用的农户。①

由于每个村都配有专职的农技员、每个组都有科技示范户，20世纪八九十年代河镇推广了很多新技术、新品种，诸如地膜育秧、早中稻直播、晚稻抛秧等技术，杂交稻等新品种都是在这个时期推广开来的。除此之外，河镇农技站自20世纪80年代以来每年在农业生产的关键时节还组织技术培训，培训时间短则半天，长则3—5天，培训内容以农业实用技术为主，既有单项技术又有综合技术，主要由各村的农技员和重点示范户参加，农技员回到村里还要对各个小组的科技示范户进行宣传，从而带动其他农户采用新技术。可以说，政府的农技服务部门正是通过村里的农技员和科技示范户这一抓手才能带动分散的农户采用新技术，否则，正规的农技服务部门就无法与分散的农户进行对接。在病虫情报的发布上，镇农技站除了通过村里将信息传递到农户手上，还可以通过镇里的广播和电台将信息直接告诉农户。在河镇农技站工作了20多年的现任农技站站长孙宏哲告诉笔者："以前每个村都有大喇叭，一到防病治虫时节，农技站就在广播上进行广播，一般选在早上6点半到7点开一次，农民都在田里干活，也不耽误他们干活，就把病虫情报传递给农户了，吃晚饭的时候再开一次，这样就都知道了。什么时候该打药了，打什么药，一广播大家都

---

① 访谈对象：河村村主任沈茂源，访谈时间：2014年4月17日上午。

行动起来了,农户接收信息比较迅速。"除了广播,有时农技站还会在镇里的电视台就新技术、新品种及农业生产中需要注意的问题进行讲解。在调查中,绝大部分农民对当时的广播和电台记忆深刻,很多农民表示镇里的很多干部他们不认识,但是认识农技站站长孙宏哲,就是通过广播和电台认识的。

以上服务于小农的农技服务体系在税费改革之后发生了根本变革。在税费改革之前,该体系也发生了多次变动①,但这些变动都不是根本性的,因为整个体系还可正常运转。但是税费改革后,不仅合村并组、精简村干部,而且取消了三提五统,这样村里的农技员就被大大弱化了,虽然其还保留了职位,但都由村里其他干部兼任,在河镇往往是由业务最为繁忙的村会计兼任,他们不仅对农业技术不精通而且没有专门的工作经费,工作积极性很低,因此服务也很不到位。这样一来,镇里的农技站在服务农民时就"断了腿"。与此同时,乡镇也在精简机构、削减人员,不仅农技服务部门人员大量减少——河镇农技站只有站长1人,而且广播站也被撤销,大喇叭被拆掉。农技站发布病虫情报依靠村里的农技员,但是农技员这条腿也基本"断掉",村里的农技员只是将病虫情报贴到村里的信息公开栏上,农技站对他们的考核也仅限于此,这样受众就非常小,病虫情报很难通过原有的服务体系传递到大多数农户手上。此时的基层农技服务体系出现了严重的"网破、线断、人散",农技服务的"最后一公里"问题凸显,政府的农技服务部门很难与广大分散的小农进行对接,并把农技服务传递到

---

① 按照黄季焜等人的划分,基层农技服务体系的变动主要分为五个阶段:(1) 1978—1988年为改革初期和机构与队伍迅速发展时期;(2) 1989—1990年为商业化初期和经历第一次"三权"下放及队伍削减时期;(3) 1991—2000年为商业化中期和第一次"三权"上收及队伍迅速扩大时期;(4) 2001—2003年为商业化后期和第二次"三权"下放及队伍削减时期;(5) 2004—2008年为分离商业活动和第二次"三权"上收及继续精简队伍与多种改革试点时期。当然他们这里所指的基层农技服务体系主要是县乡两级的农技服务体系,不包括村级以下的体系。参见黄季焜、胡瑞法、智华勇《基层农业技术推广体系30年发展与改革:政策评估和建议》,《农业经济问题》2009年第1期。

第五章 再造服务：土地流转后地方政府对农业服务体系的重塑

他们手上①。

如果说，税费改革后基层农技服务体系只是出现了"网破线断"的问题，那么河镇的大户崛起后，其农技服务体系则出现了更为深刻的变化，即"另起炉灶"——农技服务体系全面转向大户，而将普通农户抛在一旁。

（二）"另起炉灶"：基层农技服务体系的转型

随着大户的发展壮大，河镇的农技服务体系也随之发生了巨大变化，其趋势是政府的农技服务部门将主要精力用在服务于大户，而对普通农户的服务相对弱化。在这一发展背景下，基层农技服务部门在服务对象和服务渠道上都做出了重大调整。笔者将这种现象称为"基层农技服务体系的'另起炉灶'"。

首先，在服务对象上，大户成为主要对象，小户被忽视。在大户兴起之前，普通农户自分田到户以来一直是河镇农业经营的唯一主体，因此也构成了县乡农技服务部门主要的甚至是唯一的服务对象。随着大户的不断壮大，当地农技服务部门也逐渐将主要服务对象指向规模经营主体。县农技推广中心和乡镇农技站负责人都表示，近几年及以后当地农技服务的定位是"以大户为主，兼顾散户"。他们所指的散户便是广大普通农户，因为他们既小又分散，故称"散户"。"以大户为主"，是指农技服务部门的工作重心围绕规模经营主体，主动为他们提供各方面的服务；"兼顾散户"是指在主要服务于大户的同时也要顾及散户。但是实践中这种兼顾很难做到。农户普遍表示，"以前县里和镇里的农技人员还往我们田里跑，现在都是往大户那里跑，你不找他，他也不找你"，"现在农技站管大户，不管散户了"，甚至有农户说"小户没有农技服务"。阳春县农技推广中心负责人也承认，"现在重点围绕大户，对散户有所忽视。我们人力、物力、财力有限，管不了

---

① 田先红、王德福：《乡村农技服务：在改革中沉沦》，《中国农业大学学报》（社会科学版）2008年第1期。

那么多，将重心转向大户后，散户就忽视了一些"。从县乡两级农技服务部门来看，在大户兴起前后，它们的人力、财力、物力等方面不但没有加强，反而还有所下降①。在这种情况下，它们将主要精力投入对大户的服务后，必然会减少对小户的服务。农技服务部门做好对大户的服务是应该的，但不应该忽视对小户的农技服务。

县乡农技服务部门之所以将服务对象主要锁定在大户上，既是当地政府的要求，又是农技部门"不出事逻辑"② 使然，同时也在于大户的积极争取。农技服务的转向在很大程度上取决于地方政府的发展目标，这主要是因为农技服务部门的"三权"（人、财、物的管理权）全都归属地方政府，至少河镇所在地区目前还是如此。因此农技服务部门必须服务于地方政府的发展目标，这既是地方政府的要求，也是农技服务部门的自觉意识。近年来，河镇所在县的乡政府都在积极发展规模经营，阳春县和河镇都有一半左右的土地流转给了大户，因此地方政府明确要求农技服务部门要为大户提供良好的农技服务。而从农技部门的角度来看，它们将主要精力用于服务大户是为了避免出事。县植保站站长朱光远说："之所以抓大户，他们成为重中之重，是因为他们面积大，一出问题就比较严重，影响也大。散户只要不出问题就行了，到目前为止没有出过大问题，都是局部性的小问题，不可能颗粒无收。"相对而言，散户的生产管理要比大户精细许多，出现问题的可能性比大户小一些；而大户的种植面积比较大，一旦发生病虫害就是大范围的。由于大户经营规模较大，他们对于农技服务的诉求较之于普通农户强许多，而且他们的组织和行动能力比散户要强，他们会积极要求政府和农技服务部门为其农业生产提供技术保障。更何况，这些大户大多是当地的工商企业主和富裕阶

---

① 2007 年以前县农技推广中心共有 44 人，当年减少到 37 人，到 2014 年只剩下 21 人。

② 贺雪峰、刘岳：《基层治理的"不出事逻辑"》，《学术研究》2010 年第 6 期。

第五章 再造服务：土地流转后地方政府对农业服务体系的重塑

层，本来就与政府的往来比较多，他们向政府表达诉求非常方便，而普通农户则很难。

其次，在服务渠道上，服务于大户的渠道趋于完善，而服务于小户的渠道更加"破碎化"。正如上文所述，政府的农技服务部门主要是通过村里的农技员实现与分散的农户对接。但是税费改革后这一渠道出现了"网破线断"的问题，通过此渠道服务于小农尚且吃力，更不用说借此服务于大户了。为了更好地服务于大户，当地农技服务部门另辟蹊径地开创了直接对接大户的渠道，即农技部门无须任何中间组织就可直接服务于规模经营主体。比如建立短信平台和 QQ 群，农技部门通过这些平台直接将病虫情报、新品种、新技术、天气状况等信息发送给大户。由于规模经营主体的数量相对较少且文化水平较高，因此运用这种信息平台进行直接对接的方式效果比较好，而广大小户由于数量庞大且素质参差不齐（有的不识字、不会用手机，更不用说使用 QQ 了），就很难采用这种服务方式。此外，在新技术、新品种的引进上，农技部门也直接在一些大户的土地上进行试验、示范并推广。而基层农技服务部门之所以能够无须中间环节就可实现与大户的直接对接，主要是因为大户的数量比广大小户少很多。

除了这种专门针对规模经营主体的方式，当地农技服务部门还将普惠性的服务倾斜于大户。正如上文所说，镇农技站每年都要举办农技培训班，河镇 2013 年举办的各种培训班就有 21 个。原来的参加者主要是各个村的农技员和示范户，近几年情况发生了变化：虽然村里的农技员（多为会计兼职）还是要参加，但是示范户全部被大户替换。与此类似，近年来实施的农技人员"包村联户"工作也是如此。按规定，县乡每个农技员都需要包 1-2 个村和 10 户示范户，主动为其提供农技服务并起到辐射带动作用，农技人员不仅要为其联系户提供各种信息，而且还要到田间地头进行指导并召集他们开会。虽然县乡农技员也会选择若干小户作为联系户，但主要的联系户都是大户。通过"包村联户"工作，河镇基本实现了农技员对所有大户（不包括"二包户"）的一对一服务。

以上措施确实在很大程度上满足了大户的需求，但是当地农技服务部门将普惠性的农技服务过度地向大户倾斜不利于普通农户，尤其是那些替代性措施还使服务于普通农户的渠道更加破碎化。原来的示范户基本都是村内的种田能手，属于"中坚农民"，由于其经营模式与其他一般农户类似，且他们自身在当地具有一定的影响，对小户的带动作用非常明显。而大户在种植模式和经营方式上与普通农户都有很大差别，因此大户对普通农户的带动作用大打折扣。比如，河镇的大户一般选择稻麦轮作，而散户主要种植双季稻；在经营方式上，大户属于资本密集型生产，农业资本化程度较高，而散户则属于劳动密集型生产，农业资本化程度较低；多数大户都不是本村或本镇人，他们与周边小户的来往非常少，这些都限制了大户的带动作用。

（三）小农边缘化及其生产困境

从以上分析可以清晰地看出，河镇的农技服务正在逐步实现"另起炉灶"，即从主要服务于农户转向主要服务于规模经营主体，主要表现在农技服务部门正在从服务对象和服务渠道等各方面实现向大户倾斜。尽管适用于大户的服务体系可能还有不周全的地方，但是造成了普通农户在基层农技服务中边缘化。这种边缘化既是他们的一种心理感受，也表现在他们在结构中的位置上。

在调查中，大多数农户表示非常怀念20世纪八九十年代的农技服务，那个时候不仅服务比较到位，而且小产比较受重视，尽管还需要缴纳农业税费。2000年以后的近十年，虽然由于基层农技服务体系的"线断网破"日益明显而使农技服务大不如前，但至少农技部门还比较重视对农户的服务，因为他们是其主要甚至是唯一的服务对象。但是大户崛起以后，农技部门将工作重心全面转向规模经营主体，这使农技部门也不再重视小产户。这就是上文普通农户表达"现在都是往大户那里跑"、"小户没有农技服务"等的背景。尽管这些表达可能有失客观，但确实反映了农户

第五章 再造服务：土地流转后地方政府对农业服务体系的重塑

被边缘化的感受。

农技服务"另起炉灶"后，普通农户很难再得到来自农技部门的直接服务，除非他们找到农技服务部门或农技员。那么，农户进行农业生产的主要农技服务来自哪里呢？笔者调查发现，几乎所有农户都依赖于当地的农资零售商，他们种什么品种、用什么化肥、打什么药、什么时候打药都主要依赖于农资零售商的推荐。已有学者指出，近年来农户存在"被动信任"农资零售商的现象，而这种现象之所以发生，主要是由他们在社会网络中的位置决定的，农资零售商处于农村农资社会网络的中心位置而农户处于边缘位置[①]。这一分析在一定程度上可以解释河镇小户被动信任农资零售商的现象，但更重要的原因在于基层农技服务体系的网破线断，而河镇农技服务的"另起炉灶"也在很大程度上助推了这一现象的产生。周村的老书记说："原来有大喇叭，村干部还要到各个村民组打招呼，要打药了。现在农技站只管大户，不管小户了，村里也没人管了，农资店就等于情报站，你问他，他告诉你。"换句话说，正是由于正规农技服务体系破碎化带来的农技服务不到位，农户更多地依赖具有私人性质的农资零售商店。

农资零售商在正规农技服务不到位的情况下确实填补了农民农技服务的空白，在很大程度上为农户农业生产提供了保障，比如在品种的选择、化肥的使用、病虫防治上，农资零售商都为农户提供了基本的服务。但是，由于农资零售商的逐利性，他们会向农户推销利润高的农资产品，而不会推销效果最好或最为适合的农资产品，因为农资零售商不具有为农户提供基本农技服务的公共职能。农户在农技服务上过度依赖农资零售商，不仅不利于新技术、新品种的推广，也不利于农业生产的正常进行。比如，政府的农技服务部门想在当地推广一种新品种，但是很难落实下去，因为农户到农资零售商那里买种子，农资零售商首先会推荐

[①] 张蒙萌、李艳军：《农户"被动信任"农资零售商的缘由：社会网络嵌入视角的案例研究》，《中国农村观察》2014年第5期。

那些利润最大的品种，而不是农技服务部门要推广的品种。所以，河镇农技站站长孙宏哲总结道："散户在新品种、新技术、新农药的采用上存在很大瓶颈。"

农户依赖农资零售商的弊端在防病治虫上表现得更加明显。农资零售商为了更好地销售农药，会从农技站购买一些病虫情报，以更好地掌握病虫信息。而从农技部门来讲，让农资零售商掌握病虫情报也能够更好地让农户防病治虫。但是农资零售商在利用病虫情报时拥有很大的空间。作为商人，农资零售商的目的就是实现利润最大化，他们购买病虫情报就是服务于此目的。还不到该打药的时候他们就建议农户打药，或者应该选择毒性小的农药，却推荐毒性大的农药。当然，在这个过程中农资零售商获得了更多的利益，但是农民受到了损害。阳春县植保站站长朱光远说："在防病治虫中有个指标问题，只有当病虫数量达到一定指标我们才发布病虫情报，不然不需要打药的，否则一看到虫害就打药，会增加虫害的抗药性。但农资零售商不考虑这个问题，他们为了卖药就让农民打药，短期效果是好，但是长期来看很不利。盲目地打药而且剂量过大，把害虫的天敌都打死掉了，就破坏了农田的生态平衡，也提高了下一代病虫的抗药性。这样就需要打更多的药，打更重的药，从而就陷入了恶性循环。最终吃亏的还是老百姓。"

在调查中笔者了解到，河镇几乎半数以上的农户一季晚稻和中稻都打上10次药，基本是每周1次，他们称这为"打保险药"，即按照这个节奏打药基本不会发生病虫害。换句话说，这是农户在不清楚科学施药情况下的一种自保行为。据县植保站站长朱光远介绍，按照科学的施药方法，一季晚稻和中稻只需打4—5次药即可。其实所有的大户和不少一般农户也是一季打4—5次药，有半数以上的农户一季要打上10次药。后者的这种施药方法带来的问题也是多方面的：（1）生产成本大大提高，这些农户一季晚稻的农药成本一般在150—200元/亩，而按照科学方法打药的农户只需要80—120元/亩；（2）增加了病虫的抗药性，从而使农户打药陷入恶性循环;(3)大大增加了稻谷的农药残留量,所以农户往往只食用最多打一两次农药的早稻,而将晚稻全部卖出。

半数以上的农户无法采用科学的打药方法主要是他们得不到科学的指导,而只能依赖农资零售商。县植保站站长朱光远说:"其实,我们主张生物治虫,打药只是补救措施,但我们只能在接触范围内尽量宣传,不过范围有限,大部分农户我们接触不到。"这一方面是因为服务于小户的体系已"线断网破",另一方面则是因为近年来基层农技服务体系发生了"另起炉灶"的转型。换句话说,正是公益性农技服务的缺失将农户推向了市场化的浪潮,从而带来了很多问题。相对于小户的这些问题,大户在基础农技服务体系"另起炉灶"后得到了较为全面的服务,从而能够充分利用政府的公益性农技服务和市场化服务。

二 大户牵头的纵向一体化与项目的垒大户

政府为农业生产所提供的服务除了农技服务外,还有一些通过发展纵向一体化提供的各种服务,此外各相关部门还会以各种项目的形式为农业生产提供各种类型的服务。在这一节,笔者主要考察纵向一体化和项目投放两个方面在大户崛起后所发生的变化。

(一)大户牵头的纵向一体化及其名实分离

纵向一体化是相对于横向一体化而言的,不同于横向一体化主要致力于生产规模的扩大,纵向一体化通过拉长产业链来解决小农户与大市场的矛盾,从而使参与者分享更多利润。具体到农业领域,横向一体化是指经营者土地面积的扩大,河镇2008年以来的大户崛起便是横向一体化的过程;纵向一体化则是指在生产者经营规模一定的情况下通过合作农资采购、购置机械、农产品加工和销售等使生产者除了获得生产环节的利润外还能分享生产前和生产后诸环节的利润。

再造农业

农业的纵向一体化在我国主要是通过龙头企业和农民专业合作社两种形式实现,其中龙头企业自20世纪90年代以来便受到各级政府的扶持,基本上县级及以上政府都设有农业产业化办公室,专门负责龙头企业的发展工作。政府希望通过龙头企业发展"公司(+基地)+农户"模式带动农民致富。2006年全国人大通过《农民专业合作社法》后,农民专业合作社也正式成为政府认可并被扶持的纵向一体化组织,其扶持范围包括农资统购、技术服务、农产品的加工和销售等。黄宗智认为,从生产者的角度讲,发展农民专业合作社相对于龙头企业更能使其获得更多的利益,因为合作社可使利润主要保留在农民内部进行分配,而龙头企业则使主要的利润由企业占有①。习近平在其博士学位论文中也对龙头企业持一定的保守态度,提倡支持合作组织②。然而,从河镇的实践来看,无论是合作社还是龙头企业都被大户把持,成为大户获得利益的重要渠道,而它们所宣称的需要带动的小户则被排斥在外。

尽管在大户出现以前,河镇的纵向一体化也有所发展,但是大户出现以后当地的纵向一体化发生了明显的变化,这种变化主要表现在两个方面:第一,龙头企业开始通过大面积流转土地进入农业生产领域;第二,大户牵头成立了大量名不副实的农民专业合作社。

首先来看龙头企业的情况。从阳春县农业产业化办公室提供的"农业产业化龙头企业通讯录"可以看到,截至2013年年底,全县共有65家县级以上龙头企业,其中河镇有12家。从河镇12家龙头企业从事的领域来看,养殖类3家、林果类4家、经济作物种植类2家、粮食加工类2家、旅游类1家③。由于林果类、养殖类和旅游类企业主要需要山地、水面等资源,这些龙头企业没有

---

① 黄宗智:《中国的新时代小农场及其纵向一体化:龙头企业还是合作组织?》,《中国乡村研究》(第八辑),福州:福建教育出版社,2010,第11—30页。
② 习近平:《中国农村市场化研究》,清华大学博士论文,2001,第37、125、127—129、144—145页。
③ "阳春县农业产业化龙头企业通讯录"(截至2013年年底)。

第五章　再造服务：土地流转后地方政府对农业服务体系的重塑

流转农户耕地。在两家粮食加工龙头企业中有一家企业自2008年以来共流转了3210.03亩土地，另一家也在积极准备流转土地；两家经济作物种植类龙头企业分别在2007年和2010年流转土地485亩和631.99亩。洪世成的粮食加工厂2008年流转土地的情况已经在第四章进行了介绍，应该说在2008年洪世成主要是在当地政府的动员下流转了2244.03亩土地，在其看到转包土地存在巨大利益空间的情况下，其在2011年后又持续流转了一些土地。而另外两家企业流转土地也是在当地政府招商引资项目的背景下完成的。正如前文所述，这些特大户大面积地流转土地是当地政府积极动员农户甚至不惜对其采取强制措施才得以实现的，因此龙头企业向生产领域的延伸实际上是其在替代农户并挤压了很多农户的利益，更不用说对其起到什么带动作用。

两家从事经济作物种植的龙头企业主要的带动作用是吸收了当地的一些劳动力。在之前当地主要是种植水稻，企业进入后改种经济作物，增加了劳动力的投入，吸收了不少附近的老年人在生产基地务工，但这是在流转出土地无地可种的前提下进行的。粮食加工厂老板洪世成可以为农户提供的服务比较全面，不仅其粮食加工厂可收购农户的粮食，其经营的河镇最大的农资店还可为农户提供农资，此外他还购置了大量农用机械并成立机械合作社，可为农户提供机械服务，所以洪世成在访谈中告诉笔者其粮食加工厂的生产基地（他自己流转的土地）已经实现统一经营、统一生产标准、统一农资采购、统一农技服务、统一粮食收购等。尽管这几个方面不能说完全实现了统一，因为洪世成流转的土地绝大部分已经转包给了诸多"二包户"，他们在生产中独立核算，在生产环节上具有一定的自主性，但是他们至少在农资购买和粮食销售上必须与洪世成打交道，这在转包合同上是写明的。从洪世成的角度来讲，他至少控制了3000亩左右土地的农资销售和粮食收购，而从"二包户"的角度来讲，他们在农资采购和粮食销售上失去了自由，而且，听这些"二包户"说洪世成并没有给予他们特别的优惠。如果没有这种转包关系的存在，"二包户"就可以根据价格高低来选择农资零售商和粮食加工厂,而且由于经营规模较大,其具有较强的谈判能力。换句话说,洪世成的龙头企业通过流转土地并进行转包才使"公司+农户"之间的订单模式具有保障,对于粮食收购和农资销售具有稳定作用①。而洪世成与其他大多数没有转包关系的大户和小户之间由于双方的违约概率都非常大,所以很难实现订单生产,他们都是根据市场价格进行交易。因此龙头企业的带动作用很少体现。综合以上,相比于政府对于龙头企业的大力扶持②,龙头企业在带动农户上的作用是非常小的。

其次来看河镇合作社的发展情况。河镇农民专业合作社的发展几乎与大户的崛起是同步的。2006年阳春县只在河镇有1家合作社,2006年《农民专业合作社法》颁布以后,当地的合作社发展开始进入快车道,每年有20家左右的合作社成立,截至2013年年底阳春县共有131家合作社,其中河镇有合作社31家③。河镇31家合作社基本都是由各行各业的大户牵头成立的,在从事经济作物、水稻种植的22家合作社和3家机械合作社中,除了3个村委会为了土地流转各自成立了1家合作社和2家农资零售商分别成立了1家合作社外,其余的17家合作社中有14家为流转了土地的大户的发起。这14户大户中也包括上文提到的3家龙头企业,其中洪世成成立了水稻种植和农业机械两个专业合作社。实际上,合作社已经被大户垄断了④。

这些合作社的运行模式大体来讲可分为三类。第一类,仅仅

---

① 龙头企业的这种策略在陈义媛调研的湖南衡阳县也有显著体现,参见陈义媛《资本主义式家庭农场的兴起与农业经营主体分化的再思考》,《开放时代》2013年第4期。
② 笔者从阳春县农业产业化办公室了解到,近年来县财政每年拿出500万元扶持龙头企业。
③ "阳春县农民专业合作社统计表"(截至2013年年底)。
④ 张晓山也指出,大户领办和控制的合作社在一些地区已成为合作社的主要形式,参见张晓山《农民专业合作社的发展趋势探析》,《管理世界》2009年第5期。

第五章 再造服务：土地流转后地方政府对农业服务体系的重塑

停留在章程上，没有任何运转，这类合作社占据大多数，而大户成立合作社的目的是为了获得政府的扶持资金：每年每个合作社除了可以获得1.5万元的奖励资金外，还可以优先获得各类项目和资金。第二类，只是体现在农资采购上，而且是在小范围内进行的，主要是单个或若干个大户在购买农资时顺便为周边农户尤其是自己的雇工代购农资——因为大户购买农资数量较多，价格较低，这类合作社只占少部分。第三类是如洪世成般成立的合作社，虽然绝大部分社员与洪世成没有很强的利益联结机制，但是接包其土地的"二包户"与洪世成之间在农资采购、粮食销售上都有密切的利益关联，不过他们之间的关系也不是真正意义上的合作关系，而是在转包关系基础上建立的不平等关系[①]。实质上，这三类合作社都属于仝志辉和温铁军所说的"大农吃小农"的"假合作社"[②]，因为发展合作社的本意是解决小农与大市场对接的难题，但在实际运作中演化成大农（基本等同于笔者所讲的大户）借助形式上的合作社组织小农来谋取国家扶持资金和其他商业利益。

综上所述，河镇纵向一体化的两种实现形式——龙头企业和合作社都存在严重的名实分离。政府发展纵向一体化的初衷本是为了解决广大小农对接大市场的难题并使小农获得更多产业链中的利润，但是实践中成为龙头企业和大户获取政府扶持资金和商业利益的渠道。

这一悖论的出现显然与政府有密切关系。正如前文所述，龙头企业进入生产领域是在地方政府的推动下进行的。而哪个企业能够成为龙头企业、谁能成立合作社都由政府相关部门决定。河镇之所以出现大户牵头的纵向一体化，从某种程度上说正是当地

[①] 洪世成的这种合作社正是冯小所指的典型的"合作社包装下乡资本"的例子，参见冯小《农民专业合作社制度异化的乡土逻辑——以"合作社包装下乡资本"为例》，《中国农村观察》2014年第2期。

[②] 仝志辉、温铁军：《资本和部门下乡与小农户经济的组织化道路——兼对专业合作社道路提出质疑》，《开放时代》2009年第4期。

政府造成的。所以，笔者将其作为大户崛起后政府"再造服务"的一部分进行阐述。

（二）涉农项目投放中的"垒大户"

政府不仅将农业产业化资金和合作社扶持资金主要投向了大户，而且涉农项目投放也出现了向大户集中的现象，尤其是那些牵头纵向一体化的大户，笔者将这一现象称为涉农项目的"垒大户"。

税费改革后，我国进入了"城市反哺农村，工业反哺农业"的阶段。随之而来的是大量惠农资金投向农业、农村和农民，由于财政资金日益走向专项化，所以这些惠农资金主要以项目的形式下乡①。在河镇，这种项目进村也比较多，第三章讨论的再造水土中的土地整改项目就是国土部门和财政部门的惠农项目，其对改善河镇农业生产的基础条件起到了巨大作用。当然从原则上来讲这些土地整改项目对项目区的所有农户都是一视同仁的，但是从操作上来看，这些项目对大户有所倾斜，正是当地政府为了发展大户才将土地整改项目集中在河镇的项目区。除了这两个部门，农业部门、水利部门、科技部门等涉农部门都有大量涉农项目（这里的"农"主要是指农业，而非"三农"）。在河镇的调查中笔者发现，随着大户的崛起，河镇的涉农项目主要向新型农业经营主体倾斜，甚至出现了垒大户的现象。总体来讲，涉农项目的垒大户现象主要体现在两个方面：第一，相对于小户，涉农项目主要向大户倾斜；第二，相对于一般大户，主要向其中的若干主要大户倾斜。

河镇 2013 年实施的万亩水稻高产创建项目就体现了垒大户。万亩水稻高产创建项目是农业部设立的旨在通过加大科技投入促

---

① 周飞舟：《财政资金的专项化及其问题：兼论"项目治国"》，《社会》2012 年第 1 期；李祖佩：《项目进村与乡村治理重构》，《中国农村观察》2013 年第 4 期；渠敬东：《项目制：一种新的国家治理体制》，《中国社会科学》2012 第 5 期。

第五章　再造服务：土地流转后地方政府对农业服务体系的重塑

进水稻均衡增产的农业项目。2013年河镇建立了早稻和双晚稻两个万亩创建示范区，主要由县农技推广中心负责实施。据县农技推广站站长万江华介绍，该项目基本覆盖了水稻生产的所有环节，在品种选择、栽培技术、土肥选用、病虫防治等方面都有涉及。比如在品种选择方面主要是免费发放稻种，在栽培技术方面推广机插秧技术，在土肥方面推广测土配方，在病虫防治上则要在植保站的直接指导下进行防治，并免费发放新型植保机械，即机动喷雾机等。由于项目资金有限，为了凸显重点，该项目分为百亩攻关区、千亩核心示范区和万亩示范区三部分。据农技推广站站长万江华介绍，在项目实施中，项目资金主要投放在了百亩攻关区上，而这个百亩攻关区恰是河镇最大的"种粮大户"洪世成的田的所在地，千亩核心示范区再适当照顾下其他一两个大户，剩下的部分才会涉及其他大户和广大小户。千亩核心示范区项目投入非常少，其他项目区基本就没有投入了。在河镇，种植早稻和双晚稻的其实主要是广大小户，大户主要选择稻麦轮作。

据阳春县农委副主任刘则成介绍，"种粮大户"洪世成之所以没有将所有土地都转包出去而是自己仍然种植400多亩田，其主要目的便是更好地承接政府的各种项目，他说，"相对于二产（第二产业），一产（第一产业）的项目很多，而且来自各个部门"。实际上，洪世成近年来确实获得了很多项目，他获得了河镇几乎所有有关农业发展的项目，如农业产业化基地建设项目、农民合作社基地建设项目、机插秧工厂化育秧建设项目、高产创建项目、测土配方项目、统防统治项目，等等，据不完全统计，这些项目的总资金不低于1000万元[①]。这些项目的集中投放不仅促进洪世成的粮食加工厂、"合作社"和基地的发展，使其获利颇多，而且在这些项目的实施过程中他也可以通过虚报数字、偷工减料、项目叠加等方式套取项目资金。比如一个项目实际只需20万元即可

[①] 有关洪世成公司的农业产业化基地建设项目的实施情况参见附录六。

完成，但是在项目申报时虚报为 30 万元，而实际中上只投入 15 万元，甚至还可以在同一个项目区重复申请其他项目。当然其中的利益不一定是洪世成一人独享，还有其他利益主体分享。当地政府的一位干部给笔者讲，"洪世成一直比较积极地'跑项目'，主要原因是他从项目上尝到了很大的甜头，尤其是在很多项目存在管理不规范的情况下，其有可乘之机"。

当然不是所有的大户都能像洪世成那样得到照顾。河村一位村干部（洪世成便是河村人）告诉笔者："谁能得到上面的项目，就看谁会钻，钻进去就有，钻不进去就没有。洪世成为什么得到的项目最多？一是因为他在最初流转土地的时候确实有过功劳，当时都不敢流转那么多土地，他把 2000 多亩土地一下接下来了，当时为政府分了忧；二是他是政府树立的一个典型，是我们镇最大的大户；三是他能跑，经常往政府里跑，与各个部门都很熟，一有什么项目首先就想到他了。"这位村干部总结的"钻"，指的便是积极地争取项目，这就是一些学者总结的"跑项目"①，因为目前项目仍是一种稀缺资源，政府不能像撒胡椒面似地做，由此项目这种资源的落地就需要申请者争取。但是，在大家都在"跑项目"或"钻"的时候，只有具有典型意义的争取者才能得到项目，而洪世成在河镇就是一个典型，而且是政府树立起来的"旗帜"②。2012 年笔者在河镇调查时，一位规模仅次于洪世成的大户告诉笔者，他曾经半开玩笑半认真地对洪世成说："你怎么不早点死呢，你死了，我们也就有出头之日了！"这位大户的话意味深长，至少表达出了以下意思：第一，河镇只要有洪世成存在，其他大户不可能获得政府的各个项目的倾斜，即使积极争取也只能获得一些小项目；第二，只有洪世成这个典型消失，作为仅次

---

① 折晓叶、陈婴婴：《项目制的分级运作机制与治理逻辑》，《中国社会科学》2011 年第 4 期。

② 笔者曾在一篇文章中专门论述了龙头企业运作项目的机制，其中便包括企业的策略和政府的态度等，参见孙新华《惠农项目的企业化运作：机制、后果与对策》，《安徽师范大学学报》（人文社会科学版）2014 年第 1 期。

于洪世成的大户才有出头之日；第三，他对政府一味地扶持洪世成很不满。就连仅次于洪世成的大户都无法获得大量项目，更不用说其他大户了。当然，他们相对于小户仍然可以得到政府更多的优惠政策扶持。

三 政策性农业保险中的大户效应

农业是一个弱势产业，除了与工业一样需要面对市场风险，还面临着巨大的自然风险。这主要是由农业生产的特殊性决定的。工业的生产活动主要集中在厂房，这极大地减少了自然风险的侵扰。但是农业生产需要在广袤的田野中进行，而且作物的生长周期比较长，这样就容易受到雨、雪、风、高温、低寒等天气因素和病虫草鼠等生物因素带来的侵害。农业生产的自然灾害频繁发生，这是任何农业经营者都需要面对的问题。

大户崛起后如何应对外界的自然灾害？自然灾害对大户产生了什么影响？政府又采取了哪些措施？这些是本节要探讨的问题。笔者在河镇调查发现，大户崛起后反而加剧了当地的自然灾害带来的损失，换句话说，相对于小户，大户在自然灾害面前更加脆弱，抵御自然灾害的能力更弱，笔者将这一现象称为"大户经营的风险放大效应"。与大户崛起同步，河镇的政策性农业保险也逐步发展起来，政府为了更好地发展大户，也将政策性农业保险向大户倾斜。以上两者结合起来便是本节所指的政策性农业保险中的大户效应。

（一）大户经营的风险放大效应

一般认为，小农在自然灾害面前非常脆弱。这种认识有一定道理，也是传统社会的一个客观事实。在传统社会，由于农业生产力比较低下，而且小农的组织化程度较低，因而更容易受到自然灾害的威胁并造成严重后果，正所谓"三岁一饥、六岁一衰、十二岁一荒"。由于小农的主要收入来源于土地，一旦发生自然灾害，就会对处于"水深齐颈"状态的小农①带来巨大冲击，严重时甚至造成小农倾家荡产、流离失所。但是，随着我国农业生产力的发展和各级政府与基层组织积极组织农民进行抗灾，较之于传统社会，我国农民抵御自然灾害的能力明显加强，从而使灾害的发生率及其造成的损失都明显下降。尽管如此，也不得不说小农在自然灾害面前仍然非常脆弱，旱涝风雪灾害及病虫害时有发生，给农户造成一定损害，我国政府近年来推动政策性农业保险是非常必要的。同时我们还应看到，小农生产中的自然灾害虽然时有发生，但多数是局部的、小范围的，而且带来的损失也比较小。而从河镇的经验来看，大户崛起后当地的自然灾害发生率及其造成的损失不但没有减少，反而大大增加了，而且在同等条件下，大户受自然灾害的影响比小户要大。

第四章在介绍特大户的生产困境中已经指出，特大户几乎每季都会受灾。2012 年以后家庭农场替代特大户成为河镇大户的主体，总体上来讲，家庭农场受灾的面积和程度都有所下降，但是仍然高于小户。同样是 1000 亩土地，假如分别由一个特大户、若干家庭农场和上百个小户经营，那么他们的受灾程度将依次降低，受灾面积依次减少。这一规律是笔者在走访各类经营主体时发现的，也得到了该县国元农业保险公司经理温晓霞的印证。自 2008 年该县成立农业保险公司以来，温晓霞就一直在该公司工作，对全县的受灾情况都比较了解。她说："小户每年都比大户受灾要轻一些，而且往往面积越大受灾越重，应该说，大户比较脆弱，所以他们更加依赖保险。"为了进一步了解大户和小户的受灾情况，笔者向该公司索要了近几年河镇农业保险的参保和受灾数据，参见表 5-1。

---

① 斯科特在《农民的道义经济学》中曾引用了 R. H. 托尼（著有《中国的土地与劳动力》）描述传统中国农民的一段话，"有些地区农村人口的境况，就像一个人长久站在齐脖深的河水中，只要涌来一阵细浪，就会陷入灭顶之灾"。这句话被认为形象地说明了传统社会中的小农的处境。参见斯科特：《农民的道义经济学》，程立显、刘建译，南京：译林出版社，2013，第 1 页。

第五章 再造服务：土地流转后地方政府对农业服务体系的重塑

表 5-1　2012—2014 年河镇大户和小户的参保和受灾情况

单位：亩，%

作物	年份	大户				小户			
		参保面积	灾害类型	受灾面积	受灾比例	参保面积	灾害类型	受灾面积	受灾比例
小麦	2012	9981.6	赤霉病	1276.4	12.8	2120.5	赤霉病	272.7	12.9
	2013	11439.0	赤霉病	1215.9	10.6	763.3	赤霉病	0	0
	2014	15411.4	赤霉病	7924.4	51.4	1414.4	赤霉病	507.3	35.9
中稻	2012	11108.6	倒伏	1528	13.8	2940.2	倒伏	57.6	2.0
	2013	17701.6	倒伏、旱灾	2784.2	15.7	4009.4	倒伏、旱灾	523.8	13.1
早稻	2012	415	倒伏	172.3	41.5	14061	倒伏	979.2	7.0
	2013	953.5	倒伏	661.6	69.4	13809.5	倒伏	4932.3	35.7
晚稻	2012	2265.0	倒伏	269	11.9	9317.2	倒伏	31.5	0.3
	2013	1622	/	/	/	9960.2	/	/	/

资料来源：国元农业保险有限公司阳春县分公司。由于前几年数据比较琐碎，该公司只提供了 2012—2014 年的数据。原始数据中只有河镇的总体情况和大户的情况，表中小户的情况是笔者从两者中析分出来的。

表 5-1 反映了很多信息。首先来看大户和小户的受灾情况及其区别。从受灾害的类型来看，小麦集中在赤霉病，水稻集中在倒伏和旱灾尤其是倒伏。这主要是由河镇的特殊条件决定的，河镇雨多潮湿，因此小麦易得赤霉病，而且产量不高，农技部门也认为当地不适合种植小麦，但由于大户很难大面积种植双季稻，所以主要改种小麦和中稻轮作，而大部分小户都种植双季稻，只有少数小户选择稻麦轮作。河镇的圩区恰处于长江南岸的风口地带，因此多风，易造成水稻倒伏。其实，从往年的受灾情况来看，还有雪灾、虫灾、涝灾等灾害。但是无论何种灾害，从大户和小户的受灾比例来看，大户基本每季每次的受灾比例都高于小户，而且是高出很多。从表 5-1 中可明显看出，除了 2012 年的小麦赤霉病小户的受灾率略高于大户，其他任何灾害中的受灾率都是大户远高于小户。这还是在家庭农场经营者作为主要经营者的情况

下的受灾率，在 2012 年之前特大户为主要经营者的时候，大户的受灾率更高。当然，统计表中显示的没有受灾并不代表实际中农业生产者没有受灾，因为保险公司的起赔点是受灾率达到 30%，即假如一块田只有不到 30% 的面积受灾，是不在保险公司的理赔范围的，也不在其统计范围。

其次，从大户和小户的参保情况来看，大户的参保率高于小户。表 5-1 中大户参保的中稻和晚稻的面积之和大体可看作参加保险的大户的实际面积[①]，两者之和在 2012 年为 13373.6 亩，2013 年为 19323.6 亩，分别占到当年大户总面积的 81.6% 和 78.7%。而表 5-1 中小户参保的中稻和早稻面积之和大体可反映参加保险的小户的实际面积，在 2012 年为 17001.2 亩，2013 年为 17818.9 亩，分别占到当年小户总面积的 50.6% 和 70.0%[②]。这里有个问题，既然大户的受灾面积较大，为什么大户的参保率没有达到 100% 而且还有下降趋势？其实所有大户都是急切地想参保的，只不过有很多"二包户"只有通过"一包户"才能参保，但是理赔资金由"一包户"领取后往往不给或少给"二包户"，所以不少"二包户"干脆不参保了。如果没有"一包户"截留理赔资金或"二包户"可直接向保险公司交保费，可能所有的大户都会参加农业保险。

"大户经营的风险放大效应"之所以会出现，主要是因为大户无法像小户一样及时灵活地防范和应对自然灾害。正所谓"船小好掉头，船大顶风浪"，小户在自然灾害发生前既可及时灵活地防范，在自然灾害发生后也可及时灵活地应对，而大户则很难做到这些。比如在防病治虫上，小户由于种植面积较小，半天即可完成打药工作，即使其中的"中坚农民"在一到两天也能完成打药工作，从而更好地做到防病治虫。病虫灾害的最佳防治期也就两

[①] 这是因为，一年中农户只能选择中稻或晚稻而不能同时种植。
[②] 以上大户的总面积参见表 2-2 中的数据，而小户的面积为河镇的土地总面积（5 万亩）减去大户的总面积。

第五章 再造服务：土地流转后地方政府对农业服务体系的重塑

三天，而大户打药一般都需要几天时间，这不利于防病治虫，更容易造成病虫灾害，当然家庭农场相对于特大户还是要快一些。在病虫灾害蔓延后进行补药时也同样存在大户慢于小户的问题。至于水稻的倒伏，既有外界自然环境的原因，比如大雪、暴风等，又有田间管理的原因，比如插秧深度、水肥管理等，这些都直接影响到风雪带来的水稻倒伏程度。大户和小户一般都是采取撒播或抛秧的栽种方式，因此影响大户和小户倒伏差异的主要原因在于水肥管理等方面。总体上来讲，大户的田间管理远不如小户的精细，甚至较为粗放，从而不利于水稻的抗倒伏，所以在同样的自然灾害中，大户水稻的倒伏要远多于小户。而在倒伏发生以后，使用收割机进行收割不仅会增加成本，而且很多稻穗无法收割从而造成损失。而小户则可以采取人工收割的方法以最大限度地减少损失，2009年雪灾造成水稻大面积倒伏后小户就是采取这种办法收割的，但是大户则很难做到这样收割，因此损失很大。

大户之所以无法做到与小户一样灵活而又及时地防范和应对自然灾害，一方面是因为经营面积太大，另一方面则是大户生产依赖于雇工。组织雇工进行劳动既费时又无法对雇工进行很好的监督，从而大大降低了劳动质量。这在所有大户的生产中都有体现，在特大户中表现更为严重。特大户除了使用雇工进行田间劳作外，田间管理也是聘请其他人代管，在这个管理体制中受益者、管理者和生产者是分离的，是一种层级式管理体制，该体制无法像三种身份融于一身的普通农户一样灵活应对风险。

（二）政策性农业保险及其对大户的倾斜

在中央的强力推动下，2007年以后我国的政策性农业保险在全国普遍进行试点并逐渐推广开来[①]。2008年河镇所在省也开始试点政策性农业保险，并成立了国元农业保险股份有限公司承担此

---

① 陈盛伟：《我国政策性农业保险的运行情况与发展对策》，《农业经济问题》2010年第3期。

项业务。同年，该公司在阳春县也设立了分公司，并与河镇的大户洪世成签订了该县的政策性农业保险第一单。自此之后，政策性农业保险在阳春县逐渐推广开来。

所谓政策性农业保险，就是为了解决商业化保险无法在农业领域实现而由政府给予优惠政策和资金支持的农业保险，往往由政府投入大部分保费，因而具有一定的财政再分配性和社会公平性[1]。目前在阳春县实施的政策性农业保险中，政府补贴占到保费的 80%，其中中央、省级和县级财政补贴分别占到 40%、25%、15%[2]。在种植业领域，保险公司的承保范围主要包括由暴雨、洪水（政府蓄洪除外）、内涝、风灾、雹灾、冻灾、旱灾造成倒伏、茎秆折断、被淹、不能正常成熟或死亡而带来的直接损失，以及由于病虫草鼠害造成的减产或绝产损失。具体的实施标准参见表 5-2。由于当地农业经营者主要种植水稻和小麦，在表 5-2 只罗列了水稻和小麦的理赔标准。水稻和小麦每亩只需支付 3.98 元和 2.43 元保费，受灾后就可获得最高 330 元和 270 元的赔偿。最高赔偿在农作物达到 80% 以上的损失（称为"绝收损失"）时才可获得，而一般赔偿只要损失达到 30% 就可获得，其计算方法是：赔偿金额 = 不同生长期的最高赔偿标准 × （损失率 - 绝对免赔率 × 10%）× 受损面积。比如，农户种植 10 亩水稻，在快收获时有 4 亩倒伏，损失率为 30%[3]，那么该农户即可获得 264 元的赔偿，平均每亩 66 元，而其只要支付 39.6 元的保费，不过政府还需要为其支付 158.4 元的保费。

---

[1] 庹国柱、朱俊生：《建立我国政策性农业保险制度问题探讨》，《首都经济贸易大学学报》2004 年第 6 期；王敏俊：《农业保险的政策性目标与消费群体的狭窄性：一个悖论的分析》，《中国软科学》2007 年第 12 期。

[2] 在安徽，皖北三市七县粮食主产区的种植业保险保费补贴，按照中央、省、市县财政分别补贴 40%、30%、10% 的标准，其他地区的种植业保费补贴都按照这一标准执行。参见夏益国、李殿平《政策性农业保险支持农业规模化经营的政策研究》，《中国保险》2013 年第 3 期。

[3] 以每亩原产 1000 斤稻谷为例，以市场价计算每亩价值 1300 多元，如果每亩损失 30%，即损失近 400 元/亩。

第五章 再造服务：土地流转后地方政府对农业服务体系的重塑

表 5-2 阳春县政策性农业保险实施标准

单位：元/亩，%

品种	保险金额	保费	政府补贴				大户承担保费	小户承担保费
			中央补贴比例	省级补贴比例	县级补贴比例	县级大户补贴比例		
水稻	330	19.8	40	25	15	10	3.96	1.98
小麦	270	12.15					2.43	1.22

资料来源：保险公司的宣传单和当地政府的土地流转文件。

以上标准只是省里针对所有经营者的一般标准。阳春县为了扶持大户，对于经营规模超过 100 亩以上的种田者给予特殊的关照，其参加政策性农业保险的保费个人承担部分，县财政补贴 50%①，即在为水稻和小麦交保险费时，大户每亩只需分别支付 1.98 元和 1.22 元，如表 5-2 所示。这实际上是县级政府变相地向大户进行转移支付。

政策性农业保险的实施以及政府对大户保费的支持应该说对于大户减少受灾损失起到了很大作用。但是相对于大户较高的受灾程度和较大的受灾面积，政策性农业保险的赔偿远远不能弥补其受灾损失。因此，很多大户强烈要求提高赔偿资金或者允许自己增加投保资金。在大户的反复争取和政府的积极推动下，2013 年国元保险公司出台了专门针对大户的"种植业补充保险"，即在大户增加保费的基础上增加每亩的保险金额，从而提高种植业保险的保障水平。以水稻为例，大户在原来保费的基础上再追加 16.2 元购买补充保险，即可获得每亩最高 600 元的赔偿，赔偿金相比原来增加了 270 元/亩。小麦如果追加 10.35 元/亩的保费，即可获得每亩最高 500 元的赔偿②。当然，对大户追加的保费，政府

---

① 参见附录五。
② 据说 2014 年政府和保险公司又将这一业务取消了，主要原因在于，追加的保费完全由大户承担，但是相对而言赔偿的比例又没有那么高（因为之前政府补贴了 90% 的保费，所以补偿比例显得较高），大户、保险公司和政府之间产生了很多纠纷，这使政府和保险公司不胜其烦，最后干脆取消了这项业务。

不再进行补贴。

除了在以上所说的保费当地采取了向大户倾斜的措施外，在灾害发生后的理赔过程中大户也得到了较多的照顾。在受灾后，保险公司通过两个渠道确定灾情进而决定理赔标准。对于大户，保险公司可与其实现直接对接；对于小户，保险公司则主要通过镇村组三级组织逐级了解灾情。由于大户数量相对较少，保险公司组织的专家组基本可以到每个大户的田间地头了解受灾情况。据河镇农业保险服务站站长（由农技站站长兼任）介绍的大户理赔程序为：首先让大户选出受灾最重、中等和较轻的三块田，并让大户报出受灾程度和受灾面积，然后专家组通过目测给出一个赔偿标准，如果两者差距较大，镇里再负责协调。农业保险服务站站长说："我们的主要工作就是调和两者的矛盾，大户肯定要往高里报，而专家组也无法给出精确的受灾标准，只能大概估一个标准，他们也要维护保险公司的利益，最终的理赔标准都是调和出来的，最终要找到双方都能接受的一个点。"

由于小户数量太多，保险公司根本无法了解他们的受灾情况，主要是借助镇村组三级组织进行汇报。当地在镇一级建立农业保险服务站，挂在镇农技站，村里设立农业保险服务点，由村会计兼任协保员，村民小组长在参保、理赔中负责上传下达。具体程序是，首先由村民向小组长汇报受灾情况（包括受灾面积和受灾程度），村民小组长收集本小组的受灾情况后再逐级上报。保险公司在了解小户的受灾情况后，对于可能存在虚报的小组进行抽查，发现问题由村组负责。尽管通过镇村组三级组织的协助，保险公司可以大体了解小户的受灾情况，但仍然难以解决虚报的问题。

为了解决这一问题，保险公司的办法是通过实地调研确定全镇的受灾情况和理赔标准，然后交给镇里保险服务站在全镇进行分解。这样的话，镇里就具有了一定的权力。应该说，在农业保险无法准确评估受灾情况时，这种方法不失为一个有效方法，毕竟乡镇最了解当地情况，而从保险公司和政府的角度来讲，只要不出事就行。有一个大户在酒后告诉笔者："保险的发放一般都是

第五章 再造服务：土地流转后地方政府对农业服务体系的重塑

这样搞的，首先县保险公司大体了解一下全镇的受灾情况，然后定一个总量给镇里，比如全镇的受灾面积是30%，受灾程度40%，镇里的负责人先给自己的亲朋好友和关系户一个较高的比例，比如受灾面积30%—40%，受灾程度40%—50%，然后将剩余的赔偿金平分给其余的参保户。"这些关系户其实主要就是一些大户。除了这些关系户，谁能争取谁就能获得更多的赔偿，当地老百姓称之为"保险等找"。这里的"找"，既是指要找镇里"闹"，正所谓"会哭的孩子有奶吃"，又是指要找关系。对于绝大多数小户来讲，他们的参保面积小，赔偿顶多也就几百元，不可能花很大精力去"找"。他们的态度是有赔偿更好，没有也没办法——这也是小户参保率较低的重要原因。而大户经营面积较大，他们会积极地"找"政府，以最大限度地获得赔偿。所以大户往往在理赔中能够获得更多。

当然，镇一级既要考虑大户和关系户的诉求，也要考虑小户的利益。若完全不考虑小户的利益，小户得不到任何赔偿，既会影响小户的参保率，又可能造成社会不稳定。但总体来讲，大户的行动力较强，且涉及其的利益较多，他们会更有动力积极争取，因此得到的赔偿更多，而作为"沉默的大多数"的广大小户则在保险理赔中受到了一定的忽视。

四 小结

笔者主要是从基础农技服务体系、纵向一体化和项目投放以及农业保险三个方面呈现了大户崛起后河镇农业服务体系的转变。农业服务体系所包含的内容远不止这三个方面，但由于河镇服务体系的转变才刚刚开始，很多方面的变化还没有很好地呈现，因此还不能对大户崛起后农业服务体系的转变做出面面俱到的阐述，这需要进一步的跟踪研究才能做到。但是，从以上三个方面的转变来看，我们大体已经能够抓住当地政府再造服务的方向及其问题。

在"基层农技服务体系的'另起炉灶'"部分，笔者已阐述，在既有的服务于小农的农技服务体系"网破线断"的情况下,当地政府和农技服务部门不是致力于"接线补网",而是积极地建立新型的直接服务于大户的农技服务体系。转变后的农技服务体系,将服务重点指向大户,小户被忽视;服务于大户的体系日趋完善,而服务于小户的体系日益破碎。在这种情况下,大户的服务体系还不尽完善,而小户在这一服务体系中日渐边缘化并面临一定的生产困境。

在"大户牵头的纵向一体化与项目的垒大户"一节中,我们看到,在大户崛起过程中,农业的纵向一体化主要由新兴的大户牵头,而且这种纵向一体化发生了明显的名实分离。其主要成为大户获取政府扶持资金和商业利益的渠道,而非服务于广大农户的载体。与此同时,国家的大量涉农项目也越来越多地向大户倾斜,甚至出现了项目的垒大户现象,在纵向一体化中获利最多的大户在项目投放中也获利最多,即政府在这两项活动中的倾斜对象是一致的。

而从"政策性农业保险中的大户效应"部分,我们可以看出,大户代替小户成为农业经营主体后并没有增加抗击自然灾害的能力,反而放大了自然灾害的损失率。因此大户相对于小户对农业保险的诉求更加强烈,也更加依赖于农业保险。而在当地开展的政策性农业保险实践中,当地政府无论在农业保险保费的补贴上,还是在受灾后的理赔中都对大户倾斜,以更好地扶持大户。

综合以上,我们可以看出,在大户崛起后,当地政府在积极地打造一套服务于大户的新型农业服务体系,并在人力、物力和财力上对这一服务体系给予倾斜,甚至不惜削弱原本服务于小农的体系。因为在人力、财力、物力相对有限的情况下,政府将主要精力服务于大户,必然会弱化对小户的服务。正如斯科特所言,"虽然独裁的社会工程并没有按自我创造出一个世界,我们却不应忽略这个事实——它至少破坏了原有的相互关系和实践的结构"①。

---

① 詹姆斯·C. 斯科特:《国家的视角》,第 448 页。

第五章　再造服务：土地流转后地方政府对农业服务体系的重塑

斯科特的这句话在某种程度上也是河镇的写照。

综合第三、四、五章我们得知，正是地方政府在土地集中流转的前、中、后进行了全方位的干预才推动了河镇的农业转型。"再造水土"、"再造市场"和"再造服务"一方面为大户的崛起提供了较好的基础设施、集中连片的土地和较为完善的农业服务，从而为大户的崛起提供了可能；另一方面也对小户生产产生了排斥，这也间接地推动了大户的崛起。所以，笔者认为地方政府的干预在河镇农业转型过程中起到了决定性作用，从而对当地农业实现了再造。地方政府为什么会不惜花费大量人力、物力和财力对农业进行系统性再造？这便是第六章要回答的问题。

第六章　地方政府再造农业的目标与动力

第二、三、四、五章主要交代了两个问题：第一个问题是河镇农业发生了什么样的转型；第二个问题是这种农业转型是怎么发生和完成的。第二章回答了第一个问题，笔者发现，河镇出现了大户迅速替代小户的农业经营主体的转换，大户的崛起同时带来了农业资本化的加深和农业生产关系的变革，笔者将这些统称为农业转型的三个面向。第三、四、五章系统回答了第二个问题，这三章笔者分别从"再造水土"、"再造市场"和"再造服务"三个层层递进并相互交织的层面呈现了地方政府"再造农业"的机制。可以说，正是通过地方政府的"三个再造"，河镇才实现了农业转型或者说地方政府再造了农业。地方政府为什么要这么做，或者说，为什么地方政府要通过"三个再造"推动大户的崛起，从而推动农业全面转型？本章试图回答这一问题。

笔者认为，河镇所在县乡政府推动农业转型业的行为本质上属于政府治理农业的范畴，因此，应将地方政府再造农业作为一种治理现象加以理解。明确了这一点，我们即可将地方政府所进行的"三个再造"看作其治理农业的手段，从前文论述中可以看出，在地方政府实施的"三个再造"中不乏福柯意义上的"治理术"[①]。那么，我们需要探讨的地方政府再造农业的原因则可以从两个方面进行，即地方政府治理农业的目标和动力。其中，治理

---

① 米歇尔·福柯：《安全、领土与人口》，钱翰译，上海：上海人民出版社，2010，第91页。

第六章　地方政府再造农业的目标与动力

农业的目标决定了何种农业生产形态是地方政府发展的方向；治理农业的动力则是指为什么地方政府热衷于推动这种农业生产形态的发展。

笔者发现，税费改革以后农业治理发生了转型，尤其体现在农业治理的内容和方向上。在治理内容上，谁来种田或者培育新型农业经营主体日益占据重要地位。在治理方向上，地方政府是非常明确的，那便是发展以规模经营为内核的农业现代化，而在这个方向上小农和"中坚农民"是没有地位的，是需要加以改造的。农业治理的这种转型为地方政府再造农业提供了具体目标。地方政府按照这个目标再造农业的动力则主要来自两个方面，而且这两个方面都是由地方政府在行政系统所处的位置决定的。首先地方政府面临着上级政府的考核，随着中央政府对培育新型农业经营主体的重视，地方在农业治理上正在上演一场"规模农业锦标赛"。这构成了县乡政府推动农业转型的首要、直接的动力。其次，在治理农业过程中，面对小而分散的农户，县乡政府始终面临着交易成本过高的问题，管理起来十分吃力而且难见成效，而税费改革后政府农业治理职能的增加和基层组织职能的弱化更加重了这一问题。在中央政府提出培育新型农业经营主体后，在减小交易成本和管理便利化的驱动下，县乡政府更倾向于推动交易成本较小和便于管理的大户以替代交易成本过高而又不便管理的小户。

一　农业治理转型：内容与方向

农业生产不仅关系国家的粮食安全，而且关乎几亿农民的生计，因此构成国民经济的基础，是各级政府日常管理的主要对象之一。

对于政府对农业生产的管理过程，笔者倾向于将其视为政府治理农业的过程。笔者之所以使用"治理"一词，是为了更准确地表达和理解政府的行为。"治理"这个概念不仅得到了多数学者的认可和运用,而且也上升为党和国家战略的方向和目标,最直接的表现便是十八届三中全会明确提出了"推进国家治理体系和治理能力的现代化"。治理(governance)和统治(government)虽然在字面上意思很接近,意义却差别较大。虽然两者都指管理者通过对公共权力的配置和运用,对社会进行领导、协调和控制,以达到维持正常的社会秩序的目标,但它们至少在以下两点上存在本质差别。首先,在公共权力的来源上,统治强调政府作为唯一的权力中心和统治主体,而治理认为除了政府,其他公共机构甚至私人机构也可享有公共权力并成为治理主体;其次,在公共权力的运行向度上,统治强调政府对于社会自上而下的单向运行,而治理则强调上下互动的管理过程①。所以,徐勇认为"治理更主要的是引导、协调、控制,而不是单向的统治和管理;是比较、选择、决策的动态过程,而不是统治与被统治、管理与被管理的静态关系"②。

自20世纪90年代以来,用治理视角进行研究很快被运用于政治、社会、经济等各个领域。在乡村研究中也兴起了乡村治理研究,以村民自治研究见长的华中村治学者在2000年前后也开始转向乡村治理研究③,并对乡村政治、村治的逻辑、乡村水利、纠纷调解、乡村混混、钉子户、农民上访等问题进行了深入研究④。但总体上来讲,在研究主题上这些研究基本没有涉及农业,更不用

---

① 俞可平:《治理和善治引论》,《马克思主义与现实》1999年第5期;徐勇:《GOVERNANCE:治理的阐释》,《政治学研究》1997年第1期。
② 徐勇:《治理转型与竞争—合作主义》,《开放时代》2001年第7期。
③ 贺雪峰、董磊明、陈柏峰:《乡村治理研究的现状与前瞻》,《学习与实践》2007年第8期。
④ 吴毅:《村治变迁中的权威与秩序——20世纪川东双村的表达》,北京:中国社会科学出版社,2002;贺雪峰:《村治的逻辑:农民行动单位的视角》,北京:中国社会科学出版社,2009;罗兴佐:《治水:国家介入与农民合作》,武汉:湖北人民出版社,2006;董磊明:《宋村的调解:巨变时代的权威与秩序》,北京:法律出版社,2008;陈柏峰:《乡村江湖——两湖平原的"混混"研究》,北京:中国政法大学出版社,2010;吕德文:《乡村社会的治理》,济南:山东人民出版社,2013;田先红:《治理基层中国——桥镇信访博弈的叙事,1995~2009》,北京:社会科学文献出版社,2012。

说直接以农业为主题的治理研究。这与农村的发展状况密切相关,在广大中西部地区只是近年来地方政府才在农业治理上有比较大的动作,直接表现在推动土地流转和构建新型农业经营体系等方面。

2014年龚为纲以《农业治理转型》为题完成了其博士论文,对这一主题做了进一步研究。在文中,龚为纲将农业治理定义为,"政府通过制定政策和执行政策以配置资源,进而实现政策目标的过程",而他所指的农业治理转型主要包括三个方面:(1)农业治理体制由汲取型变为反哺型;(2)农业治理方式由集体制变为项目制;(3)农业治理对象由小户变为家庭农场和工商企业等大户[①]。应该说,龚为纲有关农业治理转型的研究虽然还比较粗糙,但具有较强的开创意义。但是,其有关农业治理对象转型的论述主要是基于一个产量大县为了推广双季稻而做出的,因此,无法解释其他地方政府在农业治理中推动农业经营主体转型的实践。这就需要我们将地方政府治理农业的实践放在地方政府所处的结构性位置上去理解。基于此,笔者以河镇这一更具典型意义的地方实践来进一步阐释农业治理对象的转型。下面笔者主要从农业治理的内容和方向上分析这一问题,因为这两个方面共同构成了农业治理的目标。

(一)农业治理内容的更新

农业一直以来都是各级政府的主要治理对象,在各个时期政府都有一些基本的常规治理内容,比如修建基础设施、提供农技服务等,但是不同时期政府的治理内容和中心工作不尽相同。通过在河镇及其他地方的调研笔者发现,近年来地方政府在农业治理内容上的一个重大变化是,"谁来种田"日益成为地方政府思考和解决的重要问题,并日益把培育新型农业经营主体和构建新型农业经营体系作为治理农业的主要内容,甚至在有的地方其成为

---

① 龚为纲:《农业治理转型》,华中科技大学博士论文,2014。

治理农业的中心任务,这在河镇表现得非常明显。河镇政府不仅花费大量人力、物力和财力培育新型农业经营主体,而且将政府和农业管理部门的其他工作也围绕这一工作展开,比如农业项目的投放、农技服务、农业产业化、农业保险等都要服务于培育新型农业经营主体,这在上文都有详细介绍,在此不再赘述。

从新中国的历史来看,大体经历了三次对农业经营主体的改革。第一次是新中国成立初期的"土改","土改"打破了农村土地占有和经营严重不均的局面,基本实现了"耕者有其田"的目标,使广大小农成为农业经营主体。第二次改革是1955年开始的合作化道路,这是对小农分散经营的一次否定,将土地收归集体进行经营,换句话说,集体成为农业生产的经营主体。当然集体化时期也有阶段性,在1962年之前农业经营的基本单位是人民公社,而在1962年政策调整之后,最终确立了"三级所有,队为基础"的制度,自此以后农业经营的基本单位变为生产队(村民小组),直至分田到户。第三次变革是1978开始启动的分田到户,这一次变革又是对集体经营的否定,从而建立了以家庭经营为基础的双层经营体制,但农业经营主体基本都是一家一户式的独立经营的小农,这种格局一直延续至今[①]。

在分田到户以来较长一段时期内,"谁来种田"和培育新型农业经营主体并不构成地方政府治理农业的重要内容。分田到户确立了以家庭为基本生产单位的农业经营制度,因此小农成为各级政府服务的主要对象。20世纪90年代末以来政府开始推动农业产业化,但是从其出发点和实践来看,政府所扶持的龙头企业主要进入农业生产前和生产后的服务环节,以带动农户发展和致富,其最典型的模式便是"公司+农户",在这一模式中农业生产仍然由小户进行。换句话说,农业产业化并没有改变农业经营主体,而只是拉长了农业的产业链,以解决小农与市场对接的问题并使

---

① 陈锡文、赵阳、陈剑波、罗丹:《中国农村制度变迁60年》,北京:人民出版社,2009,第9—45页。

第六章 地方政府再造农业的目标与动力

其分享拉长了的产业链的利益①。同样，2006年颁布《农民专业合作社法》后，各级政府积极发展合作社的目的也是更好地解决小农生产的问题，而不是试图改变农业经营主体。而自20世纪90年代以来持续在各地热火朝天地进行的农业产业结构调整，也主要是政府通过行政干预"逼民"或"诱民"改变种植结构②，而很少改变农业经营主体。

在20世纪90年代末随着农民税费负担的超负荷，产生了严重的抛荒问题③，这使"谁来种田"短暂地成为地方政府思考的问题④。而基层干部采取的办法也不过是将村民抛荒的土地转包给本村的其他村民耕种而已，并没有有意识地培育新型农业经营主体。随着农业税费取消和国家对农业进行反哺，农村土地的价值得以显现，因为农业税费负担偏重带来的抛荒问题随之消失，而且之前被抛荒的土地在农户之间进行流转后土地承包者还可以得到一定的租金。

因此，近年来"谁来种田"和培育新型农业经营主体成为地方政府治理农业的主要内容，这标志着农业治理进入了一个新阶段。在这个阶段，地方政府将培育新型农业经营主体作为政府的重要责任，并积极地推动地方的农业转型。这一点在阳春县农委和河镇镇政府的工作总结中体现得比较明显。

---

① 当然，实践中农业产业化不仅没有让农户分享更多利益，而且使农户所分享的农业利益在减少，这得到了研究者的证明，参见武广汉《"中间商+农民"模式与农民的半无产化》，《开放时代》2012年第3期；黄宗智：《小农户与大商业资本的不平等交易：中国现代农业的特色》，《开放时代》2012年第3期。
② 吴毅：《"诱民致富"与"政府致负"》，《读书》2005年第1期。
③ 《阳春县志》记载："2000年4月，开展全县农村耕地抛荒情况普（调）查。调查显示，全县抛荒耕地总面积15649亩，占承包耕地总面积的5.2%，涉及农户7913户。其中劳力外出务工经商弃耕抛荒7395亩，占抛荒耕地总面积的47%；子女婚嫁、入伍、升学等户口迁出和承包户主年老体弱无力耕种、土地经营权又转让不出去而抛荒的有3114亩，占总抛荒面积的20%；因工矿企业污染和自然灾害破坏等原因无法耕种的土地5140亩，占抛荒总面积的33%。"参见阳春县地方志编纂委员会《阳春县志》，未出版，2009年，第306页。
④ 李昌平：《我向总理说实话》，光明日报出版社，2002。

再造农业

阳春县河镇现代农业示范区将创新经营主体，培育新型农民作为示范区建设的重点，充分发挥经营主体的积极性。面对现代农业集约化、高效化、标准化、产业化、信息化的发展实际，要将过去以家庭为单位的种植方式转变为建设家庭农场进行集约化经营，将散落的农户通过建设专业合作社聚集起来，培育种养殖大户，充分发挥大户的示范带动作用，形成"家庭农场＋合作社＋新型农民"的新经营体系[①]。

镇党委、政府高度重视现代农业发展工作，将其列入重要议事日程来抓。为了使建设工作落到实处，镇政府专门成立了现代农业发展建设领导小组，负责审定现代农业建设规划、扶持政策等重大事项[②]。

从河镇的实践来看，自2007年开始县乡政府已开始着手培育新型农业经营主体。但是遍阅2008年以来的阳春县政府工作报告，笔者发现，阳春县将土地流转和培育新型农业经营主体作为常规工作是2011年以后开始的[③]。《阳春县十二五（2011—2015年）规划纲要》明确提出，"加快现代农业示范区建设，完善土地流转制度，提高农业经营的规模化和集约化程度"。自2011年以来河镇每年的政府工作报告都对土地流转和培育新型农业经营主体提出了具体要求，比如2013年的政府工作报告提出，"推进土地适度规模经营，新增流转耕地5000亩以上，大力培育'家庭农场'经营主体"。

农业经营主体问题是农业生产中的核心问题，牵一发而动全身，因此地方政府在农业治理内容上的这一转型必然也会带动其他治理内容的转向，比如农业项目的投放、农技服务、农业产业化、农民合作社等，因为这些内容都为农业经营主体进行服务的。

---

① 《阳春县河镇省级现代农业示范区建设工作总结》，阳春县农委工作报告，2013年12月。
② 《阳春县河镇农业发展基本情况介绍》，河镇镇政府工作报告，2013年。
③ 2008—2013年的阳春县政府工作报告。

可以说，随着培育新型农业经营主体在农业治理内容中地位的提高，农业治理内容会全面更新，而且这种更新会随着时间的推移走向深化。明确了地方政府农业治理内容的更新才能更好地理解河镇所在政府干预下所进行的农业转型。河镇的农业转型正是地方政府出于培育新型农业经营主体的治理责任而推动的。

那么，地方政府农业治理内容的更新又是在什么背景下形成的呢？笔者认为，至少有两个方面需要考察：一是近年来农村实际发生的变化；二是近年来中央政策的导向。

首先来看农村的变化。近年来，农村劳动力转移数量持续增加，从全国来看，农村劳动力转移数量由2007年的2.1亿增加到2014年的2.7亿。而在河镇，农村劳动力的转移速度更快，由2007年的6773人增加到2012年的15450人，增加了近1.3倍。这一速度是在当地政府推动土地流转的背景下发生的，并非劳动力的自然转移。随着农村劳动力的大量转移，留守老人和妇女成为农业经营主体的主力军。朱启臻、杨汇泉对10省市、20个村的调查发现，60岁以上的老人在农业劳动力总数中占到63.05%，40岁以下的农业劳动力仅占到3.45%[①]。这一数据与河镇的情况差不多。有学者指出，农村劳动力的快速转移在加重农业劳动力老龄化的同时，也带来了农业劳动力的短缺转移[②]，从而给农业发展带来诸多不利，比如导致农地的粗放经营、农业科学技术难以推广和运用等。这些现实挑战使社会各界尤其是地方政府开始对"谁来种田"产生忧虑。在河镇的调查中，县乡两级干部和村干部在介绍当地土地流转和发展大户的情况时首先要讲的便是"谁来种田"的问题，代表性的问题是："随着城镇化的发展，劳动力转移

[①] 朱启臻、杨汇泉：《谁在种地——对农业劳动力的调查与思考》，《中国农业大学学报》（社会科学版）2011年第3期。

[②] 石人炳：《中国农业劳动力短缺转移问题研究》，《湖北大学学报》（哲学社会科学版）1997年第5期。石人炳指出，所谓农业劳动力的短缺转移，是指农业这个国民经济产业所需要的那一部分劳动力要素向非农产业转移，包括数量短缺转移和质量短缺转移。

出去了，以后谁来种田？"①"现在种田的都是60—70岁的老人，再过十年他们就会退出农业生产，年轻人又不会回来种田，怎么办？"②地方政府通过土地流转培育新型农业经营主体正是为了解决这一现实问题。

其次来看中央政策的导向。地方政府治理农业内容的更新既是根据农村现实做出的调整，也是紧跟中央农业政策做出的一种调适，在这两个影响因素中往往中央政策的影响力更大，当然，中央政策也是对现实问题的一种回应。为了系统解决2000年前后日益严峻的"三农危机"，促进农村发展，自2004年以来中央连续发布十几个涉农"一号文件"，这足以说明中央对"三农"的重视。中央在2005年十六届五中全会通过的《中共中央关于制定国民经济和社会发展第十一个五年规划的建议》中首次提出培育新型农业经营主体和发展现代农业，该建议同时提出了新农村建设任务，并将发展现代农业作为新农村建设的产业基础。2007年中央的"一号文件"③明确指出"积极发展种养专业大户、农民专业合作组织、龙头企业和集体经济组织等各类适应现代农业发展要求的经营主体"。这意味着农民合作社和龙头企业不仅只是从事农业生产前和生产后的服务，中央鼓励它们进入农业生产环节成为农业经营主体。2008年十七届三中全会通过的《中共中央关于推进农村改革发展若干重大问题的决定》提出，"推进农业经营体制机制创新，加快农业经营方式转变"，"加强土地承包经营权流转管理和服务，建立健全土地承包经营权流转市场，按照依法自愿有偿原则，允许农民以转包、出租、互换、转让、股份合作等形式流转土地承包经营权，发展多种形式的适度规模经营。有条件的地方可以发展专业大户、家庭农场、农民专业合作社等规模经营主体"。

习近平总书记上任后也高度重视发展现代农业、构建新型农

---

① 访谈对象，县农委农经科科长陈德高。
② 访谈对象，河镇农业综合服务中心主任孙宏哲。
③ 《中共中央国务院关于积极发展现代农业扎实推进社会主义新农村建设的若干意见》。

业经营体系。他上任后的第一个"一号文件"便聚焦于现代农业，2013年中央"一号文件"①指出，"农业生产经营组织创新是推进现代农业建设的核心和基础。要尊重和保障农户生产经营的主体地位，培育和壮大新型农业生产经营组织，充分激发农村生产要素潜能"，"鼓励和支持承包土地向专业大户、家庭农场、农民合作社流转，发展多种形式的适度规模经营……探索建立严格的工商企业租赁农户承包耕地（林地、草原）准入和监管制度"。十八届三中全会通过的《中共中央关于全面深化改革若干重大问题的决定》也提出了"加快构建新型农业经营体系"的要求，指出"坚持家庭经营在农业中的基础性地位，推进家庭经营、集体经营、合作经营、企业经营等共同发展的农业经营方式创新……鼓励承包经营权在公开市场上向专业大户、家庭农场、农民合作社、农业企业流转，发展多种形式规模经营"。2014年中央"一号文件"更以《关于全面深化农村改革加快推进农业现代化的若干意见》为题，进一步细化了"构建新型农业经营体系"的各项措施和保障。

从以上对中央政策的梳理可以看出，在2005年中央便开始提出培育新型农业经营主体的要求，使之成为农业治理的重要内容，后继出台的中央政策的密集度和对农业的重视程度都是前所未有的，这使农业治理这一内容更加具体化和系统化。中央对培育新型农业经营主体的强调自然会促使地方政府农业治理内容的更新。

可以说，正是中央政策的调整和农业经营主体的现实变化促使地方政府将培育新型农业经营主体成为农业治理的重要内容。也正是地方政府农业治理内容的这一更新才使地方政府推动农业转型得以发生。但是地方政府应该培育何种农业经营主体呢？这就涉及农业治理的方向。

（二）农业治理方向的确定

农业治理内容的更新只是指出了培育新型农业经营主体在地

---

① 《中共中央国务院关于加快发展现代农业进一步增强农村发展活力的若干意见》。

方政府的农业治理中越来越重要，而农业治理方向的改变表现在农业经营主体上就是要解决培育和发展何种农业经营主体的问题，这直接决定了农业经营形式的具体走向。正如第二章第二节所指出的，随着农村劳动力的转移，农村内部也在自发地兴起一批新型农业经营主体，这便是"中坚农民"群体。他们多为村里的壮劳力（以中年人为主，老年人为辅），由于各种原因无法外出务工，而以种田为主业，一般耕种10—50亩土地。由于土地经营规模有了明显扩大，他们较之于一般农户而言在农业收入上相对较高，劳动生产率得到明显提高，其在新技术、新品种、新方法的采用上也更加积极，是不同于一般农民的新型农业经营主体。

虽然"中坚农民"也进入了地方政府的视野，但基本仍与一般农户等同视之，更没有将其作为新型农业经营主体培育，而是将他们作为农业治理中需要加以改造的对象。在地方政府看来，农业治理的方向是将一般农户和"中坚农民"这些"传统而落后"的农业经营主体改造成规模经营主体。笔者在访谈河镇分管农业的副书记何金平时，问及政府对"中坚农民"的看法，他的认识在当地政府干部中具有很强的代表性。他说：

> 他们是我们发展规模经营中最大的绊脚石。土地流转前他们种了很多亲朋好友的田，现在只能种自家的田了，他们肯定不高兴，因此跟政府对着干，这些人都是土地流转中最难做工作的。他们在土地流转中还想继续流转几十亩田种，我们肯定不能按照他们的要求来搞，还是按照我们的设计发展规模经营。他们是开历史的倒车，拖后腿，我们要用发展的眼光看问题。你看我们以前计算都用算盘，后来改用计算器，现在都用计算机了，老的东西都会被淘汰，这些人就是"算盘"，即使存在也是文物，早晚会被淘汰。他们要找政府，就为他们准备信访、公检法。有问题，我们有信访局，安排几个脾气好的同志应付他们，让他们出出气；实在还不行，

要闹事,就出动公检法。不然怎么办呢,总要发展吧!①

这段话鲜明地反映了河镇政府对农业经营主体的态度:第一,河镇政府认为"中坚农民"是落后的农业经营主体,就像算盘必将被计算器和计算机淘汰一样,他们也将被淘汰,"中坚农民"尚且如此,更不用说一般农户了,他们更是被淘汰的对象。第二,河镇政府培育新型农业经营主体的方向是发展规模经营主体,而经营多大规模的大户才是河镇政府认为的规模经营主体呢?第四章第二节已有阐述,河镇政府在2012年之前基本认为规模越大越好,其筛选的大户流转土地面积一般在1000亩以上,在这些特大户陷入无法自拔的生产困境后,当地政府才开始转向发展经营土地面积在200亩左右的家庭农场,而此时恰逢中央政策向家庭农场转向,这更加坚定了河镇政府发展家庭农场的方向。第三,政府发展规模经营主体替代"中坚农民"是历史进步的需要,是发展的需要,而土地整理后再发展"中坚农民"则是"开历史的倒车"。第四,政府为了更好地实现进步和发展,不会考虑"中坚农民"的需求,即使他们反对,政府也有足够的措施进行应付。

以上对农业经营主体的态度和认识是一种典型的单向线性农业进步观。它将我国广泛存在的小农和正在生发的"中坚农民"都视为落后的农业经营主体,认为农业现代化绝不可能在他们身上发展起来②,我国的农业现代化应该是发展规模经营,这种规模经营以土地的大面积经营为内核,以机械化、市场化、集约化等为表征,说得更直白些,便是模仿美国的规模经营③。尽管与中国

---

① 访谈对象:河镇分管农业的副书记何金平,访谈时间:2014年6月15日上午。
② 河镇政府的工作报告中写道:"我镇农业生产主要依赖妇女和中老年人,多为粗放经营,土地产出效益低,发展现代农业更是无从谈起。"参见《加快农村土地经营权流转 推进农村土地规模化经营》,河镇镇政府工作报告,2010年3月。
③ 黄宗智曾论证,中央提倡的"家庭农场"不过是将"地多人少"的美国模式硬套在"地少人多"的中国,参见黄宗智《"家庭农场"是中国农业的发展出路吗?》,《开放时代》2014年第2期。家庭农场尚且如此,更不用说地方政府所推动的"特大户"了,其更是将美国的农业经营模式生拉硬套到中国。

大陆国情（地少人多）比较接近的日、韩等东亚国家和地区都选择了小农制的农业现代化道路[①]，而且在国内外知识界始终有一股为小农正名的思潮和与"小农消亡论"持续论战的"小农稳固论"的知识传统[②]，但是，在我国，无论是在各级政府的发展规划中[③]，还是在学术界的讨论中，抑或在普罗大众的认识里，一直占据主流地位的农业现代化观念是认定落后的小农必将被先进的规模经营主体所替代的单向线性的农业进步观。这种农业进步观在我国的影响甚为广泛而且根深蒂固，也就无怪乎地方政府及其干部会依此推动农业转型了。

而这种农业进步观之所以在我国影响深远主要是受两种相互交织的理论和实践的影响。第一个是马克思主义理论和在其指导下进行的农业集体化实践；第二个是新自由主义经济学理论和在其指导下进行的农业现代化实践。

在马克思和恩格斯的理论体系里，小农是分散的、保守的和狭隘的，代表着落后的生产方式，因此必然走向消亡，正如恩格斯所说，"我们的小农，同过了时的生产方式的任何残余一样，在不可挽回地走向灭亡"[④]。在他们看来，小农不是被资本主义农业大生产所吞没，便是通过合作化走向集体生产道路。前者是他们通过对英国农业转型模式的考察得出的对小农发展前景和命运的判断，而后者则是他们对社会主义国家成立后对农业进行改造所指明的方向[⑤]。苏联按照马克思和恩格斯的指引走上了农业集体化

[①] 董正华：《小农制与东亚现代化模式》，《北京大学学报》（哲学社会科学版）1994年第3期；董正华：《走向现代的小农：历史的视角与东亚的经验》，北京：中国人民大学出版社，2014。
[②] 潘璐：《"小农"思潮回顾及其当代论辩》，《中国农业大学学报》（社会科学版）2012年第2期。
[③] 其实文中梳理的中央政策文件所主张的新型农业经营主体，不外乎专业大户、家庭农场、农民合作社、农业企业四种农业经营主体。
[④] 《马克思恩格斯文集》第四卷，北京：人民出版社，2009，第513页。
[⑤] 何增科：《马克思、恩格斯关于农业和农民问题的基本观点要述》，《马克思主义与现实》2005年第5期。

道路，我国在新中国成立后也很快走上了农业集体化道路，因为当时的主要领导人都认为唯有如此才能实现农业现代化，才能进入社会主义阶段。长达近30年的农业集体化实践以及从上到下持续的宣传，使全国上下对以规模经营为内核的农业现代化的追求达到高度一致。

虽然分田到户宣告了农业集体化的瓦解，但是全国上下对于小农的落后性以及对于以规模经营为内核的农业现代化的追求并未动摇。在实行家庭联产承包责任制的20世纪80年中期就开始有重走规模经营的呼声，而自那时以来，这种呼声就没有中断过，且在近年来愈演愈烈[1]。这种规模经营的呼声中当然有马克思主义者的声音，但最大的声音来自新自由主义经济学。改革开放后，我国由学习苏联模式转向了学习西方尤其是美国的模式，而此时新自由主义取代凯恩斯主义成为西方经济学的主流，因此新自由主义经济学也顺其自然地在中国关于农业和农村发展的话语中占据了霸权地位[2]。这一学说认为，在工业生产中具有规模经济的大规模生产方式也适用于农业生产，"中国和其他发展中国家，农业发展的经验事实和发展方向，是资本主义的（也就是说，基于大规模雇佣劳动的农业），并且应该如此"[3]。换句话说，中国农业应该走规模化、产业化道路，其典型模式便是大面积连片经营的机械化农场模式[4]。新自由主义经济学作为改革开放后的我国的显学，在长达30年时间里对社会各界进行渗透和"教育"，使以规模经营为内核的农业现代化深入人心。

正是以上两种理论长达60多年对我国社会各界的熏陶和教育，使社会各界形成了单向线性的农业进步观，这种观念将小农视为

---

[1] 许庆、尹荣梁：《中国农地适度规模经营问题研究综述》，《中国土地科学》2010年第4期。
[2] 黄宗智、高原、彭玉生：《没有无产化的资本化：中国的农业发展》，《开放时代》2012年第3期。
[3] 同上。
[4] 刘凤芹：《农业土地规模经营的条件与效果研究：以东北农村为例》，《管理世界》2006年第9期。

落后的代名词①,并希望通过发展以规模经营为内核的农业现代化以改造小农。这既是社会各界所认同的中国农业的发展方向,也是各级政府治理农业的方向。

综合地方政府农业治理的内容和方向,我们发现 2005 年以来地方政府逐渐确立了改造小农、培育规模经营主体的农业治理目标,这个治理目标包括治理内容和方向两个方面。尽管在此之前,地方政府在农业治理方向上认同以规模经营为内核的农业现代化,但是培育新型农业经营主体并没有在其农业治理内容中扮演重要角色,因此没有形成改造小农培育规模经营主体的农业治理目标。随着农村农业经营主体的变化以及中央对农业治理内容提出了新要求,地方政府才形成了通过改造小农、培育规模经营主体来实现再造农业的农业治理目标。地方政府仅有农业治理的目标(再造农业)并不一定会带来其治理行为,因此我们要全面理解地方政府再造农业的发生,还要考察其治理动力。这便是下一节需要探讨的问题。

二 规模农业锦标赛与农业治理便利化的驱动

尽管地方政府和地方干部对农业发展方向的认识和对小农的偏见也构成了地方政府推动农业转型的动力,但笔者认为农业转型作为一个在全国各地普遍发生的现象,其背后应该蕴藏了更深层的结构性因素。笔者在这一节主要试图从县乡政府所处的结构性位置探讨其推动农业转型的动力机制。

正如周飞舟所说,"要解释市级政府的行为模式和动机,只有把它放到一系列互动的'关系'中才能够得到理解。从分析方法

---

① 张玉林甚至将这种观念提到了"贱农主义"的高度,参见张玉林《当代中国的贱农主义——从革命意识形态到发展主义信仰》,载张玉林《流动与瓦解:中国农村的演变及其动力》,北京:中国社会科学出版社,2012。

上讲，这就是社会学强调的'关系'对行动的解释能力。对一个普通的行动主体来说如此，对复杂的行动主体如政府来说也是如此"①。周飞舟的这一判断对县乡政府仍然是适用的。县乡政府在国家与社会的关系中恰好处于接点位置，是国家与社会的接合部②，这一结构性位置决定了县乡政府既要处理好与上级政府的关系，又要直接面对基层社会并进行治理。作为行政体系的末端，县乡政府需要接受上级政府的政绩考核，在压力型体制③下县乡干部尤其是主要领导为了更好地晋升，会与其他竞争对手就一些关键指标展开激烈竞争，从而在地区之间催生了"晋升锦标赛"或"政治锦标赛"④，而随着中央政府对于培育新型农业经营主体的重视，地方在农业治理上也正在上演一场"规模农业锦标赛"。这构成县乡政府推动农业转型的首要、直接的动力。在治理农业的过程中，作为治理主体的县乡政府在与农业经营主体接触时始终面临交易成本问题。面对小而分散的农户，县乡政府始终面临交易成本过高的问题，管理起来十分吃力而且难见成效，而税费改革后政府农业治理职能的增加和基层组织职能的弱化更加重了这一问题。在中央政府提出培育新型农业经营主体后，在减少交易成本和管理便利化的驱动下，县乡政府将交易成本较小和便于管理的大户替代交易成本过高而又不便管理的小户。下面分别从这两个方面展开论述。

---

① 周飞舟：《以利为利——财政关系与地方政府行为》，上海：上海三联书店，2012，第9页。
② 徐勇：《"接点政治"：农村群体性事件的县域分析》，《华中师范大学学报》（人文社会科学版）2009年第6期；刘锐、袁明宝：《接点治理与国家政权建设》，《天津行政学院学报》2013年第3期；袁明宝：《接点治理：国家与农民关系视角下的国家政权建设》，华中科技大学硕士论文，2010年。
③ 荣敬本、崔之元等：《从压力体制向民主合作体制的转变：县乡两级政治体制改革》，北京：中央编译出版社，1998。
④ 周黎安：《中国地方官员的晋升锦标赛模式研究》，《经济研究》2007年第7期；周黎安：《转型中的地方政府：官员激励与治理》，上海：格致出版社、上海人民出版社，2008，第87—122页。

(一) 政绩的逻辑与"规模农业锦标赛"

刚入河镇调查时,当笔者向县乡干部询问政府为什么要推动土地流转和农业转型时,得到的回答无非是减少土地抛荒、解决"谁来种田"的问题、为了增加农民收入等表述。在河镇待了一段时间后,笔者与一些干部相对比较熟悉了,这时他们所给予的答案就不再那样"官方化"了。

河镇农业综合服务中心主任孙宏哲告诉笔者:"各级政府都是看上面的风向标,很多地方都争着搞创新,这样才能做出政绩来。但是很多创新都是花架子,供各级领导参观的地方。我们的现代农业示范区,也是在树榜样,不具有推广价值。"河镇重大项目办主任杨化龙也有类似的看法,他说:"最开始搞土地流转,是高县长(分管农业的副县长)看准了,认为这个路子是以后的发展方向,当时国家也在提倡土地流转,但是都没有现成的方法,他想在我们镇做试点、做亮点,争取创造一个新的思路。"

从这两位乡镇干部的表述中可以看出,地方政府推动土地流转和农业转型的一个根本动力是追求政绩。当上级提出发展方向后,下级政府会根据上级政府的"风向标"积极创新以推动工作,其中一个重要内容就是打造亮点。

在解释我国地方政府激励机制的理论中,"压力型体制"和"晋升锦标赛模式"是被广泛认可的。所谓"压力型体制",是指各级政府为了完成经济任务和各项指标而把这些任务和指标层层量化分解,并下派给下级组织和个人,责令其在规定时间内完成,然后根据完成情况进行政治和经济方面的奖惩,包括提级、提资、奖金等[①]。压力型体制尽管存在很多问题,但是确实能够有效调动下级政府的积极性,使其超额完成上级政府提出的各项任务和指标。在奖惩机制作用下,压力型体制内在地会催生出同级政府在

[①] 荣敬本、崔之元等,《从压力型体制向民主合作体制的转变:县乡两级政治体制改革》,北京:中央编译出版社,1998,第28—33页。

第六章 地方政府再造农业的目标与动力

横向上的激烈竞争。周黎安将政府在横向上的这种竞争激励机制概括为"晋升锦标赛"。按照周黎安的定义,"晋升锦标赛作为一种行政治理的模式,是指上级政府对多个下级政府部门的行政长官设计的一种晋升竞赛,竞赛优胜者将获得晋升,而竞赛标准由上级政府决定,它可以是 GDP 增长率,也可以是其它可度量的指标"①。晋升锦标赛以上级政府掌握人事权的集权模式为核心,将关心仕途的地方政府官员置于强力的激励之下,并引发政府在横向上就上级政府提出的任务和指标展开激烈的竞争。

以上两种解释只是侧重点有所不同而已,都强调了上级政府提出的任务和指标对于下级政府的激励作用,现实中的地方政府应该是在这两种体制的交互作用下做行政工作的。当然,强调地方政府在很大程度上受制于上级政府并不否定下级政府所具有的自主性②。

随着 2005 年以来中央政府对通过土地流转培育新型农业经营主体越来越重视,各级地方政府也开始积极行动起来,并将土地流转和培育新型农业经营主体作为地方政府的重要任务来抓③。按照压力型体制和晋升锦标赛的逻辑,上级政府为了更好地推动土地流转和培育新型农业经营主体以做出政绩从而在横向竞争中获胜并得到上级政府的认可,其必然会对下级政府下达指标,不然就无法很好地评价和衡量下级政府完成任务的情况。2014 年 11 月 20 日中共中央办公厅和国务院办公厅印发的《关于引导农村土地

---

① 周黎安:《中国地方官员的晋升锦标赛模式研究》,《经济研究》2007 年第 7 期,第 39 页。
② 托马斯·海贝勒、舒耕德、杨雪冬主编《"主动的"地方政治:作为战略群体的县乡干部》,北京:中央编译局出版社,2013。
③ 正如学者所指出的,"中国政府希望实现农村现代化,农业生产情况好坏甚至会影响基层干部的考核结果。农业规模化经营发展得好,符合这一形势,自然也会成为基层干部仕途升迁的敲门砖"。参见雷内·特拉培尔《中国农村渐逝的小规模农业生产》,范连颖译,载托马斯·海贝勒、舒耕德、杨雪冬主编《"主动的"地方政治:作为战略群体的县乡干部》,北京:中央编译局出版社,2013,第 235—236 页。

经营权有序流转发展农业适度规模经营的意见》明确规定,"严禁通过定任务、下指标或将流转面积、流转比例纳入绩效考核等方式推动土地流转"。2015年"一号文件"也指出,"土地经营权流转要尊重农民意愿,不得硬性下指标、强制推动"。这些规定折射了地方政府在土地流转中普遍存在定任务、下指标的现象。

这种定任务、下指标的现象在阳春县和河镇的土地流转及其相伴随的农业转型中也很明显。在河镇,县乡村三级层层给下级下达流转比例并将其纳入绩效考核,而下一级也层层加码①将林村、王村和梅村三个村的土地流转比例推高到90%以上。而这次定任务、下指标的源头在县里,正如有的乡镇干部所言,"当时分管农业的副县长看准了国家的发展方向,将河镇选作土地流转的试点和亮点"。尽管中央及上级政府还没有下具体任务和指标,但是具有敏锐政治观察力的副县长已觉察到农业的发展方向,于是抢先做政绩,由于当时他认为大户的经营规模越大越好,因此给乡镇下达了较高的流转指标以发展"特大户"。2008年河镇第一批土地流转后,当年十七届三中全会高度重视土地流转和培育新型农业经营主体,这刺激了阳春县和河镇进一步推动土地流转和农业转型。

表6-1 阳春县土地流转任务与完成情况

单位:亩

年份	县里新增任务	全县新增面积	河镇新增面积
2008年	/	/	2807
2009年	/	/	7492
2010年	/	5736	939
2011年	6000	12000	967
2012年	5000	7000	2770
2013年	5000	/	8171

资料来源:2008—2009年的阳春县政府工作报告。

---

① 周飞舟:《锦标赛体制》,《社会学研究》2009年第3期。

第六章　地方政府再造农业的目标与动力

从笔者搜集到的 2008—2013 年的阳春县政府工作报告①来看，自 2011 年开始政府工作报告明确提出当年的土地流转任务并给出了具体的面积，参见表 6-1。从表 6-1 可以看出，县政府给自己所定的任务在 2011 年为 6000 亩，2012 年和 2013 年都是 5000 亩。这些任务和指标肯定会分解到各个乡镇，而各个乡镇为了凸显自己的政绩在执行中也必然会层层加码，所以从全县实际新增的土地流转面积来看，都远远超过了县政府所定的新增任务。作为阳春县唯一的纯农业乡镇的河镇更是不甘示弱，2008—2013 年尽管每年的土地流转面积相差较大，但是平均每年新增土地流转面积近 4000 亩，占到全县土地流转新增任务的近 80%。

阳春县政府之所以积极推动土地流转和农业转型也是为了能够做出更好的政绩，以在上级政府的考核中得到认可，在同级的"竞赛"中获胜。这一点在该县新任分管农业的副县长②的谈话中可以得到很好的体现。在 2013 年召开的一次全县农业工作会议上，该副县长对全县农业工作战线的干部提出以下要求："县委县政府在当前和未来的主要发展方向就是推进城镇化，具体到农村就是要把农民解放出来，让更多的农民能够进城。农民进城了，农村的土地就要进行流转，就要培育新型农业经营主体。目前，全县的土地流转率已经超过 50%，在市里处于领跑状态，我们要将这种领跑状态继续保持下去。我们的土地流转不能落后，我们的农业现代化不能落后。"阳春县作为工业强县，工业发展水平在全市处于前列，县委县政府自然也希望本县的农业工作能在全市处于领先地位。

阳春县除了在全县范围内推动土地流转和农业转型，还在河镇打造亮点工程。2007—2009 年该县在河镇最先试点土地流转和

---

① 阳春县一般由县长在每年年初向县人大做报告，既要总结过去一年的工作，又要提出未来一年的规划。
② 最早推动阳春县土地流转和农业转型的分管副县长已于 2013 年升任市政府分管农业的副秘书长。

规模经营后,在社会上尤其是在行政系统内得到了较好的反响,于是县里决定重点打造河镇的土地流转和现代农业,使其成为阳春县现代农业发展的亮点或典型。为此,2010年以来,阳春县将每年仅有一个指标的国家级农业综合开发项目投放在河镇,除此之外还将国土部门的土地整理项目向河镇倾斜,这些项目为河镇的土地流转和规模经营提供了基础条件。除了土地整改项目外,阳春县还将涉农资金和项目进行整合集中投入河镇。2012年阳春县争取到"省级支农资金整合试点县",县政府成立了资金整合领导小组,编制了《阳春县2012年整合支农项目资金支持河镇现代农业发展实施方案》,围绕河镇粮食和畜禽两大类项目进行重点全面整合,预计整合各类资金约7亿元,其中各级财政资金3.5亿元,社会投入资金3.5亿元[①]。河镇作为全县唯一的纯农业乡镇更是主打"农业牌",将土地流转和发展规模经营作为镇政府的中心工作。由于该镇财政属于"吃饭型财政",镇政府只能更多地争取上面的资金和项目投入农业。通过县乡政府的共同努力,河镇分别在2012年和2013年申报"省级农业综合开发项目示范区"和"省级现代农业示范区",这使河镇农业成为阳春县农业发展名副其实的"亮点",成为县乡政府迎接和应付各级领导考察和检查农业工作的重地,也成为县乡主要领导的主要政绩。

  这一打造亮点或树典型的行为显然是在县乡政府的"共谋"下进行的,因为这对于两级政府来讲都是重要的政绩。正如有学者指出的,我国行政体系一直有这样一种特点:判断一个地区、一个部门经济建设、社会管理和领导工作成绩的好坏很重要的方面就是看有没有先进典型或亮点,正所谓"一俊遮百丑",有了先进典型似乎就可以遮掩各种不足和问题,所以各级领导千方百计地打造亮点或典型以显示自己的政绩,显示本地区、本部门的

[①] 《阳春县河镇省级现代农业示范区建设情况汇报》,2013年7月15日。

实力、竞争力①。因此，打造亮点也是内在于压力型体制和晋升锦标赛的一种策略，正如周黎安所说，"晋升锦标赛内在地鼓励地方政府的政策创新行为，当然这也不可避免地导致了地方违规行为"②。

综合以上，河镇所在县乡政府通过土地流转再造农业的根本动力在于追求政绩，以在上级考核和横向竞争中获得好成绩从而获得更好的晋升机会和更多的经济资源。在我国压力型体制和晋升锦标赛模式下，当中央政府逐渐重视土地流转和发展规模经营时，各级地方政府会更加重视这一工作。为了更好地推动这一工作，一般上级政府会在一些关键任务和指标上对下级政府提出要求，而下级政府为了凸显自己的政绩则会在这些关键任务和指标上层层加码，从而在纵向考核上获得好评，在横向竞争中获得优势。这一方面确实调动了各级政府推动土地流转和发展规模经营的积极性，但是也可能促使各级政府采取一些违背农民意愿和不切实际的措施。这就可以解释，为什么中央一再强调在土地流转和发展规模经营中要尊重农民意愿和发展适度规模经营，各地政府强制农民流转土地的现象却普遍发生，而且它们往往不切实际地"垒大户"。

根据河镇所在地区的实践，笔者发现各级地方政府与同级政府之间围绕规模农业形成一种"锦标赛"，笔者将其称为"规模农业锦标赛"。这些同级政府在土地流转数量、大户的规模和数量、土地流转和规模经营的亮点等方面展开了激烈的竞争，在这些方面成绩优异者说明其规模经营发展得更好，会受到上级政府和领导的肯定，从而有更好的晋升机会。因此，"规模农业锦标赛"是地方政府推动农业转型和再造农业的首要、直接的动力。当然，

---

① 刘林平、万向东：《论树典型——对一种计划经济体制下政府行为模式的社会学研究》，《中山大学学报》（社会科学版）2000 年第 3 期；黄鹏进：《"树典型"：基层社会的治理策略及其后果》，《古今农业》2011 年第 4 期。
② 周黎安：《中国地方官员的晋升锦标赛模式研究》，《经济研究》2007 年第 7 期。

考察"规模农业锦标赛"仅仅只有一个县域的经验材料显然是不够的，还需要更大范围的经验材料，但一个县域的实践已经能够说明"规模农业锦标赛"的存在及其内在机制。

（二）地方政府农业治理便利化的需要

如果说县乡政府发展规模经营的动力主要来自上级政府的话，那么，本部分所要阐述的动力则主要来自县乡政府本身。

正如周雪光所说，中国国家治理面临的一个重要挑战便是其治理规模以及由此产生的治理负荷，这一挑战不仅在当下中国有，也是中国历史上一直困扰执政者的核心问题[①]。我国地大物博、人口众多，而且政府的治理范围较广，这决定了政府的治理规模和治理负荷都非常大。具体到农业治理上，由于我国历来是一个人多地少的国家，农业的实际经营者以众多小而散的小农为主，因此国家很难直接与他们进行对接。温铁军曾指出，"无论计划还是市场，当这些外来制度面对高度分散而且剩余太少的传统小农经济时，都有交易费用过高的问题"，因此，"无论集权或是民主，当这些政治制度面对高度分散的小农村社制的社会基础时，也都由于交易费用过高而难以有效治理"[②]。在传统社会"皇权不下县"，国家在乡村社会主要是通过作为非正式行政人员的士绅和地方精英为主的"双重经纪"来征收赋税并实现其主要的统治职能[③]。实际上，传统社会的国家主要是利用这些"双重经纪"来降低其与小农之间过高的交易成本。这种方式在很大程度上降低了国家与小农之间的交易成本，但同时也使国家的渗透能力、汲取能力和控制能力都受到了很大限制[④]。

[①] 周雪光：《国家治理规模及其负荷成本的思考》，《吉林大学社会科学学报》2013年第1期。

[②] 温铁军：《"市场失灵+政府失灵"：双重困境下的"三农"问题》，《读书》2001年第1期。

[③] 杜赞奇：《文化、权力与国家：1900—1942年的华北农村》，王福明译，南京：江苏人民出版社，2006，第28页。

[④] 詹姆斯·C. 斯科特：《国家的视角》，"导言"第2页。

第六章　地方政府再造农业的目标与动力

新中国成立初期,土地改革将全国绝大多数土地均分给农户,国家又重新面对众多小而散的小农。在中央决定采取最大限度地从农业提取资源支持工业化的策略后,仍然面临着与小农之间交易成本过高的问题。所以,在温铁军看来,中央决定走农业集体化或合作化道路是为了降低国家与小农之间的交易成本,以更好地从农村提取资源①。毛泽东在论述合作化时有句名言——"满头乱发没法抓,编成辫子就好抓了"。他的意思是,国家根本无法与单个的小农打交道,把它们组织起来就好办了。合作化使小农失去了农业经营权,这个时候国家提取资源就比较便利了。正如薄一波指出:"合作化后,国家不再跟农户发生直接的粮食关系。国家在农村统购统销的户头,使原来的一亿几千万农户简化成了几十万个合作社。这为加快粮食收购进度、简化购销手段、推行合同预购等都带来了便利。"②

斯科特在研究苏联的农业集体化时也得出了相似的结论。他发现,在集体化之前,"苏维埃国家所面对的是具有非常多样性、扎根于公社的小土地所有者。中央政权对他们的经济和社会情况了解甚少。这种状况为农民开展反对国家索求的无声游击战争(间以公开的反抗)提供了战略优势。在现存财产制度下的国家只能为了征集谷物而与农民激烈斗争,但并没有胜利把握"。"集体化的目的之一就是打破原有这些对构架充满敌意的经济社会单位,并强迫农民穿上国家所设计的制度紧身衣。集体农场新的制度安排现在与国家征收赋税和指导发展的目标相统一了。"③ 所以斯科特提出,尽管苏联的农业集体化带来了很多问题,但是"从国家中心来看,集体化可以说是成功的。集体化可以成为实现传统国家机器(统治)的两个目标的工具:征收税赋和政治控制。尽管

---

① 温铁军:《中国农村基本经济制度研究》,北京:中国经济出版社,2000,第157—158页。
② 薄一波:《建国以来的若干重大历史问题的回顾》,北京:中共党史出版社,2008,第195页。
③ 詹姆斯·C. 斯科特:《国家的视角》,第274—275页。

苏维埃集体农庄没有生产出巨大的剩余食品，但是它可以成为国家决定农作物模式、固定农村实际工资、大量征收任何种类的谷物以及从政治上削弱农村的有效工具"①。

从以上来看，我国和苏联之所以推动农业集体化，除了受到马克思主义意识形态的影响，还有更加现实的考量，即为了解决国家与多、小、散的农户之间交易成本过高的难题，以最大限度地从农业中提取资源支持国家的工业化。换句话说，国家正是出于发展工业化的需要，才做出了再造农业经营主体的选择——将众多小而散的小生产者改造成便于国家治理的大型农庄。这种为了更好地从农村提取支持工业发展和国家战略所需要的资源而发动对农业经营主体进行改造的做法，在很多国家工业化起步阶段都是比较普遍的，日本、韩国及中国台湾主要是采取了打造农民协会（以下简称"农协"）的做法②。因为在这些国家和地区的工业化初期，资本积累的唯一来源便是农业，但是如何解决从众多小而散的小农那里提取资源而产生的高额交易成本问题是各个政府面临的头等难题。无论是苏联、中国的农业集体化还是日本、韩国及中国台湾的"农协"都可看作解决这一问题的方法和策略。

如果说农业集体化和"农协"都是在农业哺育工业阶段国家为了更好地从小农那里提取资源而对农业做出的改造措施的话，那么在已经过渡到工业反哺农业阶段的当下中国，政府改造农业的动力显然已经不符合以上逻辑。尽管以上两个阶段国家的任务截然相反，在农业支持工业阶段国家以提取资源为主，而在工业反哺农业阶段则是以输送资源和服务为主，其分别对应着汲取型政府和服务型政府，但是处于这两个阶段的国家在与众多小而散的小农打交道时都面临一个共同的问题，就是交易成本过高的问

---

① 詹姆斯·C. 斯科特：《国家的视角》，第 255 页。
② 董正华：《小农制与东亚现代化模式》，《北京大学学报》（哲学社会科学版）1994 年第 3 期。

题。因此这两个阶段也许有一个共同的地方，即政府都有为了降低交易成本以使治理便利化而改造农业的动力。

已有学者指出近年来上海政府通过发展农业组织化经营驱逐外来小生产者的主要动力来自政府便于管理的需要①。张建雷也将近年来地方政府推动家庭农场的重要原因归结为政府有效管控农业的需要②。这与笔者所观察到的河镇农业转型过程中县乡政府的推动逻辑是一致的。换句话说，县乡政府再造农业的动力除了来自规模农业锦标赛，还来自于它们治理农业便利化的需要，这里的农业治理主要是指在惠农资源下乡背景下地方政府对农业生产所进行的服务和管理。

税费改革后有两个变化加剧了地方政府在农业治理中与农户之间的交易成本。第一个变化是，国家将大量惠农资源向农村和农业投入，促使基层政权进一步向农村社会不断延伸、扩展，在公共品提供上承担了越来越多的责任，从而使县乡政府农业治理的内容和规模大幅增加；第二个变化是，税费改革进一步削弱了基层组织和基层农业服务体系，从而使县乡政府对接小农的渠道进一步弱化。这两个变化都进一步增加了县乡政府服务和管理小农的交易成本。

税费改革不仅破天荒地废除了在我国延续了几千年的"皇粮国税"，而且自此之后国家逐年加大涉农惠农资金的投入。国家试图通过取消税费和加大转移支付来增强基层政府的公共管理和公共服务职能。尽管周飞舟敏锐地指出，在这个过程中基层政权正在从过去的汲取型变为与农民关系更为松散的"悬浮型"③，但是不可否认随着涉农惠农资金的大量投放，基层政权的公共服务职

---

① 叶敏、马流辉：《驱逐小生产者：农业组织化经营的治理动力》，《开放时代》2012年第6期。
② 张建雷：《社会生成与国家介入：家庭农场产生机制研究》，《地方财政研究》2014年第10期。
③ 周飞舟：《从汲取型政权到"悬浮型"政权——税费改革对国家与农民关系之影响》，《社会学研究》2006年第3期。

能在持续增加。因为这些涉农惠农资金只有少部分是通过财政部门直接打到农户账户,绝大部分资金还是以项目的形式由基层政府来落实。在这些需要基层政府落实的涉农项目资金中相当一部分是农业项目资金,上文中提到的土地整改项目、农技服务项目、纵向一体化项目、政策性农业保险等都属于此类,这些都说明基层政府在提供农业公共品中的作用在明显增大。而在税费改革之前,这些公共品有些还没有出现,比如政策性农业保险;有些比较稀少,比如土地整改项目、农技服务项目、纵向一体化项目等;有些主要依靠村庄内部解决,比如农业生产中沟渠路的修缮等,这些主要是由村集体使用村民交的共同生产费来完成。税费改革后,共同生产费连同农业税费被一起取消,农业生产所需的几乎所有公共品都依赖政府提供。基层政府提供公共品的内容和数量的增加意味着其农业治理的内容在增加、范围在扩大,也意味着基层政府与小农打交道的交易成本问题并没有随着农业税费取消而减少,而在农业服务领域这一问题较之过去更加凸显。

在基层政府农业治理内容不断增加、范围不断扩大的同时,联结政府与农民的乡村组织却在进一步弱化。税费改革及其配套改革不仅切断了乡村组织从农民那里提取资源的权力,而且通过乡镇综合改革、合村并组等措施大量精简乡村组织的人员和机构。对乡村两级组织和资源的不断削弱造成了乡村治权进一步弱化[①]。同时,也有学者指出税费改革及其配套改革也导致了乡村治理责任(简称"治责")的进一步弱化[②]。乡村两级组织治权和治责的同时弱化限制了乡村两级组织作为农村公共服务和公共管理直接主体发挥应有的作用。而乡村两级组织在自上而下的政府组织与广大"小而散"的小农对接中起到了关键的中介作用。"中间层"

[①] 申端锋:《乡村治权与分类治理:农民上访研究的范式转换》,《开放时代》2010年第6期;李昌平:《大气候——李昌平直言"三农"》,西安:陕西人民出版社,2009,第172—174页。

[②] 杨华:《重塑农村基层组织的治理责任》,《南京农业大学学报》(社会科学版)2011年第2期。

的弱化意味着我国的基层治理日益从间接治理模式走向直接治理模式，即原本国家依托乡村组织与农民对接的间接治理模式在税费改革后走向解体，而以保障个体权利为核心和以强化对基层代理人的监控为目的的将国家权力直接对接农户作为组织机制的治理模式开始兴起[①]。这种新型的国家与农民对接方式限制了乡村两级组织在农业治理中主体作用的发挥，而更多地被动配合上级政府的工作，从而使县乡政府在农业治理中面对千家万户的小农更加缺乏抓手，遭遇了巨大困难，产生了农业治理的"最后一公里"问题。[②] 上文论述基层农技服务体系时，小农农技服务体系的"线断网破"及其带来的问题即是一个典型的表现。

一方面，由于农业项目进村的增多直接增加了县乡政府农业治理的任务，这就需要其更多地与小农进行对接；另一方面，乡村体制改革使处在基层政府与小农"中间层"的乡村两级组织不断被弱化，从而使县乡政府对接小农更加困难。两个方面结合在一起便使县乡政府在农业生产公共品供给中与农户打交道的交易成本不断增加，县乡政府面对众多小而散的农户，进行有效治理的难度持续增加。面对这种困境，在中央政府提出培育新型农业经营主体后，县乡政府有极强的动力推动大户替代小户以减小交易成本和实现治理便利化，这使农业治理更见成效。据笔者在河镇的观察，县乡政府基于治理便利化而推动农业转型至少体现在以下两个方面。

第一，为了更好地管理和落实项目资源，县乡政府选择发展大户并对大户倾斜。阳春县农委农经科科长陈德高和河镇农经站站长林华清在向笔者介绍河镇在2008年发展大户的初衷时都强调了一点，就是为了防止土地整理后很难把田分下去。他们介绍了一个反面案例：该县2005年曾在另一个乡镇实施过一次国土部门

---

① 田先红、陈玲：《再造中间层：后税费时代的乡村治理模式变迁研究》，《甘肃行政学院学报》2010年第6期。
② 参见孙新华《地方治理便利化：规模农业发展的治理逻辑》，《中国行政管理》2017年第3期。

的土地整理项目，但项目实施后田分不下去，最终耽误了季节，造成农民的田荒了一季，这些农户集体跑到镇政府要求赔偿，不仅造成了恶劣的政治社会影响，而且政府赔付了农户的几百万元损失。整理好后的田之所以分不下去，一是因为当地农民对土地整理的效果不满意；二是很难达成一致的分田方案，农民对村集体提出的分田方案也不接受。县乡政府之所在2007—2008年的土地整理项目实施后坚决发展大户，一个很重要的原因是为了避免重蹈覆辙。在乡村组织治权弱化的背景下，县乡政府在资源下乡中很难与小而散的农户形成一致意见，而与少数大户进行协商则因为交易成本极低而很容易达成一致。在河镇李村流转了800多亩土地的大户告诉笔者，当时李村在土地整理中产生了很多矛盾，有不少农户找到政府反映问题，镇领导当时的想法就是抓紧把土地流转给大户，流转给大户就省事了。

　　除了在县乡政府推动大户时体现了以上逻辑，在其他涉农项目投放中也体现了这种逻辑。正如笔者在上文介绍的，河镇的涉农项目投放存在严重的垒大户现象——相对于小户，涉农项目主要向大户倾斜；相对于一般大户，主要向其中的若干大户倾斜。而项目负责部门之所以采取这种策略，除了政府扶持大户这一原因外，还有一个重要原因是为了便于项目的管理和完成。还是以第五章第二节所列举的"万亩水稻高产创建项目"为例，县农技推广站之所以将有"真金白银"投入的百亩攻关区放在大户的田里，是为了便于项目管理。该站站长万江华告诉笔者："百亩攻关区现在都是以大户为主，而之所以选在大户田里，一是项目好实施，什么事情好商量，跟一个人好讲，要是跟十个人就不好讲，让这十个人都听你的就更难了。二是如果有什么闪失，补偿也好搞。"这位负责人已经说得很明白了，将项目资源投入大户的田里较之投入一般农户田里交易成本更低，因此更容易按照项目的各项要求实施，更容易使项目成为供各方进行参观的"示范点"，即使一些试验性的项目出现一些问题也好解决。

　　第二，大户兴起后便于县乡政府对农业经营主体进行服务和管理，这进一步促使县乡政府发展大户。2008年河镇政府推动土地流转以来，河镇的大户必须与村委会签订正式的合同并在镇农经站备案，还要向农经站交纳一定的风险保障金。这种规定本身便可看作县乡政府对土地流转和农业经营进行服务和管理的一种实践。这也在很大程度上有利于县乡政府对农业经营主体（主要是大户）进行更好的服务和管理。因为这些规定至少带来以下三点变化：一是使农业经营主体的数量大大减少；二是使县乡政府掌握了农业经营主体的基本信息，比如，大户的田亩数、地理位置、经营范围等，2013年以后家庭农场还要在县工商局备案；三是使政府对农业经营主体有了更大的控制权，这一方面是因为政府控制了风险保障金，另一方面是政府控制着来自上级政府和县级政府的补贴和项目资源等。这些变化对于县乡政府完成服务和管理职能以履行职责和打造政绩都是有好处的。河镇分管农业的党委副书记何金平在向笔者讲述发展大户的好处时举了两个例子。一个是2013年镇农经站在镇政府的支持下组织10多个大户从山东一家化肥公司购买100多万吨农资，每百斤比市场价便宜近30元，节约费用7万元左右，他说，这种事情放在小户身上是完全不可能实现的，人多嘴杂，意见不一，而且他们的田也少，费那么大劲一家节省200—300元，他们还不如在本地按市场价买呢。另一个例子是2014年禁止焚烧秸秆行动中，上级政府抓得很紧，对火点进行航拍，发现火点即对领导进行处罚，县乡政府要求所有农户不要焚烧秸秆或者不在规定的时间焚烧，大户很听话，因为假如不按照政府的要求做，政府可以将县政府的大户补贴（60元/亩）扣掉，但是小户就不好控制，政府很难对众多小而散的小户进行约束。他说小户的秸秆是最难禁止焚烧的，费了九牛二虎之力去做他们的工作不一定有成效。

这两个例子，第一个是政府主动提供服务的例子，第二个是政府进行社会控制或管理的例子。其实在具体的农业生产中无论是政府对农业经营主体进行服务还是管理都有很多表现，比如在服务方面有农技服务、农业保险服务、沟渠路等基础设施供给等，

再造农业

在管理和控制方面有纠纷调解与维持社会稳定[①]、农产品质量监管等。随着县乡政府农业治理内容的不断增加，它们需要提供的服务和管理内容也会不断增加。上述两个例子也足以说明，发展大户较之于发展小户在农业服务和管理上对县乡政府而言都更容易完成治理任务。这进一步促使县乡政府发展大户。这种大户之所以不是农村内部自发产生的"中坚农民"也可以从政府治理便利化的角度进行解释。因为自发产生的"中坚农民"不仅规模太小，而且流转合同无法规范统一、流转期限太过灵活，这些特点都决定了政府无法对其进行高效的服务、管理和控制。因此政府从农业治理便利化的角度对大户进行一系列的限定，比如规模要在100亩以上、要签订统一规范的合同、要交纳风险保障金、流转期限比较合理，等等。

政府推动的再造农业尽管对农业、农民和农村社区都带来了一定的负面影响，但是从县乡政府的农业治理角度来看无疑具有极强的正面效果，它极大地减少了县乡政府农业治理的对象的数量，从而使其在国家资源下乡和乡村组织不断弱化的背景下能够更好地完成下乡资源的落地并对其进行更好的管理，还可对农业经营主体进行更好的管理、提供更好的服务，以更好地实现治理和社会控制。

正如斯科特所说，现代国家机器的基本特征便是清晰化和简单化，因此国家权力本能地希望将那些极其复杂、不清晰和

[①] 据河镇乡村两级干部介绍，小户在农业生产尤其是灌溉中产生的生产性矛盾在所有矛盾中占到30%—40%，处理不好农民就会上访。但是发展大户后很多矛盾迎刃而解，一是很多生产性矛盾被内部化，二是即使有些矛盾，乡村组织也好解决。河镇分管农业的副书记何金平介绍了一个典型案例："2013年发生大旱，7月6号下了一场雨，当时我们在茶村的一个水库的提阀坏了，我们担心再下雨造成洪灾，就把水库的水放掉了，抓紧进行维修，谁知接下来一个多月都没有下雨，山区又没法提水。幸好村里的1300多亩田已经流转给一个大户了，假如还是老百姓自己种肯定要出大事，可能有三五百户老百姓来政府闹事。当时就一个大户，镇里省了不少事情，最后我们在抗旱经费上给他一定支持，就把事情解决了。"

第六章　地方政府再造农业的目标与动力

不易管理和控制的"非国家空间"改造成简单、清晰、便于国家管理和控制的"国家空间"①。通过以上分析，我们可以看到无论是新中国成立初期的农业集体化还是近年来的农业转型都遵循以上逻辑。国家面对众多小而散的小户很难与之对接以实现国家的目的，因此国家做出了对其进行改造的决定。但是两个时期的具体逻辑存在巨大差别。农业集体化是中央政府做出并强力推动的决策，其目的是为了更好地从农业提取资源以支援我国的工业发展。而近年来的农业转型虽然仍是由中央政府做出的决策，但是基于治理便利化而推动以发展大户为内核的农业转型主要是地方政府尤其是县乡政府做出的。因为它们是农业治理的直接主体，在国家涉农惠农资源大量下乡的背景下，县乡政府农业治理的内容不断增加，但是由于税费改革后乡村两级组织不断弱化，县乡政府对接小农的成本大大增加，在这种情况下，县乡政府出于治理便利化以取得治理效果推动了以发展大户为内核的农业转型。

三　小结

在前文阐述了河镇农业发生了什么转型以及政府如何通过"三个再造"推动农业转型后，本章试图解释地方政府为什么以这种方式进行再造农业。笔者认为，在本质上，地方政府通过再造农业推动农业转型是农业治理的行为。因此，要理解地方政府为什么推动以发展大户为内核的农业转型，需要理解近年来地方政府农业治理的目标和动力。在这里，治理农业的目标决定了何种农业生产形态是地方政府发展的方向；治理农业的动力则是指为什么地方政府热衷于推动这种农业生产形态的发展。

笔者在河镇的调查发现，在农业治理目标上，近年来县乡政府逐渐确立了改造小农、培育规模经营主体的农业治理目标。长

---

① 詹姆斯·C. 斯科特：《国家的视角》，"导言"，第229—240页。

期以来,我国深受马克思主义理论和新自由主义经济学的熏陶和影响,包括各级政府在内的社会各界形成了落后的小农必将被先进的规模经营主体所替代的单向线性的农业进步观。这种农业进步观一直以来为地方政府所认同,要搞清楚为什么近年来才形成了以上农业治理目标,还需要厘清农业治理内容在近年来的转型。近年来地方政府在农业治理内容上的一个重大变化是,"谁来种田"日益成为地方政府思考和解决的重要问题,并逐渐把培育新型农业经营主体和构建新型农业经营体系作为政府治理农业的主要内容。正是中央政策的调整和农业经营主体的转变这两个新变化才赋予地方政府培育新型农业经营主体的治理责任,从而促使地方政府将培育新型农业经营主体上升到农业治理的重要内容。农业治理内容和方向两者结合在一起共同形塑了县乡政府改造小农、培育规模经营主体的农业治理目标。

在探讨县乡政府推动农业转型的动力时,笔者试图从县乡政府所处的结构性因素方面进行阐释。县乡政府作为联结上级政府与基层社会的中介,决定了其既要超额完成上级政府下达的任务和指标,又要直接面对基层社会并进行治理。作为行政体系的末端,在压力型体制下县乡干部尤其是主要领导为了晋升会与其他竞争对手就一些关键指标展开激烈竞争,这在地区之间催生了"晋升锦标赛",而随着中央政府对于培育新型农业经营主体的重视,地方在农业治理上也正在上演一场"规模农业锦标赛"。这构成了县乡政府推动农业转型的首要、直接的动力。而在基层社会的农业治理过程中,作为治理主体的县乡政府面对小而分散的农户,始终存在管理成本过高的问题,而税费改革后政府农业治理职能的增加和乡村组织职能的弱化更加重了这一问题。在中央政府提出培育新型农业经营主体后,治理便利化成为县乡政府发展便于治理的大户以替代不便管理的小户的强大动力。

通过以上对农业治理的目标和动力两个方面的考察,笔者从治理视角阐述了县乡政府推动以发展大户为内核的农业转型的逻辑。

第七章 结语

从第二章到第六章，笔者以河镇的农业转型为对象阐述了地方政府推动的农业转型现状、地方政府推动农业转型的机制及其逻辑。第二章，笔者在简单介绍河镇的概况后着力描述了当地农业转型的三个面向：农业经营主体的转换、农业资本化的加深、农业生产关系的变革。在这三者中，农业经营主体的转换无疑居于主导地位，从而带动了另外两个面向的转变，所以河镇的农业转型是以农业经营主体的转换为内核的。而农业经营主体的剧烈转换恰是在地方政府（县乡政府）的推动下产生的。正是基于这一事实和判断，笔者从第三章到第五章探讨了县乡政府推动农业转型的具体机制，即其如何推动当地的农业转型。笔者发现，河镇土地在向大户集中流转的前、中、后期县乡政府都进行了全方位的干预，分别通过"再造水土"、"再造市场"和"再造服务"实现目标。这"三个再造"一方面为大户的崛起提供了较好的基础设施、集中连片的土地和较为完善的农业服务；另一方面也对小户生产产生了排斥，这也间接地推动了以大户的崛起为内核的农业转型。紧接着的问题是，县乡政府为什么要推动这一农业转型。在第六章，笔者从治理视角探讨了县乡政府治理农业的目标和动力，研究发现，近年来县乡政府逐渐确立了改造小农、培育规模经营主体的农业治理目标，而且其在"规模农业锦标赛"和治理便利化的双重驱动下有强大的动力去实现这一目标。

笔者从政府的视角对农业转型所做的上述解释，不同于西方解释农业转型的主流模式——自发模式，也有别于有的学者基于工业化初期阶段国家的实践从宏观国家角度对农业转型所做的解释[①]。

不可否认,河镇只是中国几万个乡镇中的一个,在我国经济社会发展存在巨大区域差异的情况下,从严格意义上讲,基于一个乡镇个案的调查研究无法代表其他地方和整个国家的情况。不过,考虑到我国农业发展正处在转型时期且从上至下的各级政府都在积极推动农业转型的大背景,我们考察一个乡镇农业转型的机制与逻辑,对把握和解释其他地方和全国农业转型的机制和逻辑是具有启发意义的。

因此,在这一章笔者对前文研究进行归纳总结,并着重凸显其理论和现实意义。基于前几章的分析,本研究的主要结论可归纳为以下三个方面。

第一,与过去有关农业转型的主流研究不同,本研究特别强调地方政府在农业转型中的作用。河镇的经验显示,地方政府在当下农业转型中发挥了关键作用,它启示我们无论是在解释范式上还是在实践操作中都需要由"自发型农业转型"转向"干预型农业转型",将地方政府作为农业转型的内生变量纳入解释框架,以更好地解释和推动我国的农业转型。

第二,尽管地方政府在推动农业转型过程中发挥了至关重要的作用,但是地方政府出于自身利益最大化的考量一味地吸纳精英阶层,忽视了社区普通农户的利益及其他们有关农业转型的意愿,从而使社区主流意愿无法在农业转型得到彰显,给社区及其主要成员都带来了不良后果,笔者将此称为"行政吸纳社区"。为了更好地实现农业转型,亟须构建社区本位的农业转型。

第三,农业转型方向并不像经典理论所认为的那样,是单向、线性的,而是具有多向性和多样性。农业转型方向之所以具有多向性,一方面是各类农业经营主体的现实生命力为其提供了可能,另一方面则是因为农业转型同时具有嵌入性。这种嵌入性不仅体

---

① 有关这两种解释,参见导论部分的第二节和第三节。

现在农业转型所处的政策环境和权力结构上,而且体现在其所处的社会结构上。这都为我国走具有中国特色的农业转型之路提供了可能。

下面,笔者将在前文论述的基础上就以上三方面主要结论的基本内涵、理论意义和现实意义展开进一步的阐释和讨论。最后,在此基础上,总结本研究的创新之处和不足之处。

一 "自发型农业转型"到"干预型农业转型"

笔者在这里所讲的"自发型农业转型"到"干预型农业转型",既是指理论范式上的转换,又是指现实中农业转型方式的转向。前者所指的意涵是,有关农业转型研究的主流范式将农业转型的动力归为经济和社会因素,因此农业转型是在权力真空中自发实现的,这种排斥国家因素的解释范式也许在西方是适用的,却无法解释中国的现实,因为在我国当下的农业转型中政府尤其是地方政府发挥了关键作用,因此,我们需要结合我国实践构建新的解释范式,将地方政府作为农业转型的内生变量纳入解释框架。而后者所指的意涵是,尽管我国也在自发地发生着农业转型,但是由于政府作用的缺位,这种自发型农业转型存在一系列自身无法克服的困境,因此需要政府进行适当的干预,以助推农业更好地实现转型。下面,笔者分别从这两个方面展开论述。

(一)解释范式的转换

正如笔者在导论中对有关农业转型研究主要理论所进行的梳理,尽管自由主义经济学、马克思主义理论与家庭农业派之间在农业转型方向的认识上针锋相对,但是它们在解释农业转型的动力机制上都坚持"自发模式",即主要强调经济社会因素自发地推动了农业转型,因此这种农业转型可称为"自发型农业转型"。在这种解释范式中，国家是缺席的。这些理论将国家因素排斥在解释框架之外，固然与它们各自的理论传统和学术立场密切相关，但更根本的原因是它们都受到了现代社会科学产生以来占据主流地位的社会中心论的影响。这一理论范式将社会变迁解释为经济社会自发力量推动的结果，国家不是被视为各种力量相互竞争的平台便是被看作统治阶级的工具[①]。换言之，国家或政府之所以无法构成社会变革的推动力，从根本上说是因为国家或政府并不具有主体性。

20 世纪 70 年代以来在西方兴起的国家主义范式对社会中心论进行了有力的回应，相对于社会中心论对国家的忽视，国家主义范式强调将国家作为解释政治经济社会变迁的中心变量，认为国家的结构、功能与行为不仅可以无意识地影响政治、经济和社会等方面，而且更重要的是国家可以作为一个独立行动者有意识地对政治经济社会进行干预。笔者在本研究中便借鉴了国家主义范式运用国家因素解释政治经济社会变迁的视角对近年来发生的农业转型及其动力机制进行研究，与过去学者主要从宏观和抽象的国家着手研究农业转型不同，笔者在本研究着重研究了地方政府推动农业转型的机制和逻辑，这主要是由笔者所观察的实践决定的。笔者基于皖南河镇的调查发现，作为联结国家与社会中介的县乡政府构成了推动农业转型的直接动力，当然更高层级的政府尤其是中央政府也发挥了重要作用，但是在本研究中笔者主要是以县乡政府为中心进行解释的，而将中央政府的政策作为影响县乡政府的结构性因素。

从前几章的分析可以清晰地看出，河镇 2007 年以来所发生的以大户崛起为内核的农业转型绝非自发产生的，而是在县乡政府的全方位干预下进行的，而且县乡政府的这种干预是有意识的行为，即县乡政府在农业转型中具有自主性。第三章表明，在土地流转之前，为了更好地发展规模经营，县乡政府在土地整改项目

---

① 〔美〕彼得·埃文斯、迪特里希·鲁施迈耶、西达·斯考克波：《找回国家》，方力维等译，北京：生活·读书·新知三联书店，2009，第 3—10 页。

的设计和实施中都按照规模经营的需要进行筹划,甚至不惜以损害小户的利益为代价,从而为大户的崛起奠定了物质基础。在第四章中我们看到,县乡政府为了保障整改好的土地能够定向流转到大户手中也做足了工作,不仅构建了促进土地集中利用和流转的土地确权制度和土地流转制度,而且通过设置流转门槛筛选土地流入方从而将集中到村级组织的土地进行定向流转,甚至为了让更多的土地向大户集中积极动员甚至强制农户流转土地。通过这些措施使大量土地才集中到了少数大户手中。第五章进一步阐述,在大户崛起并进行经营以后,县乡政府也在积极地构建一整套服务于大户的新型农业服务体系,相对于针对小农的服务,当地政府在人力、物力和财力上都对大户进行了重点倾斜。这为大户农业生产的正常进行提供了较好的保障。所以笔者认为,正是县乡政府的"再造水土"、"再造市场"和"再造服务"才使河镇以大户崛起为内核的农业转型得以发生。

县乡政府对农业转型的干预不仅体现在以上"三个再造"上,而且体现在河镇农业转型的具体走向上。在2012年之前,当地政府的主要发展对象是特大户,所以在这个阶段兴起的大户主要是土地规模在500亩以上的特大户。而在2012年以后,政府明确提出发展土地规模在200亩左右的家庭农场,因此,这一阶段发展起来的大户主要是家庭农场。

从以上分析来看,河镇的农业转型并不是自发的,而是县乡政府推动的结果。当地政府不仅构成农业转型的推动力,而且是最关键的推动力,地方政府的干预方向和程度直接决定了农业转型的方向和程度。

县乡政府作为农业转型的推动力并非某个地方的县乡政府的一时兴起带来的,而是受到制度性结构的驱动。换言之,县乡政府推动农业转型是受制度约束的理性行为。这一点在第六章可以清晰地看出。第六章显示,2005年以来中央日益将发展现代农业、培育新型农业经营主体和构建新型农业经营体系等作为农业治理的重要内容,并持续地通过"三中全会决议"、中央"一号文件"

等不断强调,这不仅为农业治理内容提出了新要求,而且极大地驱动着农业治理职能部门和各级地方政府推动农业转型。此外,笔者还从地方政府基于政绩的逻辑而产生的"规模农业锦标赛"和县乡政府出于农业治理便利化两个方面分析了县乡政府推动以发展大户为内核的农业转型的动力所在。这些推动县乡政府干预农业转型的因素几乎都是制度性的因素。

首先,随着农村劳动力的大量转型,我国农业确实处在转型的节点上,面对这一现实问题,以为人民服务为宗旨的党和政府自然会做出回应,诸如农业应该如何转型、应该如何推动农业转型等问题都构成了地方政府思考和行动的重要内容。而农业的基础性、战略性地位,以及税费改革后中央政府提出的工业反哺农业的战略,这些都为我国政府(县乡政府自然在其中)干预农业发展和转型提供了制度性保障。其次,在中央政府越来越重视农业转型的情况下和我国压力型体制和晋升锦标赛模式下,地方政府的领导和干部为了更好地创造政绩以实现更好的晋升,任务和指标在向下级传达过程中自然会被层层加码,从而促使下级政府更积极地推动农业转型,甚至因此产生很多过激的行为,比如强制农户向大户流转土地等。最后,税费改革后县乡政府的农业治理内容和规模在增加的同时,乡村组织这一与众多小而散的农户进行对接的抓手越来越弱化,这种体制性障碍限制了县乡政府与广大小而散的小农进行理想对接,促使县乡政府基于农业治理便利化的需要而改造农业经营主体。除了以上三点,其实单向线性的农业进步观在很大程度上对县乡政府也构成了一种结构性因素,因为这种观念是在长时间的积淀中形成的,已然构成一种客观存在的结构性力量。在这四个结构性因素中,第一个和第四个因素应该是县乡政府和中央政府共同具有的,但是第二个和第三个则是县乡政府不同于中央政府的。

基于以上分析,我们会发现,县乡政府不仅有意识地在推动农业转型,而且实质性地干预了农业转型的方向和程度,更重要的是,县乡政府干预农业转型的行为是受制度性结构推动的。正

第七章 结语

是由于这种制度性结构的存在，县乡政府对农业转型的推动绝不仅仅局限在一地，而必定在全国普遍存在，本研究开篇部分描述的全国各地在政府推动下正在迅速进行的土地流转和农业转型印证了这一点。当然，各地的农业转型程度和县乡政府的干预程度存在很大差异，而河镇在全国应该是走在前列的。尽管各地存在很大差异，但是有一点是普遍存在的，即县乡政府构成了农业转型的关键推动力，而且其推动农业转型的行为是受到客观存在的制度性因素约束的。正是基于以上判断，笔者认为，县乡政府的干预构成了当下中国农业转型的内生变量，其绝不是外在于农业转型的。

至此，笔者呈现和构建了一个从县乡政府的视角理解和解释农业转型的范式，县乡政府推动农业转型的机制和逻辑构成了这一范式的核心要素。这一范式修正了解释农业转型中"只有社会没有国家"的自发模式，也进一步深化了学者在农业转型中仅仅从抽象而又宏观的国家角度进行解释，提出了在具体的实践中作为农业治理一线政府的县乡政府推动农业转型的机制和逻辑。较之于研究农业转型的主要理论强调经济社会因素对农业转型的推动作用而无视国家因素，这一范式认为政府尤其是县乡政府构成了农业转型的内生变量，是推动农业转型的关键变量，因此，现实中的农业转型并非"自发型农业转型"，而是"干预型农业转型"。当然，"干预型农业转型"的干预主体既可以是中央政府也可以是其他级别的政府。较之于既有研究农业转型的学者主要强调宏观而又抽象的国家，本研究基于现实实践特别突出了县乡政府的自主性。这种解释是否适用于其他国家尤其是西方国家的农业转型还有待进一步考证[①]，但无疑是适用于我国当下正在发生的

[①] 正如前文所述，斯科特笔下的苏联和坦桑尼亚、贝茨笔下的热带非洲国家、Hart 等人笔下的印度尼西亚、菲律宾、泰国、越南等这些国家的农业转型中国家或政府都发挥了重要作用。分别参见斯科特的《国家的视角》、贝茨的《热带非洲的市场与国家》和 Hart 等人的《农业转型：东南亚的地方进程与国家》。此外，在西德的农业转型中国家也发挥了关键作用，参见裴元伦《西德的农业现代化》，北京：农业出版社，1980，第 137—170 页。

以大户崛起为内核的农业转型。这里之所以将我国的解释对象仅仅限定在以大户崛起为内核的农业转型，是因为本研究所研究的对象是这样一种农业转型。其实在现实中还有一种农业转型，即农户通过自发流转土地促使农村产生了一批有异于一般农户的"中坚农民"。应该说，在这种农业转型中市场和社会因素起到了主要推动作用，但细究起来也绝非像自发模式所解释的那样国家在此过程中完全没有发挥作用，应该说宏观的国家政策诸如土地流转政策、税费改革政策等都直接或间接地推动了"中坚农民"的崛起。因此，只能说在这种农业转型中经济社会因素发挥了主要作用，而国家因素发挥了次要作用。

有鉴于此，在解释农业转型中自发模式仍占据主流地位的当下，我们应该借鉴国家主义范式进一步推动农业转型研究的范式转换，去挖掘国家因素在推动农业转型中的作用及其推动农业转型的机制和逻辑。不过在这个过程中要区别国家自主性和地方政府自主性的区别。本研究所用力的地方是在既有研究农业转型的学者仅仅强调国家自主性的基础上进一步提出地方政府推动农业转型的自主性。当然，县乡政府以上的各级政府尤其是中央政府在农业转型的作用、农业转型过程中各级政府的关系和互动，以及各级政府在"中坚农民"崛起中的作用等问题也值得深入探讨。需要强调的是，笔者强调农业转型研究范式的转换，只是在自发模式一味强调经济社会因素而忽视国家因素的情况下，更加重视国家或政府在农业转型中的作用，但并不排斥经济和社会因素的作用。

（二）政府干预的必要性

研究农业转型的自发模式不仅在解释农业转型动力时没有考虑国家因素，而且其潜在地认为农业转型无须国家的参与即可完成，因此国家干预是没必要的[①]。笔者在上文主要从解释范式的转

---

① 这一点尤其体现在自由主义经济学身上。

第七章 结语

换上归纳"自发型农业转型"向"干预型农业转型"转换的必要性。笔者认为在解释农业转型时应该将自发模式丢掉的国家因素重新找回来,并在第三章到第六章从县乡政府的角度论证了地方政府推动农业转型的机制和逻辑。在论证过程中,笔者也认识到现实中我国的农业转型离不开政府的干预,在政府干预不足或政府作用不到位的情况下,农业转型始终面临无法克服的困境,这使农业转型步履维艰。为了更好地实现农业转型,需要政府对其进行适当干预。

从第三章到第五章的论述可知,河镇的大户崛起过程中县乡政府所进行的干预至关重要,正是当地政府提供了较好的基础设施、集中连片的土地和较为完善的农业服务,大户才迅速崛起。与此相对应的是在农户自发流转及其所带来的农业转型中,当地政府的干预和相关服务是不足的,因而限制了农业转型。这启示我们,政府适当地干预农业转型是必要的。

首先,农业转型的顺利进行需要政府提供完善的农业基础设施。在河镇所在县乡政府积极干预农业转型之前,当地在基础设施方面整体上还是比较落后的,坑塘淤积严重、水渠年久失修、机耕道较少等,这些都限制了农业转型。更为严重的是地块细碎化非常严重,仅仅耕种自家承包田的农户越来越无法忍受土地细碎化带来的不便,更不用说流入土地的"中坚农民"了。因为在无法克服地块细碎化困难的情况下,流转越多的土地就意味着地块数量越来越多,从而会使生产成本大幅提高,限制了"中坚农民"土地规模的扩大。第三章提到的"中坚农民"汪小宝的26.54亩土地就有24块之多,可以想见其进行农业生产会有多么麻烦。农业转型顺利进行的前提是农业基础设施的改善,这既包括田间沟渠路的完善,也应包括农田条件的改善。而在村集体不断弱化且政策规定村集体不得向农户收取共同生产费的情况下,农业基础设施的改善仅仅依靠村级组织显然是不现实的,唯有把希望寄托在政府身上,当然在政府提供公共服务时需要最大限度地发挥村级组织的作用。当然,要在政府修建和改造农业基础设施中防止其一味地支持大户生产而排斥小户生产。

其次，土地产权的细碎化和土地流转平台的欠缺都呼唤政府的介入和干预。从第四章的分析来看，土地产权的细碎化构成了土地流转和农业转型的短板，而这一问题的不断加剧本身也是我国土地政策带来的后果。近一二十年来的土地政策总体上是在不断弱化集体所有权，强化农户承包经营权，这从根本上消解了村集体通过调地克服土地产权细碎化的可能。在土地细碎化已成既定事实的情况下，这一规定虽然声称保护土地承包者的利益，却损害了土地使用者的利益。这一制度的制定者希望农户通过市场交易来整合细碎化的土地产权，但是由于土地的不可移动性，市场机制在整合细碎化的土地产权上显然是失效的。因此亟须各级政府探寻一种整合细碎化土地产权的机制。河镇在县乡政府的牵头下积极组织村组研讨出的虚拟确权，在保护土地承包权的同时使土地经营权与具体地块进行挂钩，并通过土地功能分区有效地解决了土地产权细碎化的问题。在这一制度的设计和实施中仅仅依靠村组组织显然是很难奏效的，还需要当地政府提供各种保障。此外，解决了土地产权细碎化问题后，如何实现土地的集中流转也是土地流转和农业转型中的一个现实问题。河镇的经验启示我们，应该积极发挥村组组织的中介作用以降低流转双方的交易成本，同时政府应该加强土地流转的登记、备案和管理工作，并督促村组组织更好地发挥土地流转的中介作用。

最后，无论是小农还是"中坚农民"、家庭农场等规模经营主体，都需要政府提供完善的农业服务。在我国农业服务体系中既有经营性的市场主体又有公益性的公共服务机构，尽管市场主体在农业服务中日益占据重要地位，但是公共服务机构仍无法被替代，这主要是由农业和农业服务的公共品性质决定的。因此，政府不仅本身构成重要的农业服务主体，还要扶持其他各类经营性的市场主体的发展，从而为农业生产的正常进行提供完善的产前、产中和产后的各类服务。在第五章中，笔者阐述了正是县乡政府为大户提供了较为全面的农技服务才有力地保障了大户的生产，但是这存在过度向大户倾斜的问题,弱化了对一般农户和"中坚农民"的服务,进而对小户生产构成了一定的排斥。这说明了政府的农业服务对于农业转型的重要性和必要性。只不过政府的导向有利于农业转型按照其设定的方向进行,而不是按照很多农户的设想展开。

总之,我国农业正处在转型的关键时期,政府在农业转型中发挥了关键作用。但是,从河镇的实践来看,县乡政府在推动农业转过程中也存在很多问题,其中"行政吸纳社区"问题尤其突出。

二 "行政吸纳社区"与社区本位的农业转型

(一)"行政吸纳社区"

金耀基曾用"行政吸纳政治"来概括香港的政治模式[1]。而所谓"行政吸纳政治","是指一个过程,在这个过程中,政府把社会中精英或精英集团所代表的政治力量,吸收进行政决策结构,因而获致某一层次的'精英整合',此一过程,赋予了统治权力以合法性,从而,一个松弛的、但整合的政治社会得以建立起来"[2]。可以看出,在这种吸纳过程中,被吸纳到行政机体中的主要是香港社会的精英或精英集团,而大众是被排斥在政治参与之外的。所以,在港英时期的香港政治中吸纳机制和排斥机制是并存的,统治者希望通过开放行政系统吸纳精英集团,从而杜绝在政府之外产生威胁性、反对性的政治力量,因此排斥大众参与民主或代议制民主[3]。

---

[1] 金耀基:《行政吸纳政治——香港的政治模式》,载金耀基《中国政治与文化》,香港:牛津大学出版社,1997,第21—45页。
[2] 金耀基:《中国政治与文化》,香港:牛津大学出版社,1997,第27页。
[3] 强世功:《"行政吸纳政治"的反思》,《读书》2007年第9期。

康晓光等人借鉴"行政吸纳政治"的分析范式将改革开放以来我国的国家与社会关系概括为"行政吸纳社会"①。按照他们的定义,所谓"行政",既指政府或国家,也指政府或国家的行为;"社会"不是指一般意义上的社会,而是指"市民社会"、"公共领域"、"合作主义"所指称的那种社会。政府通过"行政吸纳社会"一方面最大限度地发挥了社会组织提供公共品供给的能力,另一方面也使得市民社会、合作主义、市民社会反抗国家之类的社会结构无法出现,从而最大限度地减小了社会组织对政权的挑战。我们可把前一方面看作吸纳机制,后一方面看作排斥机制。可见,在"行政吸纳社会"中,吸纳机制和排斥机制依然是并存的。

笔者认为,在我国仍然是"政府主导型社会"的前提下,康晓光等人用"行政吸纳社会"来概括当前我国国家与社会的关系较之于源自西方的"市民社会"、"合作主义"等理论范式无疑更具现实概括性和解释力。运用这一范式审视河镇农业转型过程中的政府与社区的关系,笔者发现在此过程中也存在类似的"吸纳效应":县乡政府在追求自身利益(政绩和治理便利化)最大化的驱动下,积极吸纳农村社区中的政治精英和经济精英,从而制订出有利于精英阶层的农业转型方案,但在这个过程中压制了社区内占据大多数的普通农户有关农业转型的意愿,使其无法彰显形塑一种真正实现社区及其成员利益最大化的农业转型,从而给社区及其成员造成了一系列不良后果。笔者将这一过程概括为"行政吸纳社区"。

"行政吸纳社区"的逻辑在河镇农业转型中体现得非常明显。首先来看其中的吸纳机制。这主要体现在政府对社区内政治精英(主要指村干部)和经济精英的吸纳上。在县乡政府推动农业转型

---

① 康晓光、韩恒:《行政吸纳社会——当前中国大陆国家与社会关系再研究》,《中国社会科学》(英文版)2007年第2期;康晓光、卢宪英、韩恒:《改革时代的国家与社会关系——行政吸纳社会》,载王名《中国民间组织30年——走向公民社会》,北京:中国社会科学出版社,2008。

的过程中,没有村干部的参与是不可想象和难以实现的。从前文的论述中我们可以看到,在"再造水土"和"再造市场"中,村干部不仅被当地政府吸收参与具体实施方案的决策和设计中,而且是实施"再造"的主要执行者。即使是在"再造服务"中村干部也是重要的参与者和执行者。尽管如此,在这个过程中具有"双重角色"① 的村干部更多地扮演了"政府代理人"角色,而不是"村民当家人"。这既体现在再造农业的方向设计上,又体现在再造农业的实践中。尽管村干部参与了河镇再造农业的方案设计,但是面对政府提出的各种有利于大户而不利于普通农户的再造方案,村干部没有站在村民和村庄的角度据理力争。不仅如此,作为河镇再造农业的具体执行者,村干部在大部分时候都在比较彻底地贯彻和执行政府设计的再造方案,尤其是在 2007—2009 年,政府的很多做法明显不利于村民利益,但村干部仍然站在政府一方坚决执行政府的政策。

村干部之所以在政府推动的再造农业过程中主要扮演了"政府代理人"的角色,而没有站在普通农户的立场抵制地方政府的行为和政策,还比较彻底地执行了政府的政策,在笔者看来,主要有两个方面的原因。第一个原因与村级组织的官僚化有关。正如欧阳静所概括,税费改革后村级组织的官僚化明显在加强,尤其体现在村干部的工资制和考核制上②,原本由村民支付的村干部工资现在由县乡政府支付,而且工资中有相当一部分与乡镇政府的目标考核直接挂钩。除此之外,村干部在人事上也受制于乡镇政府。这些都决定了村干部对于政府的依赖性在逐渐加强,从实质上讲,村干部在很大程度上已被吸纳进官僚行政体系。所以,村干部在县乡政府推动的再造农业中很难能够站在普通农户的角

---

① 徐勇:《村干部的双重角色:代理人与当家人》,《二十一世纪》(香港)1997年8月号;吴毅:《"双重角色"、"经纪模式"与"守夜人"和"撞钟者"》,《开放时代》2001年第12期。
② 欧阳静:《村级组织的官僚化及其逻辑》,《南京农业大学学报》(社会科学版)2010年第4期。

度反对政府的政策,而主要是顺应和执行政策。第二个原因则与村级组织和村干部的自利性有关。一方面,政府在推动土地流转中给村级组织配套了一定的工作经费;另一方面,县乡政府推动的再造农业转型方向也为村干部成为大户提供了很大空间,截至2014年已有7位现任村干部通过流转土地顺利成为种植大户。这些都在很大程度上调动了村干部执行政府设定的再造农业方案的积极性。

地方政府通过吸纳作为农村社区政治精英的村干部有效地将其塑造成在农村实现县乡政府再造农业意图的主要执行者。当地政府在吸纳政治精英的同时,也在积极吸纳当地的经济精英尤其是社区内的经济精英参与农业转型。从河镇农业转型的历程来看,在2007—2012年,当地政府主要致力于发展经营规模在500亩以上的"特大户",由于需要较多的资金才能成为这种"特大户",这些大户除了少数本地经济精英外主要为本镇以外的经济精英,也有一些本镇范围内资金量较小的经济精英通过合伙流转到了土地。随着2012年以后当地政府转向发展经营规模在500亩以下的家庭农场,在优先满足本社区农户要求的规定下,农村社区内的经济精英成为大户的主要构成部分。尽管家庭农场对资金的要求没有"特大户"高,但是也需要一定的资金,因此能够经营家庭农场的主要是本地的经济精英。在这个过程中,政府与经济精英之间有着密切的互动:当地政府积极招徕经济精英流转土地,政府所设定的农业转型方向也切合了经济精英进行资本积累的需要,政府吸收经济精英的意见进行"三个再造";与此同时,经济精英也通过各种方式积极向政府反映自己的意见和诉求,从而促使当地政府出台各种有利于自己的政策。正是通过这些互动县乡政府与本地的经济精英在再造农业上达成共识,即推动和发展符合经济精英利益和政府利益的大户。发展大户之所以对经济精英有利,不仅是因为可使其获得土地集中带来的利益,而且可使其获得政府的各项优惠政策和补贴资金。而这之所以符合政府的利益,则主要体现在第六章所讲的发展大户既符合政府治理农业的目标,

第七章 结语

又符合政府进行规模农业锦标赛和农业治理便利化的需要。基于这种共同的利益,县乡政府不仅与本地的经济精英结成了利益共同体,而且在再造农业中得到了本地尤其是社区内的经济精英的有力支持。

政府通过对农村社区内政治精英和经济精英的吸纳,不仅为政府所推动的再造农业寻找到了执行者和经营主体,而且在农村社区内赢得了具有极强影响力的支持者。但是正如"行政吸纳政治"和"行政吸纳社会"中吸纳机制与排斥机制是并存的,"行政吸纳社区"中与吸纳机制并存的也有一种排斥机制。这种排斥机制主要体现在县乡政府对于作为大众的普通农户的利益及其有关农业转型意志的排斥。

正如前文所述,河镇基本上每个行政村和村民小组都有一半以上的农户希望继续种田,其中多数农户只是希望耕种自家的承包田,另外还有一部分中老年人希望流转其他农户的土地以扩大经营规模。这种农业经营格局无论是就这些家庭的收入和劳动力就业来讲,还是就当地的粮食产量来讲,较之于政府推动的大户而言都更加有利。他们对于社区农业的走向有着自己的判断和愿景,尽管分化的农户各自有着不同的想法,但是笔者调查发现,社区内大多数农户在基于社区整体利益以及对土地规模扩大后粮食产量却在下降的现实观察下,在社区内基本形成了一个有关农业转型的观点,即应该是在保障普通农户种田权利的前提下,优先将有待集中流转的土地流转给本村民组希望扩大经营规模的农户。每个村民小组都有一定数量的农户希望流转到土地,他们的经济实力有限,考虑到土地种植规模过大产量较低,因此他们流转土地的规模不能太大,一般在几十亩为宜。换言之,按照社区内这种观点,社区农业的经营格局应该是在保障普通农户继续经营自家承包田的同时,适度发展一批"中坚农民",而不是发展种植规模必须在100亩以上的大户。在此基础上,他们希望无论是在土地整改项目的实施中,还是在后续的土地流转中,以及在政府提供的农业服务上,都能充分考虑他们的意愿和需求。他们的这些现实要求不仅在政府推动农业转型过程中被很多农户进行了明确的表达,而且正如第四章第三节中所介绍的,也得到了不少村干部和村级组织的认可和支持。

尽管这部分农户在社区中占据多数,而且他们对于土地和农业经营的需要和依赖程度远高于社区内的政治精英和经济精英,并且形成了社区内相对主流的农业转型模式,但是从河镇2007年以来的农业转型实践看,他们的需求和意志不仅没有被当地政府吸收和采纳以影响农业转型的方向,而且被当地政府有意地压制。当然,这个过程中农户通过积极的抵制也让政府的行为有了一定程度的改变。从上文可知,2007—2009年,无论是在土地整改项目还是在后续的土地流转中,县乡政府都联合村级组织强力推动不利于多数农户的再造水土和再造市场方案。但是在之后的土地整改项目和土地流转中,农户对政府的改造方案进行了坚决抵制,政府改变了再造方案。因此,在2009年以后的农业转型中普通农户耕种自己承包田的权利得到了保障,只不过"中坚农民"的利益和诉求没有得到满足。

近10多年来,农村社区内部的分化日益加剧,不同农户有着不同的利益诉求,对于农业经营的认识和方向也有不同的看法,这尤其体现在精英与大众的区别上。对于那些务农的普通农户来讲,他们希望社区内有待流转的土地优先流转给本社区内的若干"中坚农民",但是"中坚农民"所能经营的规模所需资金和利润都相对较小,对于社区内的经济精英不具吸引力,他们希望流转更大规模的土地以获取更多利润。因此,社区内的经济精英与普通农户之间在土地流转的规模上存在很大分歧。政府在再造农业中选择吸纳一方就意味着要排斥另一方。河镇所在县乡政府选择了与社区内的经济精英和政治精英联盟推动一种符合精英阶层利益的农业转型,并直接或间接地排斥了普通农户尤其是"中坚农民"的利益。当地政府之所以会做出这种选择主要是为了最大限度地实现自身的利益。

"行政吸纳社区"固然有利于政府和精英阶层利益的实现,但是在排斥普通农户利益的基础上完成的,这不利于社区整体利益。正如前文所述,河镇政府在"行政吸纳社区"基础上推动的农业转型,在造就一批大户的同时,也造成了小农边缘化和"中坚农民"的消解。这一方面在社区内造就了一批无事可做的闲人和专门出卖劳动的雇工群体,另一方面也将社区内的一批中间阶层(主要是"中坚农民")赶出村庄,使农业转型呈现"去社区化"的局面[①]。闲人和雇工群体增加了社区内社会结构的对立性,因为这些人原本都是作为自耕农的中老年人,政府推动的农业转型使他们的处境恶化,因此他们对政府和大户不满。而社区内中间阶层的减少,既使"386199部队"人数的比例进一步提高,又使"中坚农民"作为村庄社会秩序的维护者的作用大大降低。这些都使村庄社区社会结构更加脆弱,不利于村庄社会秩序的正常维系。

(二) 社区本位的农业转型

在土地和农业生产对农村社区及其广大成员仍具有重要的经济和社会意义的情况下,农业转型中政府一味地吸纳精英阶层而排斥占据多数的社区普通农户,显然不符合我国政府治理农业的根本目的,也必然会遭到社区及其成员的抵制,前文介绍的农户直接和间接的抵制以及村干部和农户积极筹备的"再小农化"充分说明了这一点。因此,在农业转型中如何更好地发挥社区内普通农户的作用并发展符合社区整体利益及其主要成员利益的农业转型仍是值得深入探讨的问题。笔者认为,从社区的角度出发,需要构建和推动一种"社区本位的农业转型"。

笔者这里所指的"社区本位的农业转型",是一种以社区及其成员利益最大化为出发点和落脚点的农业转型。虽然在河镇的"行政吸纳社区"实践中,当地政府在推动农业转型时也声称以农村和农民利益最大化为出发点和落脚点,但是实际上损害了社区

[①] 孙新华:《农业规模经营的去社区化及其动力》,《农业经济问题》2016年第9期。

及其多数成员的利益，这显然是名实分离。因此，河镇所在县乡政府所推动的农业转型显然不是真正的"社区本位的农业转型"，而是"政府本位的农业转型"和"资本本位的农业转型"，这里所指的政府主要是县乡政府，所指的资本既包括城镇资本，也包括农村社区内部的资本。要真正做到"社区本位的农业转型"，需要注意以下两个原则性的问题。

第一，要凸显社区意志在农业转型中的主导作用。正如上文所述，社区及其成员对于土地流转和农业转型都有着自己清晰的认识和规划，这种认识和规划是他们综合自身所处的环境并基于自身利益而做出的较为理性的选择。他们的这种认识和规划便是有关农业转型和土地流转的社区主流意志，主要表现在以下两点。首先，优先保障农户耕种自家承包田的权利。总体上来讲，除了个别情况，耕种自家承包田的农户都是农村社会的弱势群体，无论是无法外出务工经商的中老年人，还是无法继续外出务工经商而不得不返乡种田的中老年人，都是农村社会乃至整个社会的弱势群体。对于他们来讲，继续耕种自家承包田是比较好的选择，这在社区内部是有共识的。其次，社区内需要流转的土地应该优先由本社区的农户耕种。这些需要扩大经营规模的农户多为本社区年富力强的种田能手，但是他们由于受经济条件限制，不能扩大种植规模。这个时候就需要根据这些农户的具体情况对土地集中流转中的流入方进行限定，而不是一味地对土地流入方做过高的要求而将社区成员排斥在外。

第二，政府在农业转型中应由包揽一切转变为以服务为主。让社区意志在农业转型中发挥主导作用，自然意味着政府要改变包揽一切的做法。但是正如前文所述，政府介入和干预农业转型具有必要性。这意味着"社区本位的农业转型"既不是完全由政府主导的农业转型，也不是任由经济社会因素自发推动的"自发型农业转型"，而是在强调社区自主性的前提下充分发挥政府服务作用的农业转型。这里所指的服务作用尤其体现在基础设施提供、制度供给、农业服务提供、落实惠农项目和资金等方面。在这些方面,需要避免向少数大户过度倾斜并忽视和排斥广大一般农户和"中坚农民"利益的倾向。

上面这两点只是停留在原则层面上,要在实践中落实以上两点原则以推动"社区本位的农业转型",还需要社区和政府两方面做一些努力。笔者在这里无意于提出具体的解决方案,而只是提出社区和政府努力的方向:在社区方面,需要增强社区成员维护自身和社区利益的意识和能力,同时强化村组组织反映和维护社区及其成员利益的能力;而在政府方面,则需要明确政府在农业转型中的具体职能及其边界——既不是一事不做又不是包揽一切,同时要尊重社区及其成员的意愿并回应他们的需求,真正做到为人民服务,这里的人民指广大农民。

总之,政府和社区都应认识到,农村的农业转型不是单向度的农业转型,而是社区及其成员的农业转型,其发生在具体的社区里,关系到社区成员的切身利益,因此,农业转型要朝着有利于社区的维系和繁荣、社区成员的利益与发展的方向进行,这个方向便是"社区本位的农业转型"。这既是社区及其成员根本利益的需要,也是我国新农村建设的题中之意。我国新农村建设"二十字方针"的第一条便是"生产发展",2007年的中央"一号文件"也明确指出,"发展现代农业是社会主义新农村建设的首要任务和产业基础"。而这里所指的现代农业绝不是外在于社区及其成员的现代农业,而是社区及其成员的现代农业,现代农业是为了支持和繁荣农村社区、增进和提高农民利益,而绝不是与此相反。

三 农业转型方向的多向性和嵌入性

上面两部分主要总结了农业转型动力的有关问题和讨论,而讨论农业转型问题不得不触及学界激烈争论的农业转型方向问题。我们发现,将政府纳入农业转型动力机制后,对于农业转型方向的认识也会得出不同于既有研究的看法。

在导论部分,笔者对学界有关农业转型方向的争论进行了大体的梳理。从中可以发现,理论界围绕农业转型方向形成了针锋相对的两派:一派是以自由主义经济学和马克思主义理论为代表,他们认为小农农场是落后的生产方式,随着技术革新和社会分工的加深,在市场机制的作用下小农农场必然会被资本主义雇佣农场所替代;另一派以恰亚诺夫和舒尔茨为代表,他们通过论证小农农场具有顽强的生命力,认为小农农场必将排斥资本主义雇佣农场,并作为主导性的农业经营主体长期存在。

尽管这两派在观点上截然相反且互不相让,但是他们共享一套认识,即一方面在社会中心论范式的影响下都坚信农业转型是在没有国家介入的环境下受经济社会因素推动而自发进行的,另一方面都认为农业转型的方向是单向、线性的,而且是放之四海而皆准的,只不过一方认为农业转型的方向是资本主义雇佣农场替代小农农场,另一方则认为小农农场始终会排斥资本主义雇佣农场。

河镇农业转型的实践远比以上两种理论概括的要复杂。在2007年当地政府开始推动农业转型之前,农业经营主体已存在一定分化,主要体现在一般农户和"中坚农民"的区别,即有一少部分农户通过扩大规模由一般农户转变为"中坚农民"。这种分化状态显然属于黄春高所讲的"有分化无突破"[1]状态,即农业经营主体的分化还是停留在小农形态内部,并没有突破小农范畴产生出以雇佣劳动为基础的资本主义农业,换言之,这种分化只是一种量变而非质变。2007—2011年,当地政府积极发展的规模经营主体主要是土地规模在500亩以上的"特大户",由此产生了一大批这类"特大户",这些特大户自己基本不参加劳动,其所需农业劳动全部来自雇工,因此,他们的农场属于纯粹的资本主义农场。与此相伴随的是,这些土地原本的绝大部分承包者和经营者被迫放弃农业生产,他们作为农业经营主体意义上的小农已经死亡——或者外出务工经商或者在新出现的资本主义农场务工,他们实际上

---

[1] 黄春高:《分化与突破——14-16世纪英国农民经济》,北京:北京大学出版社,2011,第57—63页。

被推向了"半无产化"[①]。

由于这些特大户无法克服生产中的困境,将流转来的土地全部转包或通过部分转包缩小经营规模,由此产生了一大批土地规模在100—500亩的大户。2012年后当地政府开始转变策略,由发展"特大户"转向发展"家庭农场",政府的这一政策转向也推动了一大批"家庭农场"的产生。虽然土地经营规模在100—500亩的大户在当地都被称为家庭农场,但是正如笔者在第二章第四节所做的区分,按照雇佣劳动在农场所需总劳动中比例是否超过一半,又可将这些大户区分为"资本主义农场"和"资本主义式家庭农场"。而通过在河镇的观察,粮食生产中的这个分界点以土地经营规模来衡量大概在300亩,即土地经营规模超过300亩的农场主要依靠雇佣劳动,属于资本主义农场,而土地经营规模在100—300亩的农场则属于资本主义式家庭农场[②]。目前在河镇实际从事生产的大户经营的绝大部分都属于资本主义式家庭农场,只有10多户大户属于资本主义农场。

随着2009年以后政府强制性流转逐渐减少,农户耕种自家承包田的权利得到进一步尊重,这使土地整改项目区约半数的小农得以续存。但是当地政府通过设置门槛以发展大户将绝大多数"中坚农民"流转的土地转移到大户手中,从而瓦解了这些"中坚农民"。所以从总体上来讲,在地方政府推动农业转型后,当地的小农(包括"中坚农民")在数量上大幅下降,早期主要是在政府的强制推动下将绝大部分一般农户和"中坚农民"排斥出农业生产,而在减少并取消强制推动后,发展大户对"中坚农民"的消

[①] 孙新华:《农业企业化与农民半无产化》,载周晓虹、谢曙光主编《中国研究》2014年秋季卷,北京:社会科学文献出版社,2016;孙新华:《农业规模经营主体的兴起与突破性农业转型》,《开放时代》2015年第5期。

[②] Lehmann D., After Lenin and Chayanov, *Journal of Development Economics*, 1982, Vol. 11, No. 2: 133 - 161; Lehmann D., Sharecropping and the Capitalist Transition in Agriculture, *Journal of Development Economic*, 1986. Vol. 23, No. 2: 333 - 354. 陈义媛:《资本主义式家庭农场的兴起与农业经营主体分化的再思考》,《开放时代》2013年第4期。

解作用仍然存在。从总体上来看，在当地政府推动农业转型后，确实发生了"去小农化"的进程，在这个过程中，小农数量大幅下降，而大户数量则在持续增加，这些大户早期以经营资本主义农场为主，而到 2012 年以后则是以经营资本主义式家庭农场为主。

总结河镇农业转型的历程，我们会发现，农业转型方向是多向发展而非单向线性发展，而现实中的具体方向则受到农业转型所处的政策环境的影响。理论界对农业转型方向的判断之所以观点相反却都是单向线性的认识，主要是由他们对小农农场和资本主义农场的生命力和竞争力的判断相反所决定的。自由主义经济学和马克思主义理论都认为小农农场的生命力和竞争力是微弱的，而资本主义农场则具有强大的生命力和竞争力，因此前者必将被后者取代。而恰亚诺夫和舒尔茨则持相反的观点。

河镇的农业转型实践所呈现的农业转型方向和农业经营主体的生命力与竞争力都并非如以上两派理论所描述的那样简单。而在这几者之中，无疑农业经营主体的生命力处于最基础地位。

尽管资本主义农场和资本主义式家庭农场都是在当地政府的直接推动下产生的，但是他们能否维系还有赖于其在农业生产中的生命力。资本主义农场的生命力很难一概而论。由于农业生产的特殊性，主要依赖雇工进行生产的资本主义农场其土地产出率会随着规模的扩大而下降，从而使农场总利润随着规模的扩大先增加再下降，即呈倒"U"形曲线。在河镇的粮食生产中，这一个转折点大体发生在农场土地规模为 500 亩时，这意味着土地规模在 500 亩以上的资本主义农场的农业生产很难维系，而 500 亩以下的资本主义农场则具有较强的生命力。这就可以解释河镇"特大户"的瓦解和规模较小的资本主义农场和资本主义式家庭农场有将规模扩大到 500 亩的强大动力。这一判断既不同于自由主义经济学和马克思主义理论对资本主义农场生命力的完全肯定，也不同于恰亚诺夫和舒尔茨对其所做的全面否定。

同时，小农也并不像自由主义经济学和马克思主义理论所描述的那般落后，他们也会随着时代的进步而积极采取各种先进的农业技术服务于自己的农业生产，由此才可保证具有较之于资本主义农场和资本主义式家庭农场更高的土地产出率。尽管由于其经营规模有限，其劳动生产率和总利润都比较低，但是由于农村存在很多无法在城镇就业的中老年人，这一劳动生产率和总利润水平是他们可以接受的，而且不同的劳动力会选择不同的经营规模。因此，在有关小农生命力的认识上笔者更加赞同恰亚诺夫和舒尔茨的判断。但是，河镇的实践中还出现了大量既不同于资本主义农场又不同于小农农场的资本主义式家庭农场，而且这一类型的农业经营主体还成了河镇大户的主要构成部分，正是基于此，Lehmann 和陈义媛等人都将其视为农业转型方向的"第三条道路"[①]。它们之所以大量出现，而且往往是由资本主义农场转化而来，便是由于其具有强大的生命力。它们的生命力主要来自其可以克服资本主义农场面对农业生产特殊性带来的无力感——主要是因为其农业生产主要依赖家庭劳动力，这可以克服小农农场劳动生产率和总利润较低的弊端——主要是因为其经营规模大量增加。

小农农场、资本主义农场和资本主义式家庭农场的现实生命力是它们在现实中得以存在的前提条件，这为它们在现实中并存发展（即多向发展）和向其中某个方向发展提供了可能性。而具体到某个时空条件下的农业转型方向和形态则受到当时当地农业转型所处的政策环境的影响。因为这三类农业经营主体的竞争并不是在完全市场和权力真空中进行的，他们在现实中的竞争必然是嵌入在具体的政策环境中的。

河镇的农业转型实践较好地说明了这一点。当地政府直接推动农业转型前后的土地流转市场概莫如此，只不过在此前，政策

---

① Lehmann D., After Lenin and Chayanov, *Journal of Development Economics*, 1982, Vol. 11, No. 2: 133 - 161; Lehmann D., Sharecropping and the Capitalist Transition in Agriculture, *Journal of Development Economic*, 1986, Vol. 23, No. 2: 333 - 354. 陈义媛：《资本主义式家庭农场的兴起与农业经营主体分化的再思考》，《开放时代》2013 年第 4 期。

环境主要表现为国家宏观的土地政策（包括对土地所有制和土地流转的规定）及在其约束下形成的土地细碎化格局，而在当地政府推动农业转型之后，则主要表现为当地政府直接推动的"三个再造"。在前一种政策环境下，能够发育的新型农业经营主体只能是在一般农户基础上成长起来的"中坚农民"，他们很难进一步发展成"资本主义式家庭农场"，更不用说"资本主义农场"了，因此农业经营形态主要表现为小农经营形态，其中一般农户占主导，"中坚农民"较少但在逐渐壮大。而当地政府推动的"三个再造"为"资本主义式家庭农场"和"资本主义农场"的崛起和一定程度的"去小农化"提供了有利的政策环境，从而推动了2007年以来河镇发生的农业转型。因此，无论是2007年以前的小农内部"有分化无突破"的状态，还是2007年之后农业生产的"资本主义化"和"去小农化"，都受到了当地政府的直接干预，只不过这两个阶段的干预方向和程度存在较大差别。

从此可以看出，河镇的农业转型方向在近年来日益呈现多向发展的趋势，即小农农场、资本主义农场和资本主义式家庭农场的同时发展，而没有出现一种农业经营主体对其他类型农业经营主体的压倒性"胜利"。之所以会出现农业转型方向的多向性，一方面是各类农业经营主体的现实生命力为其提供了可能，另一方面也是更直接的原因是河镇农业转型所处的政策环境，即农业转型方向具有嵌入性，正是这种嵌入性导致了其多向性。直白点说便是，农业转型的方向是因地而宜和因时而宜的，它会因当时当地的政治社会结构而呈现不同的走向，不能用一个单向线性的发展方向概括所有的农业转型方向。

无论是自由主义经济学、马克思主义理论，还是家庭农业学派中的恰亚诺夫和舒尔茨的理论，抑或它们的后继学者，在社会中心论范式的影响下都无视政府行为和政策环境对于农业转型方向的限制和影响，一味地坚持农业转型方向的单向性和普适性。面对历史和现实的复杂性，它们往往摘取符合自己论断的经验来支撑自己有关农业转型方向的认识——毕竟现实的复杂性总能为

第七章 结语

它们的理论提供或多或少的支撑,而将自己不能解释的现象当作"暂时的阶段性现象"①。换句话说,它们都认为自己对农业转型方向单向性的认识是绝对普适的,这些阶段性现象必然会随着时间的推移而消解,并最终融入它们所指出的方向。这些论断显然是在演绎逻辑下做出的推断②,而并非根据历史和现实经验所归纳的可靠结论。这些论断虽然做到了理论上的自洽,却既不能解释这些"暂时的阶段性现象"存在的真正原因,也无益于理解现实中农业转型方向的复杂性及其影响因素。要真正理解和解释农业转型方向的复杂性,应抛弃单向度的社会中心论范式,并将国家或政府因素纳入解释框架之中。

关于农业转型方向的嵌入性,在书中笔者主要指出具体的农业转型方向受到当时当地的国家或政府因素的影响。其实,无论是实践中的农业转型方向还是影响农业转型方向的国家或政府,都在根本上受到当时当地社会结构的影响,这显然也属于嵌入性的一种。在社会结构之中,一个社会的人地关系无疑是影响农业转型方向的至关重要的因素。具体到我国,人多地少是最大的国情,这一基本国情就决定了我国不可能像美国一样大力发展资本主义农场,而应该在坚持小农农场作为农业经营主体的前提下,合理发展各种形式的适度规模经营,这些适度规模经营主体既可以是"中坚农民",也可以是资本主义式家庭农场,但具体的形式需要由社区及其成员进行选择,即需要坚持"社区本位的农业转型"。

---

① 张谦:《中国农业转型中地方模式的比较研究》,《中国乡村研究》第10辑,福州:福建人民出版社,2013,第5页。
② 〔美〕菲利普·迈克尔、弗雷德里克·巴特尔:《农业政治经济学的新趋势》(1990年),载苏国勋、刘小枫主编《社会理论的知识学建构》,上海:上海三联书店,2005,第580—584页。

附录一 文中出现的主要访谈对象[*]

高　俊　阳春县分管农业副县长
刘则成　阳春县农业委员会副主任
陈德高　阳春县农业委员会农经科科长
朱光远　阳春县农技推广中心植保站站长
万江华　阳春县农技推广中心推广站站长
熊忠辉　阳春县国土局土地整理中心副主任
郝玉清　阳春县财政局农业综合开发办公室主任
温晓霞　阳春县国元农业保险有限公司经理
何金平　河镇镇委副书记，分管国土、农业等工作
孙宏哲　河镇农业综合服务中心主任、河镇农技站站长
林华清　河镇农经站站长、土地流转服务中心主任
杨化龙　河镇重大项目办公室主任
刘云青　河镇水利站站长
杨瑞兵　河村会计，流转土地400多亩
洪世成　河村人，河镇庆阳米业有限公司老板，流转土地3000多亩，"一包户"
刘金元　阳春县城关镇人，在河镇流转土地800多亩，"一包户"

---

[*] 笔者实际访谈和接触的当事人要远多于此，由于篇幅所限，这里仅列出一些在本研究中出现的部分主要访谈对象，但是这并不意味着那些未被列举的访谈对象不重要。另外，根据学术惯例，笔者对省级以下地名和所有当事人的姓名均做了技术处理。

附录一 文中出现的主要访谈对象

徐天亮	外县农机销售商，在河镇流转土地1100多亩，"一包户"
穆田青	巢湖职业农民，接包土地600多亩，"二包户"
谢天友	巢湖职业农民，接包土地200多亩，"二包户"
赵长勇	王村村民、货车司机、流转土地190多亩
胡万勇	梅村党支部书记
郭鹏远	梅村郭家墩小组长
李爱花	梅村村民
周世明	王村前任党支部书记
徐贵友	王村小徐家小组长
姚国新	王村村民
王文山	林村会计
黄新城	林村村民
张东生	林村村民
沈茂源	河村村委会主任
张新民	河村张埠组组长
汪小宝	河村村民、"中坚农民"
李胜利	李村小李家村民

附录二 2012—2013 年土地整理项目填埋坑塘设计情况

2012—2013 年土地整理项目填埋坑塘设计情况

单位：米，平方米，立方米

序号	坑塘面积	坑塘深度	填方量	序号	坑塘面积	坑塘深度	填方量	序号	坑塘面积	坑塘深度	填方量
1	315	2.2	694	20	560	2.3	1288	39	734	2.4	1763
2	403	1.4	564	21	566	2.1	1189	40	737	2.8	2063
3	405	2.6	1052	22	572	2.3	1316	41	744	2.4	1786
4	416	1.6	666	23	585	2.3	1348	42	745	2.4	1787
5	416	2.4	998	24	595	2.3	1368	43	747	2.5	1867
6	418	2.3	961	25	612	2.8	1713	44	760	2.3	1747
7	425	2.1	893	26	614	1.9	1167	45	794	2.4	1905
8	437	2.9	1267	27	615	2.8	1721	46	844	2	1687
9	456	1.4	638	28	628	2.1	1318	47	876	2.4	2102
10	464	1.5	696	29	632	2.8	1770	48	885	2.4	2123
11	466	2.7	1259	30	653	2.4	1567	49	892	2.2	1962
12	468	2.6	1218	31	654	2.6	1701	50	893	2.7	2411
13	493	2.2	1085	32	670	2.7	1808	51	909	2.3	2091
14	503	2.3	1158	33	674	2.3	1551	52	924	2.1	1940
15	509	2.8	1424	34	678	1.5	1018	53	938	1.8	1688
16	511	2.2	1124	35	680	2.1	1427	54	955	1.7	1624
17	524	1.8	943	36	710	2.2	1563	55	955	2.6	2482
18	539	2.2	1186	37	724	1.6	1158	56	979	2.5	2448
19	559	2.3	1285	38	734	1.7	1247	57	992	2	1984

附录二 2012—2013 年土地整理项目填埋坑塘设计情况

续表

序号	坑塘面积	坑塘深度	填方量	序号	坑塘面积	坑塘深度	填方量	序号	坑塘面积	坑塘深度	填方量
58	994	2.4	2385	76	1446	2.2	3181	94	2226	1.6	3562
59	1003	2.2	2206	77	1465	2.5	3663	95	2373	2.5	5933
60	1006	2.7	2716	78	1490	2.8	4171	96	2486	2.4	5966
61	1031	2.7	2783	79	1537	2.6	3997	97	2591	2.3	5959
62	1036	2.1	2175	80	1539	1.5	2308	98	2818	2.5	7045
63	1038	2.3	2387	81	1542	2.4	3701	99	2962	1.5	4443
64	1052	1.5	1577	82	1592	2.1	3344	100	2992	2.2	6583
65	1061	2.4	2546	83	1609	1.4	2252	101	3431	2.3	7892
66	1063	2.7	2869	84	1625	1.9	3087	102	3474	2.7	9381
67	1066	2.5	2664	85	1652	2.8	4625	103	3474	2.9	10076
68	1080	2.3	2484	86	1658	2.4	3980	104	3581	2.4	8593
69	1103	1.5	1655	87	1667	2.8	4667	105	3643	2	7286
70	1119	2.7	3022	88	1717	2.5	4292	106	3651	2.7	9858
71	1128	1.7	1918	89	1724	2.8	4827	107	3697	2.5	9242
72	1134	2	2268	90	1790	2.3	4117	108	5691	2.4	13658
73	1135	1.6	1815	91	1845	2.3	4245	109	6159	2.3	14165
74	1230	2.3	2828	92	1925	1.6	3080	110	10900	2.3	25070
75	1282	2.4	3076	93	2143	1.8	3858	111	11606	2.3	26694
坑塘总面积			164468	填方总量			375984				

资料来源:2012—2013 年土地整理项目结项书。

附录三　致河镇土地整理项目区承包土地农户朋友的一封信

土地整理项目区的农民朋友们：

为了使土地整理项目充分发挥应有的经济、社会效益，在维护农民利益的前提下，坚持承包权不变，按照依法、自愿、有偿的原则，实行土地承包权、经营权分离，大胆探索农村土地经营权流转和土地集约化规模经营的新路子、新模式。在反复征求群众意见的基础上，根据国家农村土地家庭承包经营的有关法律政策规定，结合实际，提出整理区土地流转意见如下。

一、实行土地承包权与经营权分离。农户在土地整理区域内所承包的土地承包权长期不变，经营权根据农户自愿、有偿的原则，由农户向村合作社经济组织提出申请，统一委托村合作经济组织集中流转或经营。

二、搞活经营权。农户如需耕种土地，由农户向村合作经济组织提出申请，按照统一确定的土地流转价格（流转价格以竞标方式确定）租赁集体经济组织的土地；农户租赁后剩余的土地由村合作经济组织集中对外流转，侧重种粮大户、能手承包经营。

三、土地所有权确定到村民组。土地整理区域内的土地以村民组为单位，经所在区域内村民组长、党员、群众代表共同协商，按照同增同减原则将各村村民组的所有土地堪界、确权、发证到组，并按实际丈量数折算后确定各农户土地承包权亩数，但土地不划分具体指定地点，实行土地承包权和经营权分离。

四、经营权流转期限及经营权变更。本轮经营权流转期限暂定为 5~8 年，流转期满后，土地经营权重新流转，需要耕种土地的农户应在到期前一年向村合作经济组织或村民组提出申请，原耕种户放弃土地经营权也应在到期前一年向村合作经济组织或村民组提出申请。耕种土地户在流转期限内如有抛荒，必须交足约定的流转稻谷。经营权重新流转，由村合作经济组织负责经营权变更。

五、流转标准：本轮土地流转标准暂定为每亩每年 400 斤稻谷。国家农业政策补贴发放给原土地承包农户。

六、流转方式。土地整理区域内农户如需承包经营土地，申请后取得土地经营权，并在所在村民组土地区域内，按土地质量的好坏，合理划分耕种地块，但需保证田块的基本完整。农户经营面积与承包权面积相等的获得自己耕种的全部收益；经营面积不足本户承包权面积，不足部分由村合作经济组织按流转标准补偿到户；经营面积超出本户承包权面积，按超出数上交相应的流转稻谷给村合作经济组织，用以补偿放弃经营权的农户或经营权面积不足的农户。

七、土地长期收益规定。以村民组为单位，集体享有村民组土地所有权的权利，履行相关义务。如土地的所有权、使用权发生变更（如征收、征用等）获得的收益，按国家政策规定应分配到承包农户的部分，按承包权亩数比例分配收益。土地面积变化后，所在区域农户按比例重新核定各农户的土地承包权田亩数。

八、工作步骤：

1. 召开会议，广泛宣传、征求意见。

2. 深入农户发放申请表，明确经营权取得或放弃。

3. 以村民组为单位，堪界、确权、发证；明确各农户承包权田亩数发证到户；同时上报镇人民政府备案。

4. 划分大户经营和农户经营的区域地块。

5. 召开村民组农户会议，签订流转合同。

6. 签订大户经营合同。

稳定土地承包权、搞活土地经营权，有利于提高土地利用率和产出率,有利于富余劳动力更好地从事其他产业,有利于农民增产增收!

农民朋友们,祝你们生活美满、家庭幸福!衷心地感谢你们对探索土地流转好路子给予的大力支持和配合!

河镇××村民委员会

附录四 农村土地承包经营权流转合同

甲方（转出方）：　　　　乙方（受让方）：
地址：　　　　　　　　　地址：

根据《中华人民共和国农村土地承包法》和有关政策、法规的规定，本着平等协商、自愿有偿的原则，经甲乙双方共同协商，订立如下土地承包经营权流转合同，以供双方共同遵守。

一、流转方式和土地面积。甲方以租赁形式，将坐落于河镇新林村毛元、天山、坝外三个村民组土地复垦出来的亩承包地流转给乙方从事农业生产。

二、流转期限和截止日期。双方约定，土地承包经营权流转期限为10年，从2010年5月1日起至2020年4月30日止。

三、流转价款及支付方式、时间。双方约定，土地流转费以每年每亩400斤常规中熟杂交稻计价（以上年10月31日当日稻谷市场价）。承包费一年一付，每年承包费在元月十日之前兑现。

四、流转期内，国家给予的农资综合直补、良种补贴、粮食直接补贴等归转出土地承包经营权的农户享有；给予规模种粮大户的各项政策性补贴均归乙方享有。

五、流转期内，村内兴办公益事业需按田亩承担筹资筹劳义务的，乙方不需承担；镇政府若按田亩收取共同性生产性圩水费等，乙方按甲方原受益面积承担。

六、甲方的权利和义务

1. 权利。按照合同规定收取土地流转费，约定期满后收回流转的土地。

2. 义务。协助乙方按合同行使土地经营权，帮助调解其与其他承包户之间发生的用水、用电等方面的纠纷，不得干预乙方正常的生产经营活动。负责将乙方支付的流转费及时兑现给转出土地承包经营权的各农户。

七、乙方的权利和义务

1. 权利。在受让的土地上，具有生产经营自主权。约定期满后，如甲方继续对外流转该片土地经营权，乙方在同等条件下享有优先权。

2. 义务。在国家法律、法规和政策允许范围内，从事生产经营活动，按照合同约定按时足额交纳土地流转费，对流转的土地依法进行有效保护，不得擅自改变用途，不得用于非农建设，不得使其荒芜，未尽保护责任而造成损失的，乙方应承担相应责任。

八、合同的终止、变更和解除。有下列情况之一者，本合同可以变更或解除。经当事人双方协商一致，又不损害国家、集体和原土地承包人利益的；订立合同所依据的国家政策发生重大调整和变化的；乙方丧失经营能力使合同不能履行的；国家、集体建设需要征收或者征用、使用所流转土地的；因不可抗力使合同无法履行的。

九、违约责任

1. 流转期间，如单方要求解除合同的，必须提前6个月书面通知对方，并按每亩50元向对方支付违约金。

2. 因一方违约造成对方遭受经济损失的，违约方应赔偿对方相应的经济损失。具体赔偿数额依具体损失情况确定。

3. 乙方有下列情况之一者，甲方有权收回土地经营权：不按合同规定用途使用土地的；荒芜土地的、破坏土地上附着物的；不按时交纳土地流转费的。

十一、合同纠纷的解决方式。甲乙双方因履行流转合同发生纠纷，先由双方协商解决，协商不成的由镇人民政府或镇农村经营管理部门调解，不愿调解或调解不成的，可申请有管辖权的农村土地承包纠纷仲裁机构或向人民法院起诉。

十二、其他约定事项。本合同一式五份，甲方、乙方各执一份，河镇新林村村委会、河镇人民政府和县农委各备案一份。本合同自甲、乙双方签字或盖章之日起生效。

甲方（转出方）签章：　　　乙方（受让方）签章
法定代表人：　　　　　　　法定代表人：
监证机关：　（公章）　　　承办人：　（签章）

二〇一〇年五月一日

附录五　阳春县关于促进农村土地承包经营权流转工作的意见

各镇党委、政府，各工委，开发区管委，县直各单位，驻阳各单位：

为进一步促进农村土地承包经营权流转（以下简称"农村土地流转"）工作，优化农业资源配置，转变农业增长方式，大力发展现代农业，加快社会主义新农村建设和城乡统筹步伐，根据《中华人民共和国农村土地承包法》、《中共中央关于推进农村改革发展若干重大问题的决定》和《市委办市政府办关于促进农村土地承包经营权流转工作的意见》（市办〔2009〕1号）等法律政策规定，结合阳春县实际，提出如下意见。

一　推进农村土地流转的基本原则

坚持以科学发展观为指导，深入贯彻党的十七届三中全会精神，以稳定农村土地承包关系为基础，以优化资源配置、促进适度规模经营、提高农业生产水平、增加农民收入为目标，创新农村土地流转形式，完善农村土地流转机制，健全农村土地流转的管理和服务体系，促进农村土地流转规范、有序、健康发展。

（一）坚持依法、自愿、有偿的原则。农村土地流转要依照有关法律政策规定进行，不得改变土地集体所有性质，不得改变土地用途，不得损害农民的土地承包权益。农村土地流转要尊重农民意愿，严格保护耕地和基本农田，流转的条件、方式、期限和价格等由流转双方协商决定。农村土地流转的收益全部归承包农户所有，任何组织和个人不得截留、扣缴或挪用。

（二）坚持集中、规模、增效的原则。农村土地流转要推动土地资源的高效利用和相对集中，支持发展适度规模经营，提高土地利用率和产出率。

（三）坚持管理、规范、有序的原则。农村土地流转要因地制宜、分类指导，建立健全制度，强化信息服务，规范合同管理，及时调解纠纷，维护各方合法权益，确保规范、有序进行。

（四）坚持稳制、分权、放活的原则。农村土地流转要稳定和完善家庭承包经营体制，在保持现有土地承包关系稳定并长久不变的前提下，可实行土地所有权、承包权、经营权相分离，放活土地承包经营权。

二　鼓励多种形式流转农村土地

（五）农民可以通过转包、出租、互换、转让、股份合作等多种形式流转农村土地承包经营权。流转承包土地，农户可以自行协商流转，也可以委托流转。受让方可以是承包农户，也可以是具有农业生产经营能力的其它组织和个人，同等条件下本集体经济组织成员优先。可以实行短期流转，提倡和鼓励较长时期的稳定流转。

（六）鼓励农户将土地承包经营权委托经批准的农村集体经济组织或土地流转中介服务组织集中流转。在集中流转、连片开发过程中，对其中少数不愿流转的承包户，可通过调换土地等方式协商解决。

（七）鼓励农户将土地承包经营权作为股份入股，从事农业生产合作经营。农户可采取土地承包经营权入股的方式，组建土地股份合作社。土地股份合作终止时入股土地退还原承包农户。

（八）未进行家庭承包的农用地、水面、"四荒地"、林地，以及农村闲置宅基地经整理复垦后，依法经村民会议或村民代表大会同意，可采取招标、拍卖、协商等方式进行发包，所取得土地承包经营权可依法流转或抵押。

（九）进一步探索农村土地流转新形式，创新农村生产组织方式,完善农业社会化服务体系。

三 支持各类经营主体参与农村土地流转

(十)鼓励有资金、懂技术、善经营、会管理的农村专业大户、农业产业化龙头企业、农民专业合作社、外出务工经商回乡创业者等经营主体,采取灵活有效的组织方式和经营方式受让流转的土地,围绕农产品区域布局,发展特色产品,建立生产基地。

(十一)鼓励农技推广单位和人员利用技术承包、技术参股和技术服务等形式参与农村土地流转,建立农业科技示范基地,带动农户发展产业化经营。

(十二)支持对依法收回的承包地、"四荒地"、农户自愿放弃的承包地以及经整理和置换新增的耕地,实行统一经营。流转收益主要用于发展壮大集体经济,兴办集体公益事业或补助农民参加养老保险等。

四 加大政策支持力度

(十三)自2009年起,对受让耕地50亩以上,并签订流转期限3年以上规范合同,从事粮、棉、油、菜等农作物生产的经营主体,流转价格不低于每年每亩300斤稻谷的,在流转期限内按市办〔2009〕1号文件规定给予每亩80元的一次性奖励。

(十四)符合第十三项相关条件且受让耕地100亩以上,且流转价格不低于每年每亩350斤稻谷的,给予每年每亩50元的奖励;对流转价格不低于每年每亩400斤稻谷的,给予每年每亩60元的奖励;对流转价格不低于每年每亩450斤稻谷的,给予每年每亩80元的奖励。所需资金由县、镇共同承担。本项奖励政策不得与第十三项同时享受。

(十五)对当年组织新增流转耕地50亩以上,流转期限在3年以上并签订规范合同的农村集体经济组织或土地流转中介服务组织,按芜市办〔2009〕1号文件规定给予每亩20元的一次性工作补贴。对农村土地流转面积比例达到耕地总面积1/3以上,流转期限在3年以上并签订规范合同的村,给予村民委员会一次性奖励1万元。

(十六)金融机构应加强对规模经营主体的信贷支持,对实力强、信誉好的经营主体可给予一定的授信额度。县农村信用联社每年要安排一定额度的农业信贷资金投放,重点解决流转土地100亩以上、流转价格不少于每年每亩300斤稻谷,且流转期限3年以上的规模经营主体的资金需求。

(十七)鼓励规模经营主体参加农业保险,防范化解农业生产风险。对从事100亩以上农作物生产的规模经营主体,参加政策性农业保险的保费个人承担部分,由县财政补贴50%。

(十八)鼓励规模经营主体加大对农田基础设施和现代农业设施投入。对受让面积较大、流转期限较长的经营主体,符合相关条件的,优先安排农田基本建设、土地整理、农业综合开发、"一事一议"财政以奖代补资金、特色农产品基地和农机购置补贴等项目。

(十九)对农技推广单位及人员利用技术承包、技术参股和技术服务等形式参与农村土地流转成效显著的,在安排有关专项资金或评定专业技术职务时,予以优先考虑。

(二十)土地承包经营权全部流转的农户,经镇政府认定,可优先参加新型农民培训、农民工技能培训等就业培训和岗位推介;在自主创业时,可参照城镇下岗职工享受相关优惠政策。

(二十一)受让土地100亩以上,并签订流转期限3年以上规范合同的经营主体,在不破坏耕作层的前提下,修建直接用于种植(养殖)业的生产、管理、服务简易设施,其占地可视为农业用地,占地面积不得超过受让土地面积的2%。土地流转期满后,受让方应按规定复垦至原耕地质量标准,拆迁和复垦费用不予补偿。

五 规范农村土地流转管理与服务

(二十二)规范流转手续。农村土地流转必须在协商一致的基础上，签订统一文本格式的书面流转合同。在委托土地流转时，农户应与农村集体经济组织或土地流转中介服务组织签订书面委托协议。

（二十三）建立健全农村土地流转服务体系。逐步建立农村土地流转有形交易市场。县、镇成立土地承包流转服务中心，具体负责收集发布农村土地流转信息，指导签订流转合同，建立完善土地承包和土地流转台账，加强档案管理，监督土地流转合同的履行，组织开展土地流转政策宣传和信守合同的教育等工作。服务中心工作经费列入同级财政预算。各村要成立土地承包流转服务工作站，确定专人负责农村土地流转工作，负责信息沟通、合同签证备案、协调地块调换、矛盾纠纷调处等工作。

（二十四）建立备案审查制度。采取转让方式流转土地的，应当经村民小组和村民委员会同意；采取转包、出租、互换或其他方式流转土地的，应当报村民委员会备案。凡土地流转在50亩以下的，由所在镇农村土地承包流转服务中心审查；跨镇流转或土地流转在50亩以上的，由县农村土地承包流转服务中心审查；跨县流转或流转土地在500亩以上的，报市农村土地承包流转服务中心审查。

（二十五）妥善处理农村土地流转纠纷。县成立农村土地承包和流转纠纷仲裁委员会，积极化解农村土地流转中出现的纠纷。因土地流转发生纠纷的，双方当事人可以通过协商解决，也可以申请村民委员会、镇土地流转服务中心调解。当事人不愿协商或调解达不成一致的，可以向县农村土地流转承包和流转纠纷仲裁委员会申请仲裁，也可以直接向人民法院起诉。县农村土地流转承包和流转纠纷仲裁委员会工作经费列入年度财政预算。

六　加强农村土地流转工作的组织领导

（二十六）各镇要高度重视农村土地流转工作，切实加强组织领导，加大指导和服务力度，积极探索，大胆试验，努力发挥其示范引导作用。

附录五　阳春县关于促进农村土地承包经营权流转工作的意见

（二十七）县农委、国土资源、财政、林业、水务、工商、劳动保障、金融、保险等相关部门要各司其职、相互配合，结合各自职能，制订相关实施办法和工作制度，指导和规范全县农村土地流转工作，促进农村土地流转工作健康发展。

二〇〇九年四月十五日

附录六　2012年庆阳米业产业化基地建设项目总结

阳春县庆阳米业有限责任公司是我省颇具规模的大米生产龙头企业之一。公司于2006年成立以来，主要经营范围：粮食收购、加工、销售。在公司领导的精心诚信经营下，现公司发展到资产总值达1806万元，其中固定资产1088万元，公司占地面积3.4万平方米，建筑面积5600平方米。职工50人，其中管理人员和技术人员4人，年销售收入4000万元，实现利税415万元。公司建有优质水稻生产基地2244亩，形成"公司+合作社+基地+农户"的农业产业化发展模式，有力地促进农民增收及企业自身的发展。2012年，公司努力加快优质稻基地建设步伐，按照布局区域化、栽培保优化、生产标准化、加工品牌化、经营产业化的思路，不断提高产业化水平，使优质稻基地在建设规模、档次和质量上有了新的突破。现将相关工作总结如下。

一　工作进展

1. 建设核心示范区。在新林村落实面积0.2万亩建立核心示范区。对核心示范区内示范品种统一无偿供种。

2. 优质高产技术集成。一是实施品种主导制，确定宁粳2号、宁粳3号、丰两优一号共3个优质稻品种。板块区内良种应用率100%，主导品种应用95%以上。二是全面普及推广轻简栽培技术，共应用水稻轻简栽培技术0.2万亩，其中水稻直播面积0.1万亩，机械插秧面积0.1万亩。三是全面推广测土配方施肥技术，实施测土配方施肥面积0.2万亩，充分发挥测土配方项目成果，开展测土、配方、供肥、施肥一条龙服务。四是病虫综合防治技术。加强病虫预测预报，实施病虫综合防治，组建机防队 1 个 26 人，配备机动喷雾器 26 台，重点开展机防社会化服务，服务面达 100% 以上。

3. 稻田机械作业。全面开展机耕机整、机插机防、机收机脱等稻田机械作业。板块区内推广机械插秧面积 0.1 万亩，机收机脱面积 0.2 万亩，大幅度降低劳动强度，实现节本增效。

4. 实施订单生产。积极组织龙头企业和加工流通组织与基地组织、农户签订产销协议，实施订单生产。

5. 无公害水稻生产。已获 3 个无公害农产品（大米）认证；获 5 个绿色食品（大米）认证，年产绿色大米 5 万吨。

6. 加强品牌建设。积极申报市知名商标，全面提升产品质量和档次，鼓励打造省内、国内知名品牌。

二　工作成效

1. 建设优质稻板块基地 3 万亩，核心示范区 0.2 万亩实行"八统一"。

2. 效益显著，3 万亩优质稻板块基地平均每亩比非基地水稻增产 12.6 公斤，增产总量 37.8 吨，增收 94.5 万元以上，经济效益、社会效益、生态效益显著，实现可持续发展。

3. 培养了水稻科技示范户 70 个，带动板块基地农民科学种田上升到一个新水平。

4. 实现无公害水稻产地整体环评，重点农业龙头企业市级 1 个，获"三品"认证 7 个。

5. 实施订单生产、优质优价，实现"公司+基地+农户"互惠互利全新运作模式。

三　主要做法

1. 加强领导，落实责任

一是成立领导小组，分别组成粮棉油优质高产创建和优质稻板块建设技术指导小组。科学制订年度开发计划和《实施方案》、《考核验收办法》，全程提供生产技术培训指导服务，将责任明确到人，技术措施落实到田。做到上下结合、各方协同、整体推进。

2. 政策扶持，全力推动

一是整合社会资源，将农业综合开发、土地整理、标准良田建设、农机购机补贴等项目，重点倾斜到优质基地和高产创建示范片区，全面改善和提高基地农田设施条件，建立高产稳产粮食生产基地。二是将项目资金重点投放到核心示范区，实行无偿供种和标准化栽培补贴，确保了连片布局。三是鼓励组建水稻种植专业合作社促进优质稻产品流通。四是创品牌、树名牌，"走龙头企业＋基地＋农户"的运作模式。按照"生产有标准、产品有标志、质量有检测、认证有程序、市场有监管"的"五有"标准，促进企业上质量、上规模、上档次，通过企业带动，提高基地建设规模和水平。五是加强品牌整合，重点扶持龙头企业，实施品牌整合工作取得了较大成效。同时开展大米深度加工，提高产品附加值，延伸产业链，不断提高产业化经营水平。

3. 推广科技，全程服务

一是全面开展宣传培训和技术指导工作。通过培训会、印发技术资料等活动，将生产技术送到每个生产者手中，做到了任务、目的、技术家喻户晓。二是积极开展试验示范和高产技术攻关工作。开展粳稻品比、品种展示，测土配肥肥效试验及示范，水稻免耕栽培技术研究与直播稻高产示范，机械作业（穴直播、插秧）研究与示范等十几项试验示范，重点开展优质高产轻简技术研究与创新。开展高产田、百亩方、千亩片、万亩区高产技术攻关与展示。三是全面推广保优增产关键技术。将优质良种技术、高效生态模式、轻简栽培技术、测土配方施肥、病虫草鼠综防、稻田机械作业等高产高效技术集成应用，实施无公害标准化生产。通过合理布局、科学管理、综合运用，达到效益最大化。

四 工作建议

1. 帮助龙头企业解决订单收购困难。由于水稻收获集中上市，企业在短时间内要大量收购，存在资金困难、仓储不足等问题，希望能对龙头企业加大投入、贷款等扶持力度。让龙头企业更好地为订单生产服务。

2. 提高农民履行订单协议的自觉性。参与订单生产的农户众多，且素质参差不齐，在履约过程中，有部分农户享受订单给予的优惠措施，却不履行协议，自由卖给非订单企业或个人，特别是市场行情好的年份更加突出，让订单企业头痛。要加大宣传教育力度，提高订单农户履约自觉性，并制定相应行之有效的措施，确保订单生产顺利实施。

3. 加大品牌整合力度。要进一步加大对龙头企业支持力度和加大品牌整合力度，形成合力，做大做强品牌产品。

下一步工作打算，进一步加强基地建设，在市场开发方面，企业要进一步提高产品质量，加大市场开发力度，加大品牌创优力度，形成稳定的销售市场。

阳春县庆阳米业有限责任公司
二〇一二年十二月十一日

后　记

　　也许是出身农村的缘故，自有主体意识起，我的人生规划中就不仅仅有个人的成功，还有父老乡亲的出路。年少轻狂时，我希望通过从政来达到这个目的，并为此做各种筹划和准备。随着涉世渐深，我逐渐发现从政这条道路可能并不适合自己。来到华中科技大学受到浓厚的学术氛围熏陶后，我慢慢认识到学术才是我的兴趣所在，而且在很大程度上它与我素有的理想也是契合的。于是我选择了农村社会学作为志业，希望自己的研究为农村的发展贡献一点力量。本书算是一个阶段性成果。

　　本书是在我的博士论文基础上修改完成的。本书之所以能够呈现如今的模样，既离不开前期的广泛调查和大量阅读，又离不开长达几个月的专题调研，更离不开令人痛苦又快乐的写作。而在这所有的过程中，有很多人给我提供了无私的帮助。无此，我绝对无法完成这本书。在此我要向他们表达真诚的谢意。

　　首先要感谢贺雪峰教授。贺老师作为我的硕士生导师，是我走上学术研究尤其是农村研究的引路人。在硕士阶段，他让我和同学们长期浸泡在图书馆，大量阅读西方社会科学尤其是社会学的经典著作。两年的阅读，不仅使我对社会学的发展脉络和理论逻辑有了基本了解，更使我领略了社会学的魅力。在这个过程中，我对学术和社会学产生了浓厚的兴趣。尽管博士阶段我不在贺老师门下，但作为华中村治研究团队的一员，他仍引导我做好经验研究的训练，并为我提供了深入调研的机会。若没有经历这个经验研究训练过程，经验研究的能力就很难获得。在本书的准备、调查、写作和修改过程中，贺老师都

后 记

给予了我莫大的帮助。

由衷感谢我的博士生导师石人炳教授。石老师宅心仁厚、待人真诚、治学严谨，尤其令人尊敬的是他凡事都为学生着想、从学生的成长出发考虑事情。几年来，石老师无论在言传还是在身教中都教给了我很多治学和为人的道理，让我受益匪浅。读博士期间，虽然我的兴趣点与他的研究方向有所不同，但他不仅没有对我加以限制，反而鼓励我根据兴趣大胆研究，这使我有了很大的研究空间。在博士论文写作过程中，从选题、开题、调查、写作到修改、定稿的每个环节，石老师都给予了悉心指导，使我的研究从过于宽泛到相对具体细致，从简单肤浅到相对丰富深刻，从松散毛糙到相对严谨规范。如果没有石老师的帮助，本书很难达到今天的水平。

罗兴佐老师和王习明老师总是慈父般地出现在我的面前，在调查中和其他很多场合都给予了我教诲和鼓励。我在武汉大学求学时就听过吴毅老师的讲座，通信中他鼓励我到华中科技大学社会学院学习，虽然我们交流较少，但从他的讲课和著作中总能学到很多东西。虽然没有与董磊明老师直接交流，但他在不同场合的演讲对我有很大启发。在此向他们表示感谢！

感谢和我一起从硕士读书阶段走向学术道路的同学，他们是夏柱智、陈靖、曾凡木、谭林丽、焦长权、刘升、石顺林、冯小、曾红萍、吴秋菊、徐嘉鸿、王丽惠、谢小芹、陈义媛。尽管读博士后大家分散在各地，但是我们仍然频繁互动、密切交流、并肩作战、相互砥砺。冯小和陈靖、刘升与我一起进行了和本书有关的调查。焦长权对本书初稿提出了非常全面而深刻的修改意见，对我的研究起到了很大的刺激和推动作用。刘锐是我读博士期间的室友，在一起生活的三年，我们时常卧谈到深夜，交流和讨论各种观点和学术问题，使我受益匪浅，此外，他在学术研究上的勇猛和干劲在很大程度上带动和感染了我。

感谢在调查和研究中给予我帮助的师兄师姐和师弟师妹。陈柏峰、欧阳静、郭亮、杨华、桂华、王德福等师兄师姐都曾在调查中"手把手"地教我调查研究的方法。刘岳、刘勤、吕德文、张世勇、朱静辉、陈辉、龚春霞、宋丽娜、刘洋、赵晓峰、刘燕舞、袁松、桂晓伟、韩鹏云、王会、郭俊霞、耿羽、陈锋、林辉煌、黄鹏进、陶自祥、陈讯、李祖佩、邢成举、袁明宝、龚为纲、李元珍、余练、李宽、王君磊等师兄师姐曾在调查和研究中给过我指导和帮助。此外，还有很多师弟师妹都给过我帮助和启发，在此不一一罗列。田先红、欧阳静、桂华、魏程琳、印子和张雪霖等细致地阅读了本书的初稿并给予了修改意见。

感谢范成杰、刘晋飞、熊波、宋涛、章洵、孙红玉、李伟、罗艳、薛君、黄春梅、陈宁等同门。他们在调查和讨论中给予我很多帮助和启发，尤其是在石人炳老师倡导发起的"喻晨学术沙龙"中对本书初稿进行了专题讨论。范成杰师兄作为大师兄，对我的工作、学习和生活给予了很多帮助和关心。

感谢雷洪教授、王茂福教授、周长城教授、江立华教授和谭明方教授，他们在论文评审和答辩中提出的意见和建议，使本书增色良多。感谢华中科技大学社会学院的丁建定教授、孙秋云教授、吴中宇教授、郑丹丹副教授、陈文超副教授、张雯老师、曾娟老师、李婷老师和周清平老师，他们为我顺利完成本书提供了良好的环境。

感谢华中农业大学文法学院及其社会学系各位领导和同事为本书所提供的支持和帮助，他们是钟涨宝教授、万江红教授、田北海教授、萧洪恩教授、张翠娥教授、龚继红教授、狄金华副教授、罗峰副教授、周娟博士、彭斌书记、张永卓副书记、马华力副院长、李长健教授、霍军亮副教授、王灿老师、王俊伟老师、向佳玲老师、朱雪萍老师、胡静老师。

黄宗智教授、董正华教授、严海蓉教授、毛雁冰教授、杨成林副教授阅读了本书的初稿，他们不仅给予了肯定而且提出了重要修改建议。尤其是黄宗智、董正华和严海蓉三位教授此前与我从未谋面也并不相识，但当我将本书初稿发给他们后，都得到了积极的回复，可见他们奖掖后进之德。张玉林教授曾在几个场合对我的研究给予了鼓励。张德元教授和常伟副教授积极帮我联系了调研地点。华盛顿大学的博士生 Ross Doll 不仅和我一起进行了一个多月的调研，还帮我解决了一些英文翻译问题。在此一并表示感谢。

本书的部分内容曾在一些学术期刊上发表，编辑老师的工作为本书的完善提供了很多帮助，在此表示感谢。他们分别是《中国社会科学（内部文稿）》的冯小双、刘亚秋、李凌静，《开放时代》的吴重庆、皮莉莉，《中国行政管理》的刘伟，《农业经济问题》的张宁，《华中农业大学学报》的鲁满新、金会平，《西北农林科技大学学报》的马欣荣。

感谢社会科学文献出版社，尤其要衷心感谢社会学编辑部主任童根兴和本书责任编辑任晓霞老师。在本书定稿之前，任晓霞老师对本书做了大量细致的工作，不胜感激。她一丝不苟的工作态度，令人敬佩。

对家人，平时从未言谢，借此机会，我要将平时积累下来的感激说出来。我的父母都是地地道道的农民，他们虽然不懂得我所从事的研究工作的意义，但是基于自身知识匮乏及其带来的窘迫处境，他们朴素地认为读书越多越好，所以他们对于我的漫漫求学路从来都是坚定地支持，尽管这极大地加重了他们的负担。他们拼命地劳动，不惜透支身体，以支撑起整个家庭。我的两个妹妹尽管也不完全理解我的选择，但都极力地支持我，在经济上给了我不少帮助。妻子为我的研究和本书的完成付出了太多、牺牲了太多。她从不抱怨，只是不断地督促、鼓励我，使我不敢有丝毫懈怠。岳父母都积极支持我的研究工作，并抱以极大期望。女儿的降临和成长与本书的完成和修改几乎同步，为我带来了巨大的快乐。我将本书献给我的家人。

最后，尤其要感谢那些接受过我采访和为我的调研提供过无私帮助的农民和基层干部。他们不仅是我从事学术研究的重要动力，也是我学术灵感的重要源泉。

本书只是我学术道路上的一部习作，难免存在诸多不足，希望读者朋友不吝赐教。

邮箱：sxh430072@163.com。

孙新华
2017 年 3 月 11 日

图书在版编目(CIP)数据

再造农业：皖南河镇的政府干预与农业转型：2007-2014 / 孙新华著. -- 北京：社会科学文献出版社，2017.7

（田野中国）

ISBN 978-7-5201-0412-8

Ⅰ.①再… Ⅱ.①孙… Ⅲ.①农业发展-研究-安徽-2007-2014 Ⅳ.①F327.54

中国版本图书馆 CIP 数据核字（2017）第 068465 号

·田野中国·

再造农业

——皖南河镇的政府干预与农业转型（2007-2014）

著　　者 / 孙新华

出 版 人 / 谢寿光
项目统筹 / 任晓霞
责任编辑 / 任晓霞

出　　版 / 社会科学文献出版社·社会学编辑部（010）59367159
　　　　　 地址：北京市北三环中路甲29号院华龙大厦　邮编：100029
　　　　　 网址：www.ssap.com.cn

发　　行 / 市场营销中心（010）59367081　59367018
印　　装 / 三河市尚艺印装有限公司

规　　格 / 开　本：787mm×1092mm　1/16
　　　　　 印　张：17.5　字　数：243千字
版　　次 / 2017年7月第1版　2017年7月第1次印刷
书　　号 / ISBN 978-7-5201-0412-8
定　　价 / 79.00元

本书如有印装质量问题，请与读者服务中心（010-59367028）联系

△ 版权所有 翻印必究